U0536050

哈佛
创业管理课

WHY STARTUPS FAIL

[美] 汤姆·艾森曼 / 著

钟莉婷 / 译

A New Roadmap
for
Entrepreneurial
Success

中信出版集团 | 北京

图书在版编目（CIP）数据

哈佛创业管理课 /（美）汤姆·艾森曼著；钟莉婷译 . -- 北京：中信出版社, 2022.11
书名原文：Why Startups Fail：A New Roadmap for Entrepreneurial Success
ISBN 978-7-5217-4414-9

Ⅰ.①哈… Ⅱ.①汤… ②钟… Ⅲ.①创业－企业管理 Ⅳ.① F272.2

中国版本图书馆 CIP 数据核字（2022）第 090632 号

Why startups fail by Tom Eisenmann
Copyright ©2021 by Tom Eisenmann
This translation published by arrangement with Currency, an imprint of Random House, a division of Penguin Random House LLC
Simplified Chinese translation copyright © 2022 by CITIC Press Corporation
ALL RIGHTS RESERVED
本书仅限中国大陆地区发行销售

哈佛创业管理课

著者：　　［美］汤姆·艾森曼
译者：　　钟莉婷
出版发行：中信出版集团股份有限公司
　　　　（北京市朝阳区惠新东街甲 4 号富盛大厦 2 座　邮编　100029）
承印者：　宝蕾元仁浩（天津）印刷有限公司

开本：787mm×1092mm 1/16　　印张：24.5　　字数：275 千字
版次：2022 年 11 月第 1 版　　印次：2022 年 11 月第 1 次印刷
京权图字：01-2021-3758　　　　书号：ISBN 978-7-5217-4414-9
定价：75.00 元

版权所有·侵权必究
如有印刷、装订问题，本公司负责调换。
服务热线：400-600-8099
投稿邮箱：author@citicpub.com

献给吉尔、卡洛琳、杰克

目 录

引 言 001
第一章 何为创业失败 017

第一部分 创业初期的失败模式

第二章 进退两难之境 041
第三章 失败模式一：创意一流，配置三流 071
第四章 失败模式二：错误的起步 095
第五章 失败模式三：误导性积极反馈 129

第二部分 创业中后期的失败模式

第六章 刚离虎口，又入狼窝 151
第七章 失败模式四：高速发展，急踩刹车 183
第八章 失败模式五：资金、管理者及制度缺位 223
第九章 失败模式六：勾勒不切实际的蓝图 241

第三部分　创业者如何应对失败

　　第十章　关停公司　277

　　　第十一章　重整旗鼓再出发　305

写给初次创业的你　319

致　谢　325

附　录　331

注　释　351

引 言

为什么绝大多数的初创公司都以失败告终？这个问题在几年前就让我辗转难眠，因为我意识到自己压根无法回答它。我曾目睹两家初创公司在短时间内相继垮掉，它们都是我熟悉的公司，创办者也都曾是我的学生。在本书中，他们的创业经历将依次呈现给各位读者。一家是以运营在线交友网站为主的人才济济的 Triangulate 公司。另一家是面向年轻职业女性，以生产销售价格适中、款式新颖、舒适合体的职业装为主的 Quincy 服装公司。尽管在创业之初它们都展现出强劲的发展势头，但最终还是失败了。为什么？我可以为它们各自的失败罗列出一长串的可能因素，但无法确定终极原因。

这让人忐忑不已。我作为一个创业课程领域的专家，每天都在和全国各地具备最佳商业头脑的杰出人才打交道，教他们如何在未来的创业路上一击即中，走向辉煌，但是，在创业者该如何规避失败这个问题上，我却无能为力。然而，2/3 以上的初创公司都以失败告终，[1]这说明其中值得思考的问题还有很多。

在过去的 24 年间，我以哈佛商学院教授的身份，担任了 MBA（工商管理硕士）必修课"企业家型经理人"课程团队的带头人。同时，我根据创业过程可能涉及的方方面面，结合自己的研究专长，凭借担任天使投资人以及初创公司董事会成员的工作经历，开设了 11 门选修课。哈佛商学院就像初创公司的摇篮，自 2006 年至今，校友们已经创办了 1 300 多家由风险资本支持的初创公司，[2] 成果斐然。在过去 10 年间，其中 19 家已发展成为"独角兽"规模的公司，市场估值超过 10 亿美元，比如 Stitch Fix（个性化服装定制电商）、Cloudflare（美国的跨国科技企业）、Oscar Health（以互联网为卖点的医疗健康险公司），以及 Zynga（社交游戏公司）。此类公司中的大多数创办者都曾是我的学生，我对他们的创业计划给予过指导和建议。类似的指导和建议，我至少给 2 000 名哈佛商学院的学生和校友提供过。

在辉煌成就的背后，也有不少失败的案例。这些失败的创业者不乏聪明才智和奉献精神。为了办好公司，他们一丝不苟、不遗余力地遵守并践行着我们提供的创业指南。他们会发现市场空白，并设计出填补市场空白的新产品，还会运用精益创业技巧去验证真实存在的市场需求。他们选择某种久经检验的商业模式，组建起优秀的顾问团队，挑选出具备相应经验的工作人员。无论从哪个角度来衡量，他们都有理由抵达成功的彼岸。可事实并非如此。

我无法解释为什么这些看似势头强劲的公司最终会以失败告终。这让我对自己在哈佛商学院讲授的创业课程的有效性产生了质疑，我开始怀疑那些创业指南是否真的像我以为的那样，能够为创业者遮风挡雨。是不是我给无数创业者提供的建议不够合理？如果我解释不了他们为什么会失败，那我凭什么给学生传授创业成功之道？

因此我决心要倾尽一切可能，去挖掘初创公司失败的深层原因。通过列举那些在通常情况下会招致败局的行为模式和经营模式，我希望能帮助创业者少走错路，少走弯路，使他们及其团队远离苦苦挣扎的境地。失败的害处不言自明。假如失败源于一些本可避免的错误，那它就不仅是有害的，而且是在浪费人们原本能被派上更大用场的时间和资金。这些时间和资金也许能造福于创业者、员工、投资人，甚至还能造福于整个社会。这个社会需要靠企业家来解决问题，而不是将人才和资源都消耗在管理不佳、经营不善的企业上。但是，假如创业者在拼尽心力后依然走投无路，难以为继，那我也希望能帮他们从失败中总结经验，以待重整行装再次出发。为此，我将在本书中与读者分享我多年来的研究心得。

解开失败之谜

首先，我将关注点锁定在其他领域的那些失败个案上，比如医学、体育、军事等领域。[3]初创公司的失败根源就像一团迷雾，因此我很想知道，在其他领域，是否也存在着类似的现象？是否人们也同样难以找出失败的根源？专家们是否曾有效地预见或是规避失败？如果是，那这些办法是否也能对创业者有所帮助？

深入了解之后，我得出了一个令人释然的答案：在各个领域，无论是哲学领域还是消防领域，专家们都认同一点：失败赋予我们经验。

"假如你未曾失败，那你也将无从获取经验。"精益创业领域的大师埃里克·莱斯这样说。这句话和20世纪最伟大的哲学家之一卡尔·波普尔的观点不谋而合。[4]假如你坚信一切都将按照预定计划进行,并且事情的发展也都在你的掌控之中,那么你将无从收获新的经验。相反,如果事态偏离了正轨,那你就得重新审视自己的计划。审视过后,你会意识到其中的不足。这就像做实验,实验的结果没能验证你的最初假设,当陷入这一境地时,你就已经收获了新的经验。

通过研究其他领域的失败个案,[5]我得出的结论是,人类会以两种截然不同的方式从失败中收获新知,一是通过个人的直接经验,二是通过他人的间接经验,也就是说,从他人的错误中吸取教训。直接经验就像一位出色的老师,他能帮助你反思哪一步走错了,或是哪件事做错了。当你能定期地开展这种反思,当事情的因果关系一目了然,当你不会在重大问题面前感情用事地下结论时,这一类经验会让你受益良多。你可以靠直接经验来预测天气,但却不能靠它来创办公司。

按照常理,第一次创办公司的人不可能拥有关于失败的直接经验。即使是有过数次创业经历的人,他们能从自身经历中加以反思和总结的东西也极其有限。此外,由于创业者每一次都会遇到新的问题,所以会对事物发展的因果关系产生不确定感,不知道当前所采取的行为是否能带来预期的成效。久而久之,他们的自我命运与公司的命运合二为一,密不可分,以至于在承受失败带来的经济损失的同时,他们还会饱受负罪感、挫败感以及伤感情绪的煎熬。

幸运的是,从他人的失败经历中收获的间接经验能够替代这种直接经验。我对此感受颇深,因为哈佛商学院的教学模式就是建立在对公司个案研究的基础之上。在我看来，这些个案就像一把利器，能帮助创业者拨开迷雾，预见失败，尽可能地避免失败。

更难得的是，还有一些曾经濒临险境，但最终绝地逢生的个案。我们从这一类个案中收获的间接经验会格外珍贵。这也是美国国家运输安全委员会发布的报告中介绍的都是此类绝地逢生的案例的原因。这样的案例不仅让人们洞悉了错误的根源，明白了责任归属，而且让人们学会了关键时刻该做出什么样的决定，采取什么样的行为，以避免灾难的发生。在本书中，我既选取了失败者的例子，也选取了与失败擦肩而过的例子。

分析其他领域的失败案例，还让我进一步看清了一个问题：为什么我们很难说清初创公司失败的原因。人类惯于对事情做出过分简单的解释，无论这件事的结局是好还是坏。哲学家将这种现象称为"单因谬误"。[6] 当糟糕的结局出现时，比如总统竞选失利，或是赛季末球队的解散，我们会将注意力放在一个最显著的原因上，可实际情况是，这样的结局源于多个因素的共同作用。

此外，人们还很容易犯心理学家所谓的"基本归因错误"。[7] 研究表明，在观察他人时，我们常常会过分依靠性格因素——人格特征或品质，以此去解释对方的行为，但却忽略了情境因素，比如社交压力或是环境要素。相反，在解释自身的行为时，我们惯于将好的行为结果归因于性格因素，比如能力强、够勤奋，而将不好的行为结果归因于情境因素。正因如此，当一辆宝马横冲过来挡住我们的去路时，我们会觉得这司机是个自大的蠢货，但他本人却会将此归咎于车辆导致的视野盲区。同样，当初创公司陷入困境时，投资人和团队成员会迁怒于创业者，而创业者则会迁怒于一些外部因素，例如经济形势低迷，或是风险投资人要求太高，诸如此类。

由此导致的结果是，当初创公司失败时，无论是创业者还是第三方，都无法为公司的失败找到一个有说服力的解释。与其关注这些浮于表面的解释，我更希望基于公司的价值观、团队成员的个人能力、投资人的目标、创业者的动机等多个因素，建立起一套独立且客观的解释框架。深感幸运的是，哈佛商学院教授一职为我提供了极大的便利，使我得以从数百位哈佛校友的创业案例中抽丝剥茧，探寻真相。感谢他们的信任。

我的研究方法

在对其他生活领域中的失败个案进行分析之后，我的关注点落在了综合性案例上，目的是探知初创公司失败的真相。然而，可供我借鉴的学术著作[8]极其有限，因为大多数的学术著作建立在理论模型、计量分析或是大样本调查的基础之上，很少会通过严谨的访谈和缜密的案例研究去提出真知灼见。因此，我只能从失败的初创公司那里去获取一手资料。

为了了解初创公司失败的根源，我访谈了几十位创业者和投资人。同时，我还阅读了记录创业困境的大量自传及著作，目的是寻找其中具有共性的东西。

给 MBA 授课的过程对我而言是最具启发性的时刻。在过去的几年中，围绕失败的初创公司这一主题，我已整理出 20 个案例，并且在授课过程中开展了细致深入的案例教学。每一份案例都会在学生中引发热烈的讨论：究竟是哪一环出了问题？换一种对策是不是能带来更好的结果？通常情况下，案例中的创业者也会参与到我的教学中，学生们因此能直接聆听创业者本人的思路，并且与创业者展开一番反事实的探讨，比如若你当初聘请了另一个技术主管，结局会怎样？

随着研究的不断深入，我决定在 MBA 中开设一门选修课，专门讨论初创公司的失败案例。我确实有过担心，怕频繁地呈现这些失败案例会打击学生的创业热情，使他们心灰意懒。但事实恰恰相反。每次上课，他们都会被一个又一个的智力谜题所吸引：这家公司产品过硬，人才济济，投资人见多识广，财力雄厚，为什么还是会垮掉？在和这群头脑敏锐的学生探讨此类话题的过程中，我的思维也变得越发敏锐，案例教学的深度和广度被不断拓宽。在本书的后续章节中，上述案例将被逐一呈现。

研究的最后一部分，是我对两类公司在决策和特质方面所做的对比调查。一类是已失败的或正处在困境中的初创公司，另一类是已经站稳脚跟的、成熟发展中的初创公司。470 位新晋创业者参与了这项调查，围绕产品、客户、竞争、团队、资金等方面填写了一份涉猎广泛的调查问卷。调研结果用于验证我通过访谈和案例研究所做出的研究假设。同时，借助这一结果，我也希望能进一步说明哪一类失败模式在初创公司中更常见。

初创公司的失败模式

通过研究，我总结出初创公司落入败局的六种常见模式。在本书中，我将用六个章节来分别介绍这六种模式。它们不同于我们惯用的、过分简化事件的方法，比如说，风险投资人总是将初创公司的逆境归咎于"糟糕的骑师"（在风险投资人眼中，商机就像"马驹"，而创业者就是"骑师"）。[9] 本书第一部分名为"创业初期的失败模式"，讲述在发展初期就夭折的公司的三种失败模式。第二部分名为"创业中后期的失败模式"，聚焦另外三种失败模式，常见于资源雄厚、已进入中后期发展阶段的初创公司。我会用真实的创业案例来解释上述模式，在描述它们的困境之余，还会介绍其他创业者为规避类似错误采取了哪些对策。

创业初期遭遇失败

创意一流，配置三流。在我的研究案例中，很多在发展初期就垮掉的初创公司都有一个共同的特征，那就是创业者发掘了一个很有前景的商机，但依然无功而返。换言之，他们的经历进一步证明，要想创业成功，好点子虽然是必要条件，但却不是充分条件。前文中我也提到过，在风险投资人眼中，出色的骑师比一匹良驹更重要。因此，他们欣赏的是这类创业者：有韧性，有眼光，具备业内人士的敏锐嗅觉，有过带领团队创业的经历。

但是，如果仅仅关注创业者本身，那么其他一些对初创公司至关重要的因素就会被忽略。我们会在后续章节中看到，由持股人、员工、战略合作伙伴、投资人等形形色色人物带来的问题都会导致初创公司的失败。对于此类非正常合作模式，我是见惯不怪，我称之为"创意一流，配置三流"模式。

错误的起步。CB Insights（风险投资数据公司）披露的数据显示，在近期破产的众多初创公司中，导致失败的决定性因素，也是常常被提及的因素——"缺乏市场需求"。[10] 这让我百思不得其解。要知道，精益创业技巧[11]为广大创业者熟悉并采纳已将近十年。只要严格按照其方法加以实践，任何一个创业者都应该能找到并确知商机何在。但是，在这个领域内，到处都是自诩为精益创业的公司，然而真正的市场需求却根本没被找到。为什么？是什么关键信息被遗漏了吗？

2010年，我首次接触到精益创业运动的先锋人物，自那以后，我就成为这一理念的奉行者和推广者。当时，硅谷创新大师史蒂夫·布兰克在我的课堂上向学生们介绍了他的独创思想，随后，埃里克·莱斯受邀成为哈佛商学院的常驻企业家。但是，随着对初创公司失败案例研究的不断深入，我发现精益创业的成效并没有达到人们的预期。并不是因为这套方法存在缺陷，而是因为太多的创业者没能将它落实到位。他们声称是这一理念的践行者，但实际上仅仅践行了整套理念当中的一部分。具体来说，他们推出了最小化可行性产品，即以最简单、但依然能获取客户真实反馈的形式所设计的产品，然后反复检验市场反应。这一环节原本能够帮助创业者避免把时间和资金耗费在没人需要的产品上。但是在实施计划前，他们却忽略了对客户需求的调研，宝贵的时间和资金最终被消耗在一个兴许并不符合客户口味的最小化可行性产品上。这就是我所说的"错误的起步"模式。这些创业者就像短跑赛道上的运动员，发令枪还没响，他们就已经飞奔而出——太心急了。精益创业的口号事实上助长了这种"各就各位，先开枪，再瞄准"的错误做法。

误导性积极反馈。若是从首批客户那里得到了积极反馈，那创业者会对市场需求抱持过分乐观的心态，从而会为了追求一个不切实际的商机而消耗大笔资金。精益创业大师提醒过创业者，在判断市场需求的强弱程度时，一定要当心这种具有误导性的信号。但创业者也只是普通人，他们和所有人一样，都更容易看见他们愿意看见的东西。"误导性积极反馈"的意思是，当创业者被少数客户表现出的热情冲昏头脑后，他们会错误地认为主流市场将张开双臂迎接他们的新产品，因而会加大马力推进整个进程。然而当第二轮营销未能达到预期的热度时，整个团队虽然可以调整战略，按照主流市场的需求来做出改进，但是这样的改进代价高昂。初创公司必须重新设计产品并摸清市场的需求。而目标客户可能会对这个新产品为什么要改来改去心生疑虑。同时，第一批认可这一产品的客户可能根本不接受这样的改变，因此弃之不用。

无论是错误的起步，还是误导性的积极反馈，二者都会让失败的风险大大增加，最终将初创公司带领到错误的发展道路上去。但是，这两种错误模式的起因却截然不同。前者意味着团队推出了一款错误的产品，一款并不符合客户需求的产品，其根源在于它们忽略了一线调研。而后者则意味着团队推出的产品只迎合了少数客户的需求：过多关注了调研早期的少数客户的需求，却忽略了大多数主流客户的意愿。

创业中后期的失败

如果初创公司能成功挺过由"创意一流，配置三流""错误的起步""误导性积极反馈"这三种模式导致的危机，那它们将开始遭受成长期的阵痛。在这一阶段，初创公司的生存危机的确会因为顺利挺过了发展初期阶段而大大降低。但是，出乎我的意料，约有 1/3 进入发展后期的初创公司会让风险投资人赔钱。[12] 这又是为什么？

高速发展，急踩刹车。在研究这些进入发展后期才垮掉的初创公司时，我发现其中很多都曾在落败前如鱼得水。最典型的包括 Fab.com（美国闪购网站）、高朋网（Groupon）、坏女孩服饰销售网站（Nasty Gal），以及 Beepi 公司（二手车电商鼻祖）。它们的失败体现出了某种共性的东西，我称这种模式为"高速发展，急踩刹车"。沦为"高速发展，急踩刹车"的初创公司往往都曾找到了一个具有吸引力的商机。第一批客户对它们的产品深以为然，继而向更多人推荐了这款产品。就这样，在不必消耗过多营销成本的前提下，它们就已拥有了众多客户。初期的快速增长同样也引来了热情洋溢的投资人。为了能早日见到收益，投资人迫不及待地要求扩大生产规模。和创业者一样，投资人也希望初创公司迅速茁壮成长。

在经过几轮势头迅猛的营销攻势后，这些初创公司最初设定的目标市场达到饱和，要想实现新的增长点，公司就必须拓展客户群体。然而，新一轮客户并不像上一轮客户那么认可公司的价值主张。他们在产品上表现出的购买力不尽如人意，并且也不太可能再次回购。同样，他们也不太可能成为产品的义务推销员。最后，为了保证后续发展，公司只能投入巨额的广告费，招揽客户的成本因此大幅度增加。

与此同时，初期经历的快速发展也给公司招来了竞争对手。为了在竞争中占领上风，对手会压低产品价格，以及花大价钱做推广。在某种程度上，公司在新客户身上投入的资金远超合理范围。当初创公司的资金被耗尽后，投资人并不愿意继续注资。因此，公司 CEO（首席执行官）可能会踩下急刹车，放慢发展速度，削减员工人数。一旦到了这个地步，即便初创公司有幸渡过难关，股价还是会暴跌，投资人也会遭受巨大损失。

资金、管理者及制度缺位。在"高速发展，急踩刹车"模式中，初创公司不遗余力地追求发展，继而导致产品与市场的匹配度持续降低，一轮又一轮新客户渐渐对初创公司的产品失去了兴趣。而在另一种失败模式（我称之为"资金、管理者及制度缺位"模式）中，高速增长却会带来新的问题。初创公司在竭力吸引新客户的同时，确实保住了原有的产品与市场的匹配度，但就像前三种失败模式那样，这一类初创公司最终会因为资金、管理者及制度缺位而走向尽头。

首先，事关资金。有时候某个行业会在一夜之间失去风投资本的青睐，比如20世纪90年代早期的生物技术，以及21世纪初的新能源技术。严峻的时候，即便是优质的初创公司也会因这种颓势而吸引不到新投资，导致一损俱损。资金枯竭有时会持续几个月甚至几年，让投资人和创业者防不胜防。如果这种资金枯竭期恰好出现在初创公司想要进行新一轮融资时，或者出现在初创公司难以在短时间内缩减其开支时，那创业者就真的回天乏术了。

其次，与资深管理人员有关。通常情况下，发展中的初创公司都需要聘请经验丰富、业务过硬的高层管理人员来处理工程、营销、财务、运营等各个领域的相关问题。如果不能及时聘请到胜任的管理人员，或者聘请的是庸才，那么公司就会面临战略发展不畅、运营成本激增、公司文化先天不良等恶果。

勾勒不切实际的蓝图。与沦为"高速发展，急踩刹车"模式或"资金、管理者及制度缺位"模式牺牲品的初创公司形成鲜明对比的，是那些从风险投资人手中募集了巨额资金，并且已经雇用了几百名员工，却始终业绩平平，最终在创业中后期垮掉的公司。这些公司都有过追逐远大理想的时刻，也都在此过程中遭遇了多重挑战，比如，如何说服一个庞大的客户群体从根本上改变自己的行为；如何掌握新技术；如何与实力强劲、如日中天的大型公司合作；如何得到监管部门或其他政府机构的支持；如何筹集到充裕的资金。每一次挑战都会将它们推向一个"生存或是毁灭"的境地：只要在以上任何一件事情上栽了跟头，公司也将万劫不复。假定以上任意一项都有50%的胜算，那么这五项同时获胜的概率与轮盘赌的赢率（3%）不相上下。为了赢得这场胜算只有3%的赌局，这些创业者宁愿相信奇迹会成串发生。[13]

这样的初创公司在中后期都经历了断崖式的滑坡，包括Iridium、Segway和Webvan。近期的还有Skype（即时通信软件）创始人在优兔上的竞争对手Joost，无数个ICO（首次代币发行）项目，以及我将在本书中专门介绍的Better Place（电动车公司），这家公司为电动车充电站配备了机器人，能够快速为电动车更换上满电量电池。这类公司的创始人往往极富个人魅力，他们勾画出一个个令人眼花缭乱、无比耀眼的未来，员工、投资人和战略合作伙伴为此纷至沓来。

凭借着后见之明，我们有可能搞清楚为什么这些相信奇迹能成串发生的初创公司会垮掉。但在当时的情境下，人们很难知道创业者那些"改造世界"的宏伟抱负究竟是不是痴人说梦。比如，在20世纪70年代早期，为了给刚刚创办的联邦快递公司融资，弗雷德·史密斯找到了当时全球实力最雄厚的风投资本。很多人都曾认为他是异想天开。[14] 就在我撰写本书期间，同样也有一些人带着怀疑的眼光看待埃隆·马斯克的心智以及特斯拉的前景。没有什么万无一失的办法能让创业者避开"勾勒不切实际的蓝图"这一类失败，但是我会为初创公司总结一些预警信号，以备它们在发展至后期遭遇险境时多加提防。

如何应对失败

通过对创业者的事后访谈，我发现创业失败所消耗的人力成本不可小觑。在这一问题上，Quincy 服装公司的倒闭令我感触尤深。在当初创立公司时，亚历山德拉·纳尔逊和克里斯蒂娜·华莱士曾发誓绝不因生意上的分歧影响二人的友谊。遗憾的是，两年后，在究竟该不该关停公司的问题上，她们各持己见，最终从朋友变成了陌路。

我曾为一些在是否关停公司的问题上进退两难的创业者提供建议，也曾见证了他们的决定所带来的直接后果。在谈话过程中，他们流露出很多难以掩饰的情感，有愤怒、愧疚、悲伤、羞耻还有怨恨。有时候，我能感觉到他们有些人拒绝接受现实，也有些人看起来灰心丧气。他们的梦想已然破灭，关系已然破裂，自信心已然坍塌，这种时候，谁还能说出怪罪他们的话呢？他们当中还有很多人担心公司的倒闭会让其名誉受损，担心该如何应付财务支出，不知道下一步该何去何从。在一团乱麻中，失败带来的是切肤之痛。

正是因为看到过这样的反应，我才希望能想出一些办法，来缓解创业者在创业失败后体验到的种种痛苦。本书的第三部分名为"创业者如何应对失败"，其重心将从创业为何会失败转向创业者该如何应对失败。具体来说，在公司难以为继时，创业者该如何维系原有的合作关系？该如何从失败的经历中挺起腰杆，从头再来？

有一种痛苦常常源于"做无用功"。当初创公司陷入危机时，是该按下停止键还是该继续坚持？这个时候，即使出现转机的概率已经很低，苦苦挣扎会让他们自己及相关人员付出高昂代价，很多创业者还是倾向于坚持。最终的结果是，不仅消耗了投资商再也收不回来的投资，团队成员原本可以用来寻找新项目的时间也被白白浪费。人与人之间的关系也因为压力升级而日渐紧张，希望之光逐渐暗淡，美好愿景成为泡影。

然而，怎样才能知道何时该坚持、何时该停手？几年来，关于公司有没有发展前景、值不值得投入更多时间和精力，几十名创业者征求过我的建议。坦白说，虽然我能评判一家初创公司是否有上升潜质，或者是否面临走下坡路的风险，但却无法就这个问题自信地回答他们。为什么这道选择题如此难做？

原因之一是，失败通常是一个以慢动作发生的事件，其中充满了一系列的起起伏伏。业务增长速度减缓，潜在的投资商闪烁其词，告诉你"我们还需要时间考虑"。这一切会让人很难断定局面是不是已经无可挽回。同样地，总有人不断提醒创业者，伟大的企业家定会矢志不渝，付出终会有回报。他们被灌输了一大堆有关矢志不渝的神话，推特、Slack（一家企业办公沟通软件提供商）、优兔等公司的成功案例因而浮现在他们脑海。这些公司的巨大成功分别源于它们最初在播客软件、视频游戏、社交网站等领域经历过的失败。因此，在人们的常规认知中，创始人就应该披荆斩棘渡过难关。希望就好像长明灯，"我们的新产品独具特色，销量一定会有起色"，"新上任的营销副总裁一定能找到发展新客户的制胜法宝","竞争对手一定会败给我们,他们的所有客户都会变成我们的"。

本书第三部分讨论的重点在于如何对初创公司的命运做出决断,同时,为一旦做出决定后该如何解决公司关停问题给出了建议。其中特别提到了当某些艰难抉择有可能对创业者的声誉产生严重影响时——有些后果甚至会波及其道德人品——创业者该怎么办。比如,在资金短缺意味着要拖欠员工薪水、推迟向供应商返款时,创业者该不该把公司的现金花得一干二净?

创业失败对一个人的情感世界和职业发展产生的影响同样不容忽视。通过对众多创业者的访谈,以及对心理学领域关于如何应对失败与损失的相关文献研究,我对这一问题展开了深入论述。创业者的个人身份与他所创办的公司的命运息息相关,因此,从公司的失败中吸取教训绝对不是一件轻松的事。要想做到这一点,创业者可以借鉴心理治疗师常用的一些小技巧,让自己在遭遇重创后先学着克服悲伤,继而逐渐疗愈,最后找寻到新的人生意义。本书第三部分为此提供了若干指导性的建议,希望能帮助创业者管理好自己的情绪,从挫败中吸取经验,以此来引导自己走好下一段人生路。

第一章

何为创业失败

Jibo（家用社交机器人的鼻祖公司）要关停的消息让很多人心碎不已。事实上，2019年3月的这一天对很多人而言都是悲伤的一天。Jibo宣布："外面那些支持我工作的服务器即将被关闭。我想说的是，我很享受与你们共处的这段日子。谢谢你们让我陪伴在身边。也许有一天，机器人会比如今先进得多，会进入千家万户，到那时，请你们代我说一声'你好'。"随后，Jibo最后一次表演了他的标志性舞蹈。[15]

Jibo是一款家用社交机器人，[16]拥有与人类进行情感交流的能力。它诞生自麻省理工学院媒体实验室，研发者是辛西娅·布雷泽尔教授。这是全球首款拥有社交功能的机器人，其底部是一个6英寸①宽的圆锥形基座，基座上面是圆锥形躯干，最上面是一个半球体状的脑袋。这款机器人身高12英寸，躯干部分的每一块都可以独立旋转或倾斜，移动时极富表现力，甚至还会跳舞。他的头部有一块平面触摸屏，其中显示的圆形白色图案一闪一闪，很像一只眼睛。Jibo的整体形象简约而时尚，虽然不能和

---

① 1英寸≈2.54厘米。——译者注

真人一模一样，但很多时候都能像人类一样交流。

　　配有摄像头、麦克风、扬声器的机器人Jibo是智能工程领域的一个奇迹，它聪明伶俐，乐于助人，有着12岁孩子的智商。听到声音提示时，比如"嘿，Jibo，今天天气怎么样"，它会发声回应，头部的显示屏上还会出现相应的信息（如今天温度15摄氏度，晴），或是亮起菜单选项图标。Jibo腰部有一个蓝色环形光带，当蓝光亮起时，说明它正在听你说话。此外，这款机器人还采用了先进的人脸识别和声音识别技术，再加上躯干可以在基座上自如旋转，这使得它在和不同对象对话时，能够始终将眼睛看向对方。

　　一些常规信息，比如新闻报道、体育赛事、股票价格等，Jibo都能提供。它会讲笑话、放音乐、设置闹钟、朗读电子邮件的内容。此外，它还有其他一些技能，例如主动与人对话，当家庭成员回家后，它会开口问候（"嘿，汤姆，今早你出门前，我提醒你路况不佳，怎么样，今天堵得厉害吗？"），它还能陪伴小孩子，当讲故事的时候，图片会出现在显示屏上。在家庭聚会时，它能给大家拍合影，如果你提出邀请，它还能给你跳舞。其他应用功能正在研发中，比如让Jibo陪伴独自在家的宠物，甚至和宠物说话（"罗弗，别再嚼那只鞋了"）。研发团队新近尝试的视频通话功能也快要大功告成。这一功能可以让它识别出视频那头正在讲话的那个人，然后将画面聚焦并放大——特别适合在家庭聚餐时给外祖母打视频电话，如果外祖母也有一个Jibo的话。[17]

　　20年来，布雷泽尔的研发团队在开发机器人众多功能的同时，还将研究视角放在了以下几个方面：如何让机器人陪伴老人，如何让机器人帮助患有自闭症的儿童参与社会交往，以及如何让机器人创设富有创造力的合作学习环境。2013年，布雷泽尔和来自卫生保健领域的杰瑞·阿舍联手合作，以募集到的220万美元作为启动资金，开启了将研究成果市场化的进程。他们邀请到时任Nuance公司老板的史蒂夫·钱伯斯出任CEO。Nuance公司是自然语言识别与语音识别软件领域的佼佼者。

由于布雷泽尔的研究[18]已经验证了社交机器人能够有效填补老年人的情感空虚，因此团队在一开始对于Jibo的定位是"老年人的陪伴者"。然而，大部分对电子产品和机器人这类高科技产品感兴趣的风险投资人并不热衷于老年消费者市场，一小部分投资过老年消费者市场的投资者也迟迟不肯表态，因为他们习惯于理念简单的产品，比如配有大号按键的老年手机，而这个机器人项目的技术蓝图让他们大吃一惊。

因此，团队重新规划，最终将Jibo定位在"促进家庭凝聚力"这一角色上。团队的想法是，假如厨房里有了Jibo，那它就能帮助闹矛盾的兄弟或是乖戾的孩子与苦恼的父母打破沉默，开始对话。家里有孩子的风险投资人熟知这样的场景，而且，在脸书以23亿美元收购虚拟现实头盔制造商Oculus Rift——和Jibo一样，其产品同样是面向消费者市场、依托软硬件技术融合所取得的辉煌成果——之后，风险投资人开始对面向消费者的前沿硬件产品情有独钟。同时，在见证了脸书、亚马逊、Salesforce（客户关系管理软件服务提供商）等公司的爆炸式增长之后，风险投资人也希望Jibo能成为一个搭载有大量第三方应用软件的信息服务平台。

然而，在投资之前，他们希望获得足够多的证据，证明市场的确需要这样一款革新性产品,以及这款产品真的能被制造出来。为了解客户的态度,风险投资人执意让公司发起众筹活动。2014年7月,这一活动在Indiegogo众筹平台上启动,客户可以以599美元的价格预订Jibo,预订送货日为2015年圣诞节。3个月后,众筹活动结束,公司共收到4 800个预订单,远超最初3 000个的目标。[19] 与此同时,为了证明这款机器人确实能被制造出来,研发团队交出了钱伯斯所说的"弗兰肯伯特",一款功能完善但外形并不漂亮的机器人雏形。2015年1月,Jibo完成了A轮融资,共募集资金2.7亿美元。

融资成功带来的巨大喜悦让团队迫不及待地投入了生产。可事实证明,制造这样一款机器人的难度大得惊人。在完成B轮2.8亿美元的融资后,新产品终于在2017年9月问世——推迟了将近两年,每台售价为899美元,比当初在众筹平台上的定价高出了50%。钱伯斯后来说,当初在估算还需要额外筹集多少资金时,他以为产品组件的成本费用和生产时间会比预计的分别高出2.5倍和2倍。但实际情况是,产品组件的成本费用和生产时间都要比预计的高出4倍。这是为什么?

问题没有出在生产环节。事实上,产品组件都可以直接从成品中选用。钱伯斯的解释是,"这款产品太新颖了,所以人们都以为我们是在生产环节遇到了麻烦,但并非如此。硬件不需要冷聚变,屏幕、发动机、传感器还有芯片组都是现成的东西"。

据钱伯斯所言,Jibo之所以拖了两年才面世,主要与以下两个问题有关。首先,团队最初在成本分析中考虑使用的组件实现不了预期的功能。团队选择的传感器适用于办公环境,但到后来才意识到,办公环境与家居环境中的照明条件是完全不同的。为了给传感器升级换代，使其具备更强大的处理能力，产品成本自然就上升了。

其次，Jibo 的工程师开发"中间件"的过程十分艰难。中间件，也就是软件的中间层，能够对来自传感器（机器人的眼睛和耳朵）的输入信号进行处理加工，使其可供使用，然后再将指令传回到操作系统（主要指 Jibo 的大脑）。中间件的作用是追踪人脸、定位声音、感知情绪，以及发起一些富有表现力的肢体动作，诸如此类，都是一些必须实时完成的复杂任务。但在当时，支持实时交流的云服务系统才刚刚问世。因此，Jibo 的几乎所有软件都要被嵌入设备中，同时还要凭借大功率处理器来让它工作。"在如何有效平衡嵌入式系统和云服务系统的问题上，我们消耗了一年多的时间。"钱伯斯回忆道。

随后，2017 年 5 月，就在 Jibo 整装待发即将面世的时候，钱伯斯被诊断患上了白血病，不得不立刻入院接受治疗。公司的技术总监担起了 CEO 的担子。差不多一年后，钱伯斯身体康复，但是已经错过了与同事并肩作战的机会。

与此同时，意料之外的事情发生了。2014 年 11 月，亚马逊公司发布了新品 Echo，一款售价 200 美元、配备 Alexa 语音助手的智能音箱。它可以根据语音提示播报新闻、音乐、天气预报等信息。有了 Echo，用户就能以低廉得多的价格享受到 Jibo 最基本的功能。[20]

虽然渴望得到陪伴、希望获得情感联结的客户喜爱 Jibo，但这一类客户的数量远没有多到能使 Jibo 免遭淘汰的地步。因此，公司第一年的收益只有 500 万美元，仅是预期收益的 1/3。同时，公司已经耗尽了从风投资本那里获得的融资，新一轮投资也遥遥无期。随后，管理层决定转让公司，但又找不到一个愿意接手的买家。2018年6月，Jibo的大部分员工被遣散回家，公司的知识产权和其他资产后来被出售给一家投资公司。

　　为什么Jibo会以失败收场？直接原因是它们消耗完了所有资金——但资金并不是最关键的。这就像验尸官宣告某个人的死因是失血过多。还有个更合理的解释是Jibo没能吸引足够多的客户。但这个解释也很牵强，就好像法官宣告某个人是死于枪伤。那这个人究竟是被妒火中烧的配偶开枪打死的，还是在团伙枪战现场被无辜殃及性命的？

　　在探查Jibo失败的真实原因之前，我们需要问问自己：究竟如何定义初创公司的失败？这个问题并不容易回答。在组织学生讨论Jibo的案例时，我发现他们对于Jibo的成败并没有给出一个明晰的答案。

　　一组学生认为，Jibo毫无疑问是失败者。作为一个初创公司，在融资高达7.3亿美元[21]的情况下，延误两年才推出这款造价高昂的产品，却始终没能把销量提上去。

　　另一组学生尽管承认Jibo的领导人做出过错误的决定，但他们坚信这家初创公司的失败并不是源于错误的决定，而是因为时运不济。也就是说，是一些不可控的因素导致了公司的失败，尤其是像亚马逊推出Echo这样的因素。这些学生还说，Jibo"虽败犹荣"，因为它身先士卒，为新一代专门陪伴老年人的机器人研发开创了先河。

　　最后一组学生认为，Jibo虽然关停了，但依然是个成功的案例。从技术层面来看，它能够体现研发者的设计初衷，是一款能与人类建立情感纽带的家用机器人。这一独到的革新理念备受广大用户的喜爱。

三种观点各有道理，鉴于我对此并没有一个确定的答案，因而就让这样的辩论持续进行着。可是，课堂上的分歧也让我看清了一个事实：我们需要对初创公司的失败设立一个标准。

如何定义创业失败

在谈及创业失败时，我们究竟所言何意？我们如何定义"创业"，哪些要素会构成"失败"？不同的人对此会有着不一样的理解。

何为创业？ 有人认为，"创业"是指一个机构在整个发展历程中所处的最初时期。另一些人认为，"创业"一词反映的是公司的规模。照这个思路，创业者经营的都应该是小型公司，而"创业大型公司"则成了一个自相矛盾的字眼。

在一些人眼中，"创业"反映的是某个人的特定角色。他们认为，创业型企业就是由创办者自己或者身兼老板与经理两种角色的人所经营着。而另一些人认为，"创业"作为一种精神，是一个人所有人格特质的集中体现，尤其能体现一个人的冒险精神和独立思考能力。[22]

过去30年里，在哈佛商学院，我们一直将"创业"定义为"在资源匮乏的情况下寻找新的机会"。创业者必须创造出某些新东西，比如以更有效或是成本更低的方式去解决客户的诉求。这就是所谓的商机。最初，创业者手头没有任何资源——经验丰富的员工、生产设施、资金等——来挖掘新的商机。[23]

这一定义将创业看作一种独有的管理过程，它与公司的新旧、规模、领导者的角色或领导者的人格特质毫无关联。因此，流行观念中"小型公司都是创业公司"的说法是不成立的。毕竟，小型公司一旦发展成熟，由于具备了足够的人力和财力，其中有很多都会走老路，继续兜售老一套服务。

与流行观念相反，这一定义内涵宽广，大型企业、政府机构以及非营利性机构的内部发展都可以被包括进来。例如根据它的定义，亚马逊旗下的 Kindle（电子书阅读器）属于创业公司一类，但 Google Drive（谷歌云存储服务）却不属于。在 Kindle 问世时，电子书市场才刚刚起步。亚马逊公司此前从没有设计或生产过实体产品，因此它需要获取一系列新资源和新技能。与之形成鲜明对比的是 Google Drive，它的目标市场是一个已经形成且成熟的市场，其竞争对手 Box、Mozy、Carbonite 以及多宝箱（Dropbox）都在此前一年推出了同类服务，而谷歌公司也已掌握了进军云服务领域的必要资源，包括营销渠道、数据中心，还有成批的软件工程师。

鉴于创业是在资源匮乏的情况下寻找新的机会，因此，我们可以将创业者定义为从事风险业务的人。创业风险主要有以下四种表现形式。

一是需求风险。即目标客户是否愿意接受你所设想的产品。以 Jibo 为例，是否会有大量客户愿意给家里添置一个社交机器人。

二是技术风险。具有革新意义的设计理念需要依靠先进的技术手段变为现实。以 Jibo 为例，研发团队能否开发出至关重要的软件中间层，以便准确处理传感器输入的信号并继而发出指令。

三是执行风险。创业者是否有能力吸引并管理好员工与合作伙伴，以便共同完成创业重任。以 Jibo 为例，第三方应用软件开发商是否能尽早提供有效支持。

四是财务风险。当公司需要外部资金时,财务风险就会随之而来,能否在合理条件下获得资金。以 Jibo 为例,当工期延误导致资金储备耗尽时,现有的投资者能否提供更多资金,是否能找到新的投资人。

何为创业失败? 鉴于公司成立时通常会面临重重风险,那么许多初创公司会以失败告终也就不足为奇了。但是,究竟何为创业失败?关于失败,人们熟知一个标准定义:在未能达成所愿时产生的某种后果。[24] 可我们很难用它来界定初创公司的失败,因为这一定义过于宽泛,且回避了两个核心问题:哪些后果意味着失败;哪些人的所愿未能达成。

谈及失败,我们往往会联想到某些乏善可陈的人或者事。我对于失败的定义与此无关。本书中涉及一些以失败告终的初创公司,它们的创始人都很出色,思维活跃,乐于奉献,并且至少在起步时,公司呈现出一派欣欣向荣之色。没错,他们都在某个时刻做出了错误的决定,但这并不意味着他们是无能之辈。当面临着充满不确定性和资源短缺的困境时,大多数创业者都会犯错。而且,有些初创公司即使没有犯过大错,最后还是以失败告终,这样的例子并不少见。高开低走的初创公司大抵分为两类。一类是基于合理的假设,虽然对假设进行过严格的检验,但最终事实证明这一假设行不通。另一类则完全是因为不可预见的外部因素而遭遇"滑铁卢"。这就将第三个问题摆在了我们面前:初创公司的失败是不是总与某个人的错误判断有关?

哪些后果代表着创业失败? 公司停产是否就意味着创业失败?的确,关门闭户常常象征着公司倒闭,但并不尽然。比如,

第一章　何为创业失败　　025

某些项目是具有特定生命周期的。200年前，当组织者发起一次捕鲸行动时，船长、船员、船主以及资助人都能从中分得一杯羹。[25] 如今，我们也能看到相同的例子。电影制作公司会招募导演、演员、工作人员来拍摄一部影片。在拍摄、剪辑等完工后，等待分红。在这一类情形中，人们是在完成项目之后再关门闭户，我们很难称之为失败。

另外，有些初创公司有可能变卖了资产，但并没有关门歇业。破产企业可以在无须清算资产的前提下继续运营。还有一些初创公司虽然没有破产，但其实已经变成了"空架子"，产生的利润仅够维持经营，却远远达不到让当初的投资人从中获益的程度。

上述观点对于我在本书中对创业失败的界定至关重要：当一家公司的早期投资人过去没有——且今后也不可能——从投资中获利时，那就意味着创业失败了。

为什么要强调是早期投资人？因为在初创公司表现不佳时，后期投资人可以撤回投资，而早期投资人通常只能收回一部分投资，有的时候甚至是空手而返。至于原因，我们需要稍稍说一些有关风投资本的题外话。初创公司常常会发行连续几轮的优先股，即A轮、B轮来筹集风险资本。最新一轮的融资方一般都能得到"优先清算权"，以确保在退出时——比如公司合并或者发起了首次公开募股——享有优先撤资的权利，即后几轮持股人可以在前几轮股东获得退出收益前收回他们的全部投资。

因此，持有A轮股权的投资人往往接近"偏好堆栈"的底部，也就是说，假如公司在退出时拥有的总收益低于当初筹集到的资金总额，那么A轮投资人将无法拿回全部投资。在尚未启动退出机制时，我们只需了解一下公司股票的总价值——如果还能卖出去的话——是否低于投资总额。

那么，那些自力更生、从未从外部投资人手中获得任何融资的初创公司又如何呢？这类公司的资本等于以下两项的总和：人力资产，创业者付给自己的工资与他在其他地方可能赚取的工资之间的差距；个人贡献的资产。如果投资总额超过了他期望以股息或合并收益等形式收回的金额，那公司也会倒闭。

来强调一下重点，当出现以下情形时，我们可以判断一家初创公司是失败的。

一是当公司通过合并或首次公开募股退出时，整体退出收益低于投资人当初付出的投入资本。

二是当公司依然在运营，但早期投资人如果获准出售股权而给公司带来损失时。

三是当公司白手起家，创业者除了他本人贡献的人力资本和个人资产外，公司没有任何额外现金时。

哪些人的所愿未能达成？ 话说到这里，你可能会纳闷，为什么我要用投资回报率作为衡量创业成败的主要指标。创业者本人的目标难道不重要吗？毕竟大部分创业者并不仅仅是为钱而创业。有些人希望发明出改变游戏规则的新产品，有些人希望颠覆或改造整个行业，有些人致力于在创业中打造一支完美的团队，还有些人仅仅想要证明自己能够披荆斩棘。假如投资未获回报，但创业者的上述目标实现了，那这个公司算不算成功？

在我看来，不算。因为创业并不仅是创业者的事，也不仅与创业者的目标有关。事实上，在完成 D 轮融资后，初创公司中依然由创始人担任 CEO 的比例只有不到 40%。[26] 在本书中，虽然创业者的奋斗目标无疑是我高度关注的话题，但创业者是否实现其目标却并不是我们衡量其创业成败的主要标准。

那么，其他人的目标是否重要呢？持股人，尤其是员工和客户的目标是否重要？在衡量初创公司的成败时，要不要考虑他们的感受？比如说，家用机器人Jibo深受一些用户的喜爱，以至于它的下线让这些人茶饭不思。2017年底Jibo面世时，《连线》杂志的新闻记者[27]杰佛里·范坎普还曾发文。"而如今，"他写道，"当意识到它对我说的每一个字都是它的临终赠言时，我难过极了。我和妻子都想要更加善待Jibo一些……我忍不住觉得自己亏欠它一份爱。"

尽管Jibo给许多用户带来了无与伦比的欢乐，但是它能吸引的用户毕竟有限，从长远看，它无法创造足够高的利润。若初创公司只能给一部分用户或员工带来好处，那我们就不能视其为创业成功。

最后一个问题，在宣布初创公司失败之前，我们该不该考量一下公司对整个社会做了什么贡献？这是个复杂的问题，因为失败的初创公司也能够制造出投资人没有发现的溢出价值。例如它们的失败可以成为后来者的借鉴，可以让后来者少走弯路，避免犯下同类型的错误。例如，对以老龄用户作为主要受众来制造社交机器人的新一拨初创公司而言，Jibo带给它们的启发和思考是无价的。[28]

同样，那些创业失败、因自己的错误决策而吸取到沉痛教训，以至于绝不会再犯同类错误的公司创始人又如何，他们是否也能引导其他人避开此类错误呢？很显然，在所知所学这个问题上，多胜于少，少胜于无。创业失败的这些人的确能从失败中学到新知，但如果因为能让人学到新知，失败就变成一件好事，那我们就得给所有失败的初创公司贴上一个"吉兆"标签了。

从理论上讲，假如一家初创公司给投资人造成了损失，但却给其他人创造了积极的溢出效应，从而大大超出了投资人的损失，那么整个社会会认为这是一家成功的公司。比如，公司团队的成员可以从失败的经历中学到新技能，获得洞见与阅历，假以时日，这些都可以让他们在其他地方大有作为。Go Corp 是一家 20 世纪 90 年代主营手写笔平板的初创公司，虽然公司最后倒闭了，但在其影响下，很多硅谷技术公司后来都陆续站稳了脚跟，例如比尔·坎贝尔创办的 Intuit，斯特拉顿·斯克拉沃斯创办的 VeriSign，兰迪·科密萨尔创办的 LucasArts。[29] 相反，符合本书中"成功"这一定义的初创公司，在创办初期为投资人带来了收益，但有可能会创造消极的溢出效应（例如使生态破坏的进程加速，加剧收入不公平的现象，等等），进而成为世人眼中的失败者。

但是，从实践层面来讲，所谓的溢出效应是很难衡量的。因此，我们此处所定义的失败始终离不开"投资人蒙受经济损失"这一原则。但不可否认的是，有些失败的初创公司对于整个社会而言功不可没。

谁的错？ 初创公司垮掉后，人们的第一反应通常是追问：哪个环节出错了？是谁的错？但是，很多情况下，公司的失败是一个多方因素共同作用后的产物，比如时运不济，多方责任人决策失误。

时运不济：有时候，时运不济是公司垮掉的最主要原因。在新冠肺炎疫情导致美国经济陷入停滞时，数千家原本可以正常经营的初创公司因筹集不到资金，只能眼睁睁地看着公司被拖垮。2008 年全球金融危机时期也是如此。另一种时运不济的情况波及面较小，通常只涉及某一个行业。比如 21 世纪初，新能源技术领域的初创公司要想盈利，通常都得靠高价化石燃料，但随着新开采技术"液压破碎法"的不期而至，以及由此带来的燃料成本的下降，很多公司都被迫关门歇业。它们的确失败了，但很难说这是它们的错。它们只不过把赌注押在了燃料价格会上涨，结果却事与愿违罢了。

还有一些创业者尽管进行了周密的规划和严格的验证，但依然得不到满意的结果。比如创业者遵照精益创业技巧先形成假设，再对假设进行审慎的验证，以期最大限度地减少浪费。若是这些假设被无情地推翻了，那么创业者会做出关停公司的决定，而不是调整方向去检验其他假设。这样的失败仍然是一个"好"的失败，怪不得某个人。

然而，很多假设是无从验证的。例如经济形势会如何发展？竞争对手和监管部门会有何举措？突破性科技成果是否会出现？如果会，需要多久？投资泡沫什么时候会破裂？所有这一切，都包含着一种固有的不确定性。面对不确定的一切时，分析完形势，咨询完专家，创业者能做的就只剩心怀美好愿景，期待一切顺遂了。这样的创业者不会犯什么重大错误。为了达成所愿，他会把最适宜的人员集结在一起共同奋斗，包括员工、投资人、合作伙伴。但是，他的最核心的主张有可能最终被证明是错的。我们不认为这种情况是谁犯了错，这依然是聪明人把赌注押错了地方。

Jibo 的团队遭遇的是双重打击。第一重打击，是 CEO 突发重病后无法履职。投资人兼董事会成员杰夫·巴斯冈解释说："在面临产品开发周期长、市场尚未打开、竞争对手实力强劲等困难时，公司里必须有一位高瞻远瞩的 CEO。"[30] 史蒂夫就是这样一位 CEO，绝对能处理好与战略合作伙伴的关系。我相信，如果他没生病，就一定能带领 Jibo 走出困境。"

智能音箱 Echo 的横空出世，是 Jibo 遭遇的第二重打击。一家科技新闻网站上登出的业内评论这样说道："亚马逊公司出其不意地用一个会疯狂说话的扬声器惊艳了全世界。"[31] 其实，智能手机制造商早就做起了语音助手的文章，只是没有人想过将这项技术应用在一个独立的扬声器上。鉴于 Jibo 的定位既是助手，又是陪伴者，因为一个抢占了先机、价格低廉得多且财力雄厚的语音助手领域的竞争对手就这样在一夜之间冒了出来，其处境变得很尴尬。

决策失误：Jibo 的领导层有没有犯过导致公司倒闭的严重错误呢？可能有，但是我们很难分清哪些决策是失误，哪些决策是审慎思考后做出的选择，二者之间的界限并不清晰。一些旁观者，比如我的学生，就会在这个问题上产生分歧。在一些人眼中错误的决策，在另一些人眼中却是深思熟虑后的明智之举，只不过这个决策没能如愿实施罢了。

例如 Echo 问世后 Jibo 的应对之策。继续按计划研发语音助手组件，这是不是个错误的决策？该不该将语音助手这个领域让给自己的竞争对手，而将双倍的精力投入机器人的陪伴功能上？Alexa、Siri（苹果智能语音助手）、Google Home（谷歌公司研发的智能家居设备）等产品无法在陪伴功能上与 Jibo 相抗衡，因为它们缺乏人脸追踪的能力，无法发起对话，也做不出富有表现力的动作。然而，一个只能提供陪伴功能的昂贵的家用机器人，究竟能拥有多大市场？而且，为了证明用 899 美元买来的机器人伙伴物有所值，用户会不会希望它同时也能拥有煮蛋计时器和天气预报员的功能？这一切都是 Jibo 的研发团队当初预见不到的艰难抉择。

同样，在 Echo 以 200 美元的售价问世后，似乎 Jibo 团队也有必要想一想，能不能通过修改 Jibo 的设计来降低其生产成本。钱伯斯和公司其他成员的确也考虑过类似问题，比如是否该用两个可独立活动的组件构成这个机器人，而不是三个。[32] 但事实证明，第三根轴线仅仅多花费了 48 美元，而大量的测试证明，相对于两个组件而言，三个组件构成的机器人能够做到更多富有表现力的动作，它带来的用户体验要好得多。此外，应风险投资人的要求，Jibo 团队还想过将机器人软件植入个人电脑，不为其配备躯干。可经过检验，这样的设计对于用户而言毫无吸引力。钱伯斯说："有人认为我们给 Jibo 赋予了过多的设计理念。我不知道这话有没有道理。但它是唯一一款具备真正功能的消费型机器人。"

那么，Jibo 的失败是不是源于用人不当呢？我们依然难给出确定的答案。尽管公司的首位机器人总架构师和开发部副总分别在 iRobot 和 Palm 带领的研发团队中创下过佳绩，但他们二人在 Jibo 任职期间，机器人研发工作被一拖再拖。最后，钱伯斯聘请了一位新的技术总监，这位总监仅用几个月，就解决了嵌入式架构与云架构之间的问题。如果当初聘请的是这位总监，或者早一些进行领导层的人员调整，那么 Jibo 的产品开发时间是否有望缩短一半？也许会，但任何一个被聘请来带领 Jibo 研发团队的人都有可能需要用两年的时间才能解决一连串复杂的技术难题。

和大多数垮掉的初创公司一样，Jibo 的失败可能既有时运不济的因素，也有决策失误的成分。在后续章节中，我们将讨论创业者失败之后的归因分析，看是否能有所领悟，能领悟到什么，以及如何获得领悟。

马驹和骑师

创业者、投资人以及学者常用以下两种方法来解释失败。第一种侧重于创业理念的缺陷("马驹"),第二种侧重于创业者自身的能力缺陷("骑师")。尽管两种解释各有道理,但我认为初创公司的失败很难用"马驹"或"骑师"的理论说清楚。

此马非良驹? 多数创业者都不会认为创业失败是源于自身的不足,相反,他们会将问题归咎于一些超出自我掌控的外部因素,这种想法不足为奇。在一次针对创业失败的人群开展的调查中,被访者给出了一系列导致失败的原因,排名前两位的分别是"竞争太激烈"和"市场环境变化太快"。[33]

该不该怪创业者?当初他们为什么要闯进一个已经饱和的市场?也许他们难辞其咎。但情况往往是,一批初创公司在同一时间看中了同一个商机,比如送餐服务等。由此导致的结果是,公司很难预知今后会遇到多少个竞争对手。无论如何,鉴于我们在为错误找原因时带有极强的倾向性,即把自己的错误归咎于不可控的外部因素,而把别人的错误归咎于他们自身,因此在看待创业者对于公司倒闭原因的解释时,我们必须慎之又慎。

尽管多数投资人都将初创公司的失败归因于"骑师",但仍有一些人认为根源在于"马驹",也就是说,此马非良驹。例如拥有10亿美元资产的企业家兼投资人彼得·蒂尔说过:"所有以失败告终的公司都有一个共性:没能躲开竞争。"[34] Y Combinator(美国著名的创业孵化器)的创办者保罗·格雷厄姆也表达过类似的观点,他认为,一匹良驹——能解决客户迫切需求的某个点——是成功的关键:"扼杀初创公司的错误只有一个:没能提供客户需要的产品。假如你能提供客户喜欢的产品,那接下来无论你做了什么,或是什么也不做,一切都有可能顺风顺水。相反,如果产品不能满足客户的需求,你做再多努力都无济于事。"[35]

以上观点有一定的说服力,但是,把初创公司的失败完全归咎于创业理念,这会带来两个问题。第一,在创业这条赛道上,每个骑师都是靠自己的判断选择了马驹,难道我们该质疑骑师的判断力?换言之,难道我们应该为创业者没能预知创业理念的缺陷而指责他们?第二,假如创业者在推行创业理念后发现了其中的不足,那为什么不立即调整思路换个理念?创业理念是可以调整的,与真正的赛马不同,创业者是可以中途更换理念的。

骑师技艺不佳? 那么,骑师技艺不佳是否为初创公司失败的主要原因。很多投资人会做此判断。一项调查显示,在看待初创公司的失败原因时,风险投资人将以下两个因素放在了首位,一是高层管理人员能力欠佳,二是职能部门运行不畅。[36] 在另一项涉及成功/失败的初创公司的差异对比调查中,风险投资人的反馈结果指向了三种模式,其中两种都与管理不善有关。第一种模式显示,19%的失败源于高层管理团队虽然具备相应经验且了解市场行情,但是在长远发展上缺乏后劲,过早放弃了努力。第二种模式占比达49%,其结果显示,初创公司的失败源于"管理者是时运不济的业余选手,在任何一方面都乏善可陈"。第三种模式占比32%,其结果与彼得·蒂尔的观点不谋而合:管理层虽然充分了解市场需求,但是并不具备碾压对手的竞争优势。[37]

如果说"骑师"是决定初创公司成败的关键因素,那"骑师"的技艺必然有优劣之分,有充分的研究依据证明这一点。我的同事，哈佛商学院的保罗·冈珀斯、乔西·勒纳、大卫·沙尔夫施泰因，以及他们以前的学生安娜·柯夫纳等人开展的研究表明，在有过连续创业经历的创业者中，首轮创业成功并且后续创业依然成功的人占比为30%，而首轮创业失败的人后续创业成功的占比为22%。首次创业就直接能成功的占比为21%。[38] 这些数字似乎说明，从失败中收获的经验并没有起到决定性影响。如果真的起到了，那么和初次创业者相比，连续创业者的首轮创业失败应该使他们在第二轮、第三轮创业中拥有高得多的胜算。

为什么在首次创业中取得成功的连续创业者更容易在后续创业中再创佳绩，大概有两方面原因。首先，在初次创业之前，这些人有可能拥有其他创业者所不具备的优势：技高一筹，资源雄厚——或许与性别、种族、社会经济背景等有关。其次，资金和人才更容易涌向创业履历辉煌的创业者，人们会想当然地认为这样的创业者一定会续写辉煌。上述两种解释并不是非此即彼的关系，两种情况有可能同时存在。

如何判断某些创业者技高一筹？可能在总体能力上更突出，比如智慧、灵活性等，也可能与他们在相关行业积累的丰富经验有关。同样，上述要素也不是非此即彼的关系。

总体能力：人们常常会产生这样的想法：成功的创业者一定比失败的创业者更聪明，心理素质更好。但研究人员对此观点却各执一词。[39] 事实上，某些体现在创业成功者身上的特质，比如极强的自信心，也同样会使创业失败的概率大大增加——在后续章节中，我们会深入讨论这一问题。

行业经验：研究表明，创业者先前的行业经验有助于提高创业成功的概率，这一点在预料之中。[40] 简单来说，有此类经验的创业者的商业嗅觉更敏锐，能够更加游刃有余地挖掘商机。在第三章涉及 Quincy 服装公司的案例中，我们将对行业经验的影响力做详细分析。

总体而言，过分自信但缺乏行业经验的创业者失败的概率会更大些。但是，我们务必要注意，这些因素仅仅是影响创业成败的可能性。自信水平恰到好处、行业经验丰富全面的创业者也有可能陷入本书中提到的失败模式——他们必须慎而又慎，才有可能预见并规避失败。此外，在对"创业理念不佳是创业失败的主要原因"这一观点进行分析时，我们曾指出了其中的局限性。同样，认为创业失败源于创业者能力欠佳的说法也不尽合理。如何在创业者开创公司之前就发现他的短板？比如，如何认定创业者所展现的是开创事业的满腔热情还是不合时宜的过度自信？

马驹，骑师，还是兼而有之？ 创业者、投资人以及学者对于初创公司的失败根源各执一词，我们怎样才能厘清其间脉络。很显然，如果你能鱼与熊掌兼得，既有一匹良驹，又有一位技艺精湛的骑师，那么成功的概率会更大。此外，前面已经提到，骑师在踏上创业赛道之初，是靠自己的判断力选择了马驹，所以在评定其最终的比赛结果时，我们很难说清究竟是马的问题，还是人的问题。

最后补充一点，我认为围绕"马驹或骑师"的诸多争议无助于解决问题。虽然这些争议为我们提供了一个看问题的出发点，但却因单纯归咎于某一方而将问题过度简单化。过度简单化地看待问题会导致我们更容易用单一因素来解释不幸事件，而事实上有多个因素在共同发生作用。在下一章里，我们将对这一现象做更进一步的探讨。

✳✳✳

让我们回到 Jibo 这个话题，Jibo 的结局算不算失败？算。根据本书的定义，如果早期投资人没有获利，那该次创业就算失败。Jibo 的失败算不算明智的赌注未能得到回报？我认为算。有些观察家可能认为，是管理层在产品定位和重要人员的选择上出了差错，但在我看来，这些选择都是经过深思熟虑的。此外，作为诞生于麻省理工学院媒体实验室的一个产品，Jibo 接受过严格的实验检测，公司团队也开展了广泛的早期研究——焦点小组与雏形测试——来证明市场需求的客观存在，并对机器人的方方面面进行了完善。还有一点，公司遭遇了一连串的意外状况——在当初押下赌注时无法预知的状况。

最后一个问题，从大局来看，Jibo 的失败对整个社会有没有产生积极影响，算不算"有意义的失败"？这个问题眼下还很难回答。但对于新一代专注于老年人陪护的家用机器人研发而言，Jibo 已经起到了示范作用。而且，就像 Jibo 在告别致辞中所说的，我也坚信有朝一日社交机器人"将出现在千家万户"。

第一部分

创业初期的失败模式

第二章

进退两难之境

所谓创业者，是指想要寻找新机会但资源匮乏的人。这一点我在上一章中已经解释过。对于处在发展早期——此处指创立不满三年——的初创公司而言，这意味着一种进退两难的困境，也就是说，将它们的创始人置于一个逻辑困局中：没有经验就找不到工作，但不工作就永远不会积累起经验。

在公司起步之初，创始人即便不是四面楚歌，也至少在某些方面会陷入资源匮乏的困境。可能是找不到好的合伙人或者具备特定技能的团队成员，也可能是缺乏外围投资人或者在技术或营销方面能提供支持的战略合作伙伴。为了调动各方兴趣，弥补缺失的资源，创业者必须让所有相关人员相信，初创公司的发展虽然有可能遭遇风险，但倾力投入必有回报。

于是进退两难的困境出现了：创始人在资源匮乏的情况下不得不寻找新商机，但只有在已经抓住新商机的情况下——至少在能够向资源所有者证明新商机的风险合理的情况下——才可以去招揽资源。要想破解这一困境，处在发展早期的创业者可以借助下文提到的四种策略中的某一种或某几种，通过对创业风险的化解、转移、延迟、淡化，来降低获取资源的难度。[41]但是，这几种策略都带有一定的负面影响。在下文及后续章节中，我会对此做出解释。

策略1：精益创业实验（化解风险）。借助最小化可行性产品，创业者可以在消耗最少量资源的前提下验证某个商机，化解初创公司未来发展道路上的不确定因素。我们很快就将从服装零售企业 Quincy 的案例中看到，从最小化可行性产品测试得出的正面结论对于普通员工和投资人都具有极大的影响力，他们会因此决定要不要将心血投入这家初创公司上。

负面影响：带着满腔热情起步的创业者很容易踏上错误的起点，他们往往会省略至关重要的早期调研，以至于无法准确地掌握客户需求，无法知道他们的理念是否符合客户的偏好。第四章中会介绍 Triangulate 的案例，这家在线交友网站的经历能充分说明以上观点。

人们惯于看见自己想看见的东西。创业者也一样，很容易相信那些带有误导性的积极反馈，比如一开始获得的反馈证明了商机的存在，他们就会过分依赖那些积极反馈。在第五章有关巴鲁公司（Baroo）的分析中，我们将看到误导性积极反馈是如何将这家宠物看护公司引向败局的。

策略2：合作共赢（转移风险）。创业者可以从战略合作伙伴那里"租借"资源，比如获取技术或者加入其经销网络。这样的合作伙伴应该是老牌公司，规模庞大，财力雄厚，具有更强的风险承受力。

负面影响：对于处在发展初期、缺乏业绩记录、生存前景不明的初创公司而言，寻找战略合作伙伴并不是件容易的事。即便找到，平衡双方利益也同样不是件轻松的事。在第三章中我们将看到，Quincy 服装公司很难从生产厂家那里得到满意的服务。在第五章中，我们也会看到巴鲁公司的创始人与楼盘物业管理商之间的不愉快。她的本意是想通过物业管理商来替她的宠物看护公司吸引客源，结果却不尽如人意。

策略 3：分阶段融资（延迟风险）。由风投资本支持的初创公司可以进行分阶段融资，每一阶段的融资额度刚好能满足其下一个重要目标的需求，如完成产品开发或发布新产品。这样做有助于延迟风险，一旦初创公司没能完成某个阶段性重大目标，投资人可以叫停，以避免更多的花费。

负面影响：辛苦筹集到首轮资金的创业者——尤其是缺乏业绩记录的初次创业者——遇到的投资人有可能不会给公司带来太多增值，因为他们与创业者在如何平衡风险与回报这一问题上的观点并不一致，此外，在公司遇到困境时，他们也没有能力给公司提供更多资金。第三章将提到 Quincy 服装公司，该公司创始人在与投资人打交道的过程中，就遇到了上述三种情况。

策略 4：讲故事（淡化风险）。营造一个"现实扭曲力场"，攻心为上，通过描绘美好蓝图，来吸引潜在的员工、投资人、战略合作伙伴，引导他们将关注点放在开辟一片创新天地的远大抱负上，而非放在现实世界的风险上。极具自信心且拥有个人魅力的创业者尤其擅长这一策略，他们能够说服各方以优厚的条件为初创公司慷慨解囊。战略合作伙伴有可能会给公司提供专利技术专享权，并因而放弃从条件更好的公司那里收取专利费。员工为了得到优先认股权，也有可能更愿意为公司出力，哪怕加班加点，或是薪水低于市场标准。

负面影响："现实扭曲力场"有可能事与愿违。自信的创业者不仅没能让事情朝着他们期望的方向发展，而且还会因为过分自信而沉溺其中，意识不到一切有可能只是空想。在本书的第二部分，一些在发展后期陷入败局的初创公司将作为案例出现，包括 Better Place——一家旨在构建电动车充电站网络的公司，以亏损 9 亿美元的惨痛代价退出市场。对于有着数百名员工、享受着上亿美元投资的后期初创公司而言，创业者的"现实扭曲力场"会带来巨大的负面影响。同样，刚刚起步的创业者也很容易陷入自我欺骗的危险境地。

"菱形－方形"框架[42]

借助以上策略来应对"商机－资源"的矛盾，创业者有望顺利地获得创业之路上必需的资源。但是，心怀抱负的创业者如何才能判断眼前的机会是否真的是一个良机？要抓住这个良机，哪些资源是他必须掌握的？"菱形－方形"框架可为此提供答案。在这一框架中，菱形代表初创公司的商机——"马驹"，它的四角分别代表四个组成部分：客户价值主张、技术与运营、市场营销、盈利模式。菱形之外是方形，方形四角分别代表四个重要的资源提供者：创始人（"骑师"）、团队成员、投资人、合作伙伴（见图 2.1）。

当以上八种要素之间能保持一致，即和谐共存时，初创公司被认为前途光明。此外，这种和谐关系还应具备动态发展的能力，当初创公司趋于成熟后，无论是商机还是提供资源的各方，都应与新情况、新形势保持同步发展。

相反，如果八种要素之间不能保持一致，且不一致的构成形式多种多样，那我们可以用这一框架做工具，去分析问题的症结。有时候，菱形内部各要素之间可能会失衡。比如当客户的价值主张不明确时，公司为了吸引受众，必须在市场营销上投入更多的人力物力，这会进而妨碍盈利模式。同样，方形内的各要素也不一定总能保持同步。Quincy 服装公司之所以陷入困境，也是因为其团队成员和投资人与缺乏服装行业相关经验的合伙人步调不一致。还有一种情况是，"菱形－方形"框架内的各要素之间相互冲突，例如智能社交机器人 Jibo，客户的价值主张和公司的盈利模式都不够突出，因而吸引不到更多的投资。

在接下来的三章中，我会用"菱形－方形"框架来分析初创公司失败的原因。这些公司都属于过早夭折的一类。在此之前，让我们先对该框架中的各要素做一番深入了解。

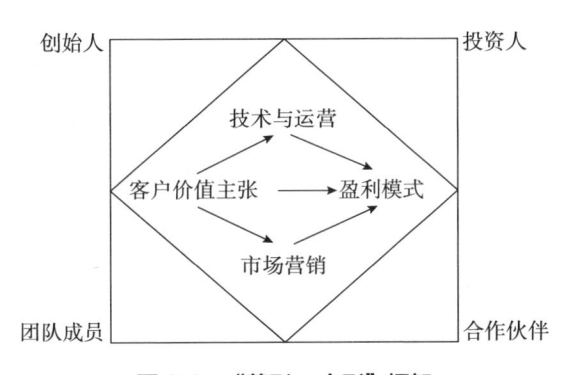

图 2.1 "菱形－方形"框架

与商机相关的要素

客户价值主张

在与商机相关的四要素中，客户价值主张绝对是最关键的因素。要想站稳脚跟，初创公司必须要以客户为本，针对客户诉求强烈但却尚未被满足的需求，提供一个可持续发展的、具有差异性的解决方案。重点是：需求必须强烈。如果一个名不见经传的初创公司推出的产品不能够解决其迫切诉求，那客户是不会领情的。同样，务必体现差异性：和市场已有的同类产品相比，如果新产品不具备显著的特点与优势，也不会有人为此买单。最后一点，新产品要具备可持续发展的差异性特质，必须要在防盗版、防抄袭等方面做好相关工作，以确保长远利益。[43]

此类防范——有些创业者管它叫"护城河"——主要通过两种途径来实现：确立专属资产和确立特定商业模式。专属资产是他人很难抄袭或者获取的东西。比如注册商标，[44]申请技术专利，在黄金地段设立零售店面，或是对关键性原材料进行独占——就像 Beyond Burger（素食汉堡制造商）通过签订长期合同而将全球多半的花生蛋白供应掌握在自己手中一样。而所谓的特定商业模式，是指公司在吸引客户、留住客户方面有一套独有的做法，比如在客户转换成本和网络宣传效应等方面做足文章。

客户转换成本不仅指客户在经济上的花费，还包括因转换供应商而承受的不便或风险。如果客户要换个人来遛自己家的狗，那首先家里人须放心地把家门钥匙交给新人，其次须向新人说清楚这只狗的习性和喜好，最后还要担心这只狗认生不听话。客户转换成本就像一把双刃剑。以巴鲁宠物看护公司为例，它们必须解决上述难题才能吸引客户。可一旦解决，它们也就成功地留住了客户，因为更换服务商会让后者承受更高的转换成本。

凭借网络效应，产品在客户心目中的地位会随着客户数量的增加而变重。[45]在线交友网站就是很典型的例子：一个拥有更多潜在交友对象的网站无疑更具吸引力。受网络效应的影响，Triangulate这样的初创公司在一开始的确步履维艰——又一个进退两难的困境，因为它们只能靠老客户去吸引新客户。但是，一旦公司顺利迈入正轨，发展的速度就像是装上了风火轮，新客户又带来新客户。当客户数量达到一定规模后，公司在吸引客源和留住客源方面就变成了常胜将军。

就客户价值主张而言，刚起步的初创公司需要在三个能够决定公司成败的重大问题上做出选择。

1. 该不该瞄准单一客户群？ 有些公司一开始就将目标锁定在多个客户群身上，着力满足每个群体的不同要求。例如Jibo，它的定位是，既要满足对功能性有着较高要求的客户——语音助手能播报日期、天气状况、交通状况，又要吸引对机器人的陪伴作用更为看重的客户。而更多的初创公司则主攻单一客户群。比如Quincy服装公司，年轻的职业女性是该公司唯一的受众群体，至于刚毕业的大学生喜欢什么样的服装并不在老板的考虑范围内。

创业者在一开始做决策时，就应在"该不该瞄准单一客户群"这一问题上权衡利弊。很显然，如果能将多个客户群都发展成自己的客户，那公司的收益很有可能会翻番。但是，一个能够满足多种需求的产品往往会显得累赘而缺乏重点——想要处处讨巧，最终却没得到任何一方的认可。此外，面向多客户群开展市场营销并不容易，且花费极高，因为你须根据每个群体的不同需求为其量身定制不一样的方案。

另一种通过单一产品来吸引多客户群的做法是，创建产品的不同版本，让每个版本都具备各自的特点和标签。这一做法虽然解决了产品定位的问题,但却增加了生产成本和工作的复杂性。无论靠哪一种办法——单一产品或是不同版本——来满足多种客户需求,公司都有可能陷入产品研发周期加长的风险,一旦延期,后果会很严重,对于处在高速发展中的技术行业而言尤为如此。

之所以很多初创公司选择将产品定位在单一客户群身上,是因为这能加快产品上市的速度,此外,鉴于产品迎合了单一客户群的需求,因而公司能够在一个小市场中占据更大份额。先守好根据地,然后以此为基础扩大势力范围,这样做更容易一些。待到站稳脚跟后,初创公司可以再对产品或者营销手段加以调整,以吸引更多的客户群体(见表2.1)。本书第二部分对此问题会做深入介绍。

表2.1 不同客户群的优势与劣势

	单一客户群	多客户群
优势	√产品研发速度更快 √市场份额更大:先守好根据地,再扩大势力范围	√潜在收益更高
劣势	√潜在收益较少	√复杂度过高 √产品结构繁杂,缺乏重点 √产品研发周期加长 √需定制多个营销方案

2. 进行多大程度的创新? 创业者在设计自己的第一个产品时,一定要对创新程度有审慎的考量。有些创业者认为,创新程度越高,效果就越好。但实际上,这种想法会害了他们。

初创公司的创新主要有三种表现形式。第一种是新的商业模式，比如 Rent the Runway（美国互联网时尚与奢侈品租赁平台）提供只租不卖的服装业务。第二种是新的技术手段，如 Solyndra（美国太阳能电池板制造商）用申请过专利的薄膜材料制作圆筒形太阳能电池板。第三种是用新方法整合现有技术，如 Quincy 服装公司借鉴男士西装的制作方法，量体裁衣，为职业女性提供更合体的服装。

有些创新涉及改变客户的行为方式。这种改变会带来转换成本：客户不仅要学会使用新产品，还有可能承担新产品的使用体验并不如意的风险。因此，当初创公司的创新要以客户改变行为方式为前提时，新产品的优势一定要超过它所带来的转换成本。Quincy 服装公司在这一点上干得非常漂亮，它所承诺的产品优势是更合体的服装，为了更合体的服装，客户宁愿在自己的购买行为上做出小小的改变。她们对线上购物已经习以为常，唯一不同的是多提供了几个定制服装所必需的尺寸数字，转换成本极低。

通常情况下，采用新技术开展创新不会涉及改变客户的行为方式。他们可以按照自己既有的方式，享受更好、更快、更可靠的服务。第一代 iPhone（苹果公司生产的手机）要依靠局域网才能实现定位功能，而第二代 iPhone 中植入了 GPS（全球定位系统）芯片，客户不必改变自己的手机使用方式或更改定位软件就能获取更精准的位置信息，新旧技术的过渡成功地实现了无缝衔接。

客户喜欢那些既有新意又让他们感到熟悉的产品，所以在创新问题上，创业者需要追求一种"恰到好处的平衡"。若缺少了这种平衡，产品将很难与市场上已有的同类产品拉开差距。初创

第二章　进退两难之境　　049

公司如果只能用平平无奇的产品——而非更胜一筹——来吸引客户，那落败是迟早的事。相反，如果初创公司在创新问题上用力过猛，那客户也会吃不消。为了让客户接受这种别出心裁的产品或服务，公司的营销成本会大幅增加。更危险的是，假如创新是以技术或工艺革新作为前提，那产品研发周期极有可能延长（见表2.2）。例如Jibo团队首开行业之先，大胆创新，研发家用社交机器人，就曾因技术问题而大大延长了产品的开发周期。

表 2.2　不同创新程度的优势与劣势

	创新程度低	创新程度高
优势	√ 客户转换成本低	√ 产品辨识度高
劣势	√ 产品缺乏辨识度	√ 产品功能超出了客户所需 √ 客户转换成本高 √ 产品研发周期长 √ 营销成本高

3. 低配方案还是高配方案？ 有些初创公司提供的是基础型"一体适用"服务，而另一些则提供定制型"量体裁衣"服务。我们用"低配"和"高配"来分别指代以上两种服务。为直观起见，我们以两家在线儿童看护机构为例来做对比。Care.com是一家提供低配服务的公司，公司提供海量信息，招募儿童看护者的家长需要从庞大的信息库中去筛选、考察、联系并面试候选者，这个过程费时费力，也容易让客户产生焦虑感。Poppy，一家已倒闭的初创公司，则提供高配服务，根据家长在儿童看护问题上的特殊要求，按需推荐候选人。如果家里的保姆外出休假，临时缺人，家长只需要提交简单的用工要求，很快一位经过审慎筛选、训练有素的看护者——按需推荐的魔法保姆——就会到客

户家中报到。家长完全不必亲自去调查对方的资质。[46]

对创业者而言，在提供什么样的服务——低配服务还是高配服务这一问题上，有一系列问题需要平衡。低配方案是标准化方案，对待所有客户都一视同仁，更容易向纵深发展。同时，鉴于标准化方案有助于促进自动化，因而产品成本会较低。这也是不可避免的，因为低配方案造就的产品原本就缺乏辨识度，因此在价格问题上就只能有所退让。

相反，高配方案造就的产品可以标出高价，因为客户愿意出于以下原因支付更高价格：能享受到按需定制的个性化产品或服务，例如 Quincy 服装公司提供的定制服装；能享受到更高品质的服务，例如 Poppy，它能在第一时间满足客户需求。高配产品或服务能带来更高收益，公司在营销方面付出的额外花费也可因此得到弥补。但是，提供高配产品或服务的公司有时在运行中会遇到一些用钱解决不了的问题，而这些问题会妨碍公司做大做强。Poppy 就是如此，由于缺乏足够多资质过硬的保姆，公司陷入了停滞。最终，由于公司发展规模迟迟达不到预期，创始人只能把公司一关了事（见表 2.3）。

表 2.3　不同服务标准的优势与劣势

	低配服务	高配服务
优势	√ 公司规模容易扩大 √ 运营成本低	√ 产品辨识度高 √ 产品定价可以提高
劣势	√ 产品缺乏辨识度 √ 产品定价难以提高	√ 运营困难 √ 公司规模不易扩大 √ 运营成本高

技术与运营

初创公司要想顺利发展，必须要实现自己的价值承诺，即在产品的发明、生产、推广、售后服务等方面倾力投入。任何一个环节的疏漏都会让公司陷入无力回天的境地。

除了要具备强大的执行力，大多数初创公司在事关技术和运营时，都需要考虑一个重大问题：是将关键工作外包给他人，还是放在公司内部解决？例如是装备一个新仓库，还是租用现成的仓库？该不该将客户服务外包给第三方呼叫中心？是内部开发应用软件，还是直接聘请承包商？

此类决策是高风险决策，因为 A 轮融资往往只够让初创公司维持 12~18 个月的运营。如果 4 个月后你才发现将产品生产外包给其他公司是一个严重的错误，然后再花 3 个月的时间招募研发团队并内部解决问题，那么你可能已经浪费掉了一半的资金，后果是工作几乎没有进展，而你已经一败涂地。

这种"靠外包还是靠自己"的选择会让你不胜烦恼，你得权衡利弊，估算得失。靠自己，意味着进度慢、成本高，而且还会增加组织的复杂性。靠外包，意味着你能更快地获取资源，且通常不需要在前期投入太多固定成本。但是，羽翼未丰的初创公司并不容易找到合适的伙伴。相反，如果是靠自己来解决问题，当所需成本不超过外包费用时，初创公司可以获取更多利润，因为外部承包商的要价中包括了成本和盈利两部分。此外，靠内部力量解决问题还有两个好处：一是公司可以始终掌握关键任务能力；二是公司可以根据具体需求调整相关细节（见表 2.4）。在本章后半部分，我们将谈到初创公司在早期寻找战略合作伙伴时将遇到哪些挑战。

表 2.4 关键工作靠自己和靠外包的优势与劣势

	靠自己	靠外包
优势	√ 潜在利润更高 √ 掌控关键任务 √ 能够按需调整任务	√ 更快获取资源 √ 更低的前期固定投入
劣势	√ 进度慢，代价高 √ 缺乏技术诀窍 √ 运营复杂度增大	√ 缺乏掌控 √ 不易找到可靠的合作伙伴

市场营销

初创公司有必要让潜在客户充分了解公司所提供的服务，这一点毋庸置疑。为此，公司在成立初期需要考虑的一个重要问题是，究竟该在市场营销方面做多大的投入。这又是一个困境：投入太多或者投入过少都不是明智之举。我们来看看两种极端做法会带来什么样的恶果。

第一，客户会不请自来。持这种观点的人认为，出色的产品能够靠自身魅力吸引客户，具体来说，就是产品口碑过硬，传播速度快，公司足以靠媒体和新闻报道完成早期的客户获取。这样做能带来两个好处：一是降低了营销投入，节约了资金；二是客户的忠诚度会更高，因为他们纯粹是被产品本身所吸引，也就是说，是靠自己慧眼如炬主动发现了这个产品，而不是通过广告或者其他途径被动做出选择。

可万一没有客户主动上门呢？风险投资人马克·安德森对此种可能性发表了如下看法："在选择潜在的资助对象时，我们考虑的首要因素就是产品本身，再无其他。"[47] 在硅谷我们一直崇尚并鼓励这种理念。但是，这样做的负面作用是创业者会因此忽略产品的营销工作。很多创业者打造出了优秀的产品，但就是缺乏优秀的推广战略。更糟糕的是，他们还坚持认为自己不需要推广战略，或是认为不推广就是最好的推广，病毒式增长能照样实现。"

诚然，在不做广告、不开展任何有偿营销的情况下，一些优秀产品一开始的确能够达到病毒式传播的程度。多宝箱、推特、拼趣、照片墙、优兔等公司提供的产品就属于这一类。但这样的产品是难得一见的例外——它们被称为"独角兽"乃实至名归。然而，普通创业者千万不要想当然地认为自己能和它们一样。此外，在上述公司中，不开展有偿营销并不意味着不营销。了解内情后你会发现，这些公司在提出构想、付诸实施、推动产品实现病毒式传播的过程中，即便没有付出财力，也付出了人力。举例来说，德鲁·休斯顿在为多宝箱制作的宣传片中，就包含了大量只有超级电脑迷才看得懂的圈内笑料（如引用了电影《办公空间》里的技术问题摘要报告，以及用 09 F9 解密蓝光光碟—— 一场由黑客发起的"圣战"）。[48] 这些电脑迷都成了多宝箱早期的拥护者，甚至之后还变成了产品的免费宣传员——顺带还兼任了免费的技术支持员。

第二，"大轰炸"式的推广策略。20 世纪末，互联网发展进入高峰期，很多公司依靠大规模的广告和公关攻势来推广产品。如今，尽管这样的做法已经不占主流，但我们仍然能看到一些初创公司刚一成立就把大把的钞票花在广告上。一场规模盛大、引人注目的新品发布会如果能够奏效，那么公司在新市场中占领重要地位的可能性就会大大增加。但是，在尚未达到"产品 – 市场"匹配之前，也就是说，在产品既能满足市场需求又能带来盈利之前，斥巨资进行市场推广对于公司而言，至少从长远来看，是高风险行为。假如最终发现市场需求低于预期，创始人可能须重新确立客户价值主张，现有客户的利益因而会受到影响。在调整价值倾向之前所做的大规模营销投入等于白花钱，甚至更糟：现有客户和潜在客户会因为公司前后不一的做法而产生困惑和不满，客户基础会动摇，公司会因此而受损（见表2.5）。"创业基因项目"曾针对在早期落败的初创公司的管理状况开展调研，研究结果表明，在垮掉的初创公司中存在一个普遍现象，那就是它们过早进行了大规模的营销和产品开发。[49]

表2.5　有偿营销投入多和少的优势与劣势

	较少的有偿营销	较多的有偿营销
优势	√ 节约资金 √ 客户忠诚度更高	√ 发展速度更快
劣势	√ 难以招揽更多客户	√ 成本更高 √ 如需重新确立客户价值主张，则前期努力等于白费

盈利模式

所谓盈利模式，是指公司针对盈利问题所做的计划：年收益应该是多少？所需成本是多少？在盈利模式中，年收益和成本分别受若干因素的影响。年收益取决于产品的定价和售卖数量。成本则有若干种表现形式，每一种的构成要素都各不相同。例如在智能机器人Jibo的制作中，其可变成本，即单个组件的成本，随着机器人销量的增加而成正比增长；而营销成本随着新客户的增加而减少；至于管理成本，如高管的薪资以及办公场所的租金，至少在短期内将保持不变。

创业者无法左右盈利模式，只能通过在以下三个问题上的选择来调控收益与成本：客户价值主张、技术与运营、市场营销。这些选择将共同决定着公司要为谁服务、为多少人服务、产品要如何定价、如何吸引新客户、该不该采用"高配置"策略并承受随之而来的高成本等。

初创公司在经济增长势头上是否具备长足的后劲，取决于公司在多个方面的表现，但以下三方面尤为重要。

第一，单位经济效益。当投资人问及一家公司的"单位经济效益"时，他们其实是要了解公司所售卖的每一单位产品能带来多大盈利。这里所说的单位产品因行业差别而不同。对于 Jibo 公司而言，其单位产品就是一个完整的智能机器人。而像网飞公司和 Spotify（在线流媒体音乐播放平台）这样的媒体订阅平台，它们会按照每个月每个订阅者所带来的利润来计算单位经济效益。请注意，此处的利润仅指毛利润，计算公式为：每单位收益减去由生产及发行环节直接造成的可变成本（比如单个产品的生产成本、包装成本、运输成本等）。诸如营销费用、管理费用、贷款利息或者收入所得税等成本没有被计算在内。如果扣除这一部分，那得出的数字就是净利润。

归根结底，对于初创公司单位经济效益的分析解答的是公司在单笔典型交易中赚多少或者赔多少的问题。对于一个健康发展的企业而言，单笔交易的盈利与交易数量的乘积等于总交易额。总交易额所带来的现金流应足以承担以下五项开支：营销成本和管理费用；用于后续发展的投入，如增加库存或新添设备；支付贷款利息；纳税；权益投资人的合理所得，以确保他们在必要时愿意为公司追加投资。每家企业都有各自的特点，因此我们无法用统一标准去衡量单笔交易能赚到多少钱才算是"健康发展"。但是，如果在每一笔交易中都赔钱，那么除非经营者清楚地知道该如何挽回损失，否则这家公司很可能是出了问题。

第二，LTV（客户终身价值）/CAC（客户获取成本）比值。[50] 一个客户的终身价值等于该客户在与企业发生关联的整个周期内所带来的毛利润的折现价值。折现价值的意思是，未来某个时间点上资金的价值与当前资金的价值并不相等，因为当前这笔资金可以被存进银行赚取利息。换言之，客户终身价值是扣除了未来某一笔盈利的利息所得的。

客户获取成本是指公司在每一个典型客户身上所花费的平均营销成本。当LTV/CAC比值低于1.0时，意味着该客户产生的价值没有达到当初为获取他时消耗的成本。假如LTV/CAC比值在一段时间内始终停留在1.0以下，那说明公司气数将尽，因为公司赚取的毛利润不足以承担其管理成本，也不足以实现净盈利。因此，很多初创公司对于LTV/CAC比值的目标是高于3.0。

第三，盈亏平衡点。LTV/CAC比值是衡量公司业绩的一个重要指标，但要注意，客户所带来的现金流会随时间推移而逐步到位，但客户获取成本却提前就支付出去了。这就意味着，拥有良好的LTV/CAC比值的初创公司在大力拓展客户群的同时，其现金储备也会快速减少。公司会因而违反创业者的基本原则：不要花光现金！

为防患于未然，创业者需要启动可靠的现金流预估机制，同时须掌握情况，知道何时该创收，何时该花钱。也就是说，初创公司应该在现金流盈亏问题上找到平衡点。当公司的销售额能够带来足够多的毛利润，足以填补其税收开支、营销花费、固定成本，以及新增投资（比如新设备，以及为下一轮竞争而储备的库存）时，意味着公司找到了盈亏平衡点。

通过对早期初创公司创始人的调研，我发现掌握上述盈利模式有助于提升公司的成功概率（更多细节见附录）。把成功的初创公司与经营不善的公司放在一起比较，你会发现后者的创始人或 CEO 在评估单位经济效益、LTV/CAC 比值、半年内现金流预测等问题上表现得极不自信。

与资源相关的要素

前文介绍过"菱形 – 方形"框架，其中，菱形四角的四种要素共同决定着商机：初创公司要提供什么产品，为谁提供；初创公司的技术与运营方案；初创公司的营销手段；初创公司如何盈利。要想抓住商机，初创公司就得恰到好处地掌握适量的资源。

"菱形 – 方形"框架中方形的四角代表着四种资源提供者，他们对于大多数初创公司的成功起到决定性作用。他们是：初创公司的创始人、团队成员、投资人，以及能够在关键技术、运营能力以及经销渠道等方面提供协助的合作伙伴。

方形中的这四角互为补充，任何一种充裕资源都可以在其他某种资源短缺时发挥补位作用。例如，假若创始人缺乏行业经验，但是团队拥有资深业内人士或者投资人具备相关经验，那么整体资源仍能维持平衡。

创始人

正如我在上一章中提到的，创始人对于初创公司的最终走势会起到决定性影响。[51] 同理，联合创始人之间的矛盾会让初创公司分崩离析。有些联合创始人最初一起想出了创业的点子，从一开始就并肩战斗。还有很多初创公司是靠某个人单枪匹马创办起来的，他是唯一一个拍板的人，最初的创业理念是他一个人的思想结晶，公司其他人员都是后期被招募而来的。

无论这支创业队伍是一开始就集结好的，还是日积月累壮大起来的，创始人和投资人迟早都会思考这样一个问题：该不该另请新合伙人，放弃现有合伙人？在考虑过程中，三个维度的问题格外值得关注：行业经验，职能经验，气质类型。

一是行业经验。[52] 先前的行业经验在某些领域中发挥尤为重要的作用。比如 Jibo 的联合创始人就很清楚，研发机器人并将其推向市场会带来一系列难以解决的问题，为此，他们特意聘请了资深技术高管史蒂夫·钱伯斯。当然，前期行业经验也并不总能起到决定性影响。在下一章里，我会对行业经验知识在哪些领域中更为重要做进一步介绍。

二是职能经验。创业团队的构成还应该体现商业智慧与专业技能的完美结合。简言之，这样的团队就应是"技术大咖+活跃分子"：既有技术高超的工程师（技术大咖），又有经商禀赋突出，尤其是善于推销产品的人才（活跃分子）。当然，创业团队也可通过聘用资深经理人来弥补某一方面的缺失。

需要警惕的是，团队成员在所接受过的训练和所具备的职能经验上表现出同质化倾向。发端于商学院的初创公司往往属于这一类。

三是气质类型。创业者要挑战自我，去做第一个吃螃蟹的人，这中间所需的信心绝非一星半点。有充分的证据表明，与普通人相比，创业者总体而言都表现得过分自信，对于自己预估未来的能力做出了过高的判断。可喜的是，高度自信的创业者身上的众多特质提升了创业成功的可能性。例如自信的人具有更好的韧性，这对于登上创业过山车的人来说至关重要。此外，自信的人还具有更强的说服力，在面对潜在的团队成员和投资人时，他们能畅谈发展蓝图，成功地获取对方的认可。[53]

但是，正如我们时常看到的，过分自信会导致创业者在风险面前不堪一击，尤其是当他因热情高涨而忽略了残酷现实的时候。相反，当创业者处在另一个极端，也就是极度不自信时，初创公司也会面临风雨飘摇、员工离心离德、投资人不愿注资的境地。所以说，创始人的自信心水平应该保持得恰到好处，在刚愎自用和畏缩不前二者之间寻找到平衡点。倒向任何一个极端都会造成致命的后果。[54]

畏缩不前的创业者可能缺乏自信心，对自己的创业理念不抱热情，也可能低估了创业者所须付出的努力以及应承受的压力。比起过分自信的创业者，他们认输的速度要快得多。求职者和投资人能够从这样的创业者身上感受到性格不果断、愿景不明朗等特质。初创公司的发展战略会随着畏缩不前的创业者"随波逐流"的个性而变换，因为来自周围的建议会让他不停地改变发展思路。

与之相对，刚愎自用的创始人往往对某个商机或他们自身的竞争力抱有过高的信心。这样的人很容易在资金不足、对竞争态势估计过低、对个人能力估计过高的情况下创办企业。如果成功地挺过了初创期，那这些创始人会认为自己最初的计划是周全无虞的，从而拒绝放弃一个从客观来讲并不完美的商机。此外，刚愎自用的创始人很难与他人共事。他们防御心极强，喜欢妄加评判（在他们眼中同事只分两类，要么是英雄，要么是白痴），不愿授权予人，不容易听取别人的意见，或者坚持"我行我素"。这些性格特质对于初创公司来讲是不利的，因为有才华的人不会愿意加盟这样的企业，也不会愿意在这样的企业长期工作下去。

  鉴于上述风险，创业者应在团队成员的选择上，避开性格过于自信或者过于不自信的人。同样，创业者还应思考一个重要问题：联合创始人之间是否性格互补？假如两个人的性格都是刚愎自用，那他们可能会频繁发生冲突。性格一强一弱的两人组合在一起，其结果有可能是和谐共生（见表2.6）。

  那么怎样才能看出一个创始人是否过分自信？其实不难。通常情况下，我们可以看看他是否不够谦虚，是否不愿倾听，在受到挑战时，是否表现出了很强的防御意识和不肯通融的态度。你可以从他曾经的同事那里去了解情况，但这样做也未必可靠：他过去可能确实言行不妥，但吃一堑长一智，如今的他也许已经变了一个人。在本书第三部分，大家将看到一些曾经遭遇挫败的创业者的故事。他们极具自我反思的能力，在跌倒重来后，他们完全换了一种管理风格。

表2.6 不同气质类型创始人的优势与劣势

	刚愎自用的创始人	畏缩不前的创始人
优势	√ 韧性强 √ 能够吸引投资人	√ 能全面评估风险 √ 不会在冲动之下做决定
劣势	√ 对前景过分乐观 √ 自负，防御意识过强，难以与他人共事	√ 缺乏激情 √ 缺乏坚持不懈的精神 √ 不易吸引员工和投资人

团队成员

若"菱形 - 方形"框架中的其他要素能均衡发展,那么创业团队即便实力欠佳,也尚不至于让初创公司走向衰亡。相反,如果其他要素不能保持均衡,那团队实力欠佳就变成了压倒骆驼的最后一根稻草。

在早期组建团队时,初创公司经常面临这样一个选择困境:选人之道,重在态度,还是重在能力?[55] 这是一个需要巧妙把握的问题。若公司主要是根据态度来选拔人才,那团队成员将是一些工作积极、勤勉肯干、诸事精通的多面手,他们能依情况所需而在不同任务间自如地切换角色。以文化契合度为主要指标招聘人才也会带来类似的结果,认同企业使命、在团队中能产生强烈归属感的人会乐意加盟。然而,工作不是单靠努力就能完成的。要解决营销、工程以及其他一些职能领域的难题,能力过硬的专业人才必不可少。

以能力为主要指标选拔人才有助于公司在成立初期创造辉煌。只可惜,对于一个籍籍无名、资金紧缺、生存前景不明的公司而言,吸引优秀的专业人才并不是件容易的事。而且,创始人如果不曾在某个职能领域工作,那他会因缺乏人脉关系而无从招募到合适的人才。就算真能吸引某些专业人才前来,创业者也会面临难分良莠的困境。

组建一支由专业技术人才构成的团队不无弊端。他们可能会不假思索地采纳曾经在上一任老板那里行之有效的方法,而这种方法对于刚刚立足的初创公司却并不适用。此外,当别人恳请他们在其专业领域之外的事情上伸出援手时,专业人才往往拿一句

"不关我事"搪塞了事。同样，假如他们习惯了大型公司中按部就班、各司其职的工作流程，那么初创公司中的相反情形会让他们无所适从。最后一点，如果初创公司调整战略，放弃了原有的创业商机，那某些人的专业知识可能就不再有用武之地，创始人将不得不面临一个有伤士气的棘手难题：请才华出众的人另谋高就（见表2.7）。

表2.7 不同选拔人才侧重点的优势与劣势

	根据态度选拔人才	根据能力选拔人才
优势	√ 拥有忠诚、勤勉、适应性强的员工	√ 公司发展快
劣势	√ 缺乏关键领域的专业知识	√ 很难吸引并留住人才 √ 用老办法解决新问题——不适用 √ "不关我事"的工作态度 √ 不了解初创公司的工作方式，无所适从

投资人

在公司成立初期，[56] 创始人必须在何时融资、融资多少、向谁融资等问题上做出决断。此类决策关乎初创公司成败。如果创始人缺乏前期业绩记录，那么他在这些问题上就没有多少主动权。他须东奔西走筹集资金，被迫走捷径，牺牲"投资人适当性匹配"，以维持公司的运转。

第一，何时融资？在决定何时寻求额外的资金支持时，创业者须做到统筹兼顾。他必须预估公司的现金还能支撑多久。对初创公司而言，现金耗尽之际就是它们的"冒烟时刻"——油箱燃油已尽，唯独剩下浓烟笼罩。在确定"冒烟时刻"的基础之上，创业者需要对下一个问题做出预估：多久才能筹到钱？融资速度取决于两个因素。首先，若初创公司通过年收益增长率、客户投入度、重要阶段的业绩成果（比如产品出炉，验收测试正式启动）等展现出强劲的发展势头，那么投资人会更快做出投资决策，因为以上因素都能极大地提高公司的估值。其次，创业者必须预估投资人的情绪变化。投资人喜欢扎堆，因此风险资本的繁盛期和衰败期会交替出现。在某个板块抢手时，风险投资人会蜂拥而至。但是他们的情绪说变就变，一旦情绪变坏，风险投资人甚至会将健康发展的初创公司拒于门外。

如果创始人在尚未取得重要阶段性成果之前过早融资，那投资人会执意压低股价，原因在于投资人须为一个前途未卜的初创公司承受更高风险。较低的估值会进一步稀释创始人的股本。至于为什么，我们可从以下例子中窥见一斑。假设创始人在首次进行外部融资时以200万美元种子轮为目标，如果投资人向初创公司给出了800万美元的交易后估值（交易前估值与新股本的总和，二者分别是600万美元和200万美元），那么在融资成功后，投资人将掌握25%的股权（投资总额200万美元除以交易后估值800万美元之后的得数），而创始人将掌握75%的股权。相较而言，如果初创公司的种子轮目标是200万美元，但交易后估值仅有400万美元，那么在融资成功后，创始人只能享受到50%的股权。

另一种情况是，假如初创公司迟迟不发起融资，那它们将面临融资耗时更长的风险，原因也许是它们的行业板块已经不受投资人的青睐，进入了盛衰交替周期中的衰败期。假如初创公司在筹资困难期出现了资金短缺，那它们所能筹集到的任何一笔新资金都有可能附加在不利的条款之上，进而再一次导致新股的股价和估值偏低，管理层和前期投资人的资产被大幅度稀释（见表2.8）。

表2.8 过早融资与延迟融资的优势和劣势

	过早融资	延迟融资
优势	√ 有望赶上行业发展的繁盛期	√ 实力更强时，融资速度更快，股本不易被稀释
劣势	√ 股本易被稀释 √ 实力欠佳，不易吸引投资人	√ 融资耗时超出预期时，易陷入被动 √ 意外遭遇行业萧条期时，易陷入被动

第二，融资多少？在考虑融资数额时，我们所做的利弊权衡离不开融资时机。我在哈佛商学院的同事比尔·萨尔曼曾表示，创始人在做此类决策时，往往发现自己被贪念和恐惧这两种力量所裹挟。[57] 所谓贪念，是指创始人（以及任何一个当前投资人）希望能在以下两种情况下减少其股本稀释：一是延迟融资，直至出现更多重大进展；二是筹集少量资金，以满足下一个重要目标所需的最低开支。所谓恐惧，是指假如融资延迟或者融资数额过少，那他们将缺少能帮自己渡过难关的资金保障，他们可能要重新确立创业目标，或者是被竞争对手打得措手不及。没有资金保障，初创公司只得被迫进行所谓的"过桥"融资——很容易成为"割肉式"融资，即下调股价。"割肉式"融资会加速初创公司的失败，因为这样做无异于宣告大海上航行的船只即将沉没，这个时候要想吸引新员工加盟会难上加难。同样地，现有员工的期权如果变为"水下期权"（虚值期权），那他们多半也会选择离职。

鉴于以上利弊，部分创业者赞同这样一个信条："无论何时，尽可能多地去融资。"诚然，在面对强手如云的市场时，充足的资金的确会让初创公司拥有一定的竞争优势。但是，假如听任管理层肆意挥霍，那么过分充裕的资金也会毁掉一个初创公司。马克·安德森就曾指出，筹集到过多资金的初创公司会变得"沾沾自喜、好吃懒做、傲慢自大"。[58] 由此产生的经营失序可能包括以下几类：超额配备人员，随之而来的，是管理层人员冗杂导致的决策迟缓；计划得不到及时执行，员工会认为"着什么急？我们有的是钱"。

同样的道理，如果投资人乐意出高价来入股初创公司，那么股权被稀释的可能性会有所降低，但这也会造成事与愿违的结果。因为股价已经高到没有上升空间的地步，初创公司将很难在下一轮融资中取得更好的战绩，最终的结果是后续融资导致股价下调，继而引发上文提到的那些不良后果（见表2.9）。

表2.9　融资过少与融资过多的优势与劣势

	融资过少	融资过多
优势	√ 股权稀释的幅度较低	√ 遭遇困境时，拥有足够保障 √ 相机而动时，有专用资金
劣势	√ 抵御风险的保障不足	√ 奢侈浪费 √ 股价过高，更易导致后续的"割肉式"融资

第三，向谁融资？对于刚刚起步的初创公司而言，投资人能够创造的价值是巨大的。在事关战略发展、选人用人等问题时，投资人可以给出中肯的建议；在如何管理公司、把握领导艺术等问题上，投资人可以手把手去教；在开展新一轮融资时，投资人还可以积极地出谋划策。就像ABC（美国广播公司）的电视节目《创智赢家》（*Shark Tank*，一档知名的发明创造真人秀系列节目）中获胜的参赛选手所感受到的，从精英投资人那里筹集到资

金，意味着公司的发展前景一片光明。即便投资人没有以初创公司的名义采取任何直接行动，公司从人员招募和资金筹措中获得的益处也会日渐显现。

相反，不理想的"投资人适当性匹配"会对初创公司产生破坏性影响。途径有两个。一是"风险－收益"不平衡。风投资本的商业运作模式建立在这样一个理念之上：从投资组合的一小部分公司中赚取巨额回报。在成功的风投公司中，一小部分大赢家式的投资所带来的利润足以抵消大部分以亏损告终或者勉强达到收支平衡的投资所造成的损失。本着这一商业模式，大多数风险投资人会推动投资组合公司采取风险策略，一旦成功则回报巨大。许多创始人也有相同的理念，愿意用高风险来换取高收益。另一些创始人，如果不受投资人影响，则倾向于采取安全策略，但所获收益平平。在后续章节中，我们会看到在 Quincy 和巴鲁这两家刚起步的初创公司中以上情形是如何展开的。一些已成规模的公司也有过"我们被风险投资人逼迫得太紧"的抱怨，相关内容在本书第二部分将有所呈现。二是投资人是否有足够的能力和意愿为蹒跚起步的初创公司提供额外资金。在这一问题上，投资人之间可谓千差万别。假如初创公司是因为未能实现产品上市的目标，或是因为需要更多时间完成转型而筹集资金，那它们会发现从现有投资人那里更容易筹到资金。虽然也会担心"赔了夫人又折兵"，但现有投资人比起新投资者更为熟悉公司的成员、产品、市场，更了解公司当前面临何种挑战，更清楚成功会带来何种好处。此外，他们还可能出于情感因素而"双倍下注"，以展现他们对最初的投资决策义无反顾。与之相对，新投资人会对一家没有达成产品上市目标的公司心存提防。鉴于此，起步阶段的创始人——尤其是那些"容易出状况"的人——应该寻找有过提供过桥资金记录的且目前有充分可支配资金的投资人。

大多数风投公司每隔几年就会筹集新的资金。为了避免利益冲突，它们很少会从新基金中为现有的投资组合公司提供后续投资。如果它们这样做了，那就意味着它们以牺牲一只基金的代价提高了另一只基金的利润，从而为后续融资确立了估值。因此，创业者应该清楚地掌握投资人的资金现状，确认它们当前的基金中是否有充足的资本可供进行后续投资。

合作伙伴

与选择团队成员一样，在选择合作伙伴时，如果初创公司不慎做出了错误的决定，那么这些决定虽然不太可能成为公司失败的首要诱因，但它们也会引起不止一桩让管理层感到棘手的麻烦事，从而大大增加公司失败的可能性。到一定时候，公司就像航行在海上的一艘破船，而管理层就像船员，他们会来不及排掉渗进船内的水，只能眼睁睁看着船沉入大海。

与上述比喻相类似，马克·安德森将那些立志与大型公司成为合作伙伴的初创公司比喻为《白鲸》中的亚哈，而将大型公司比喻为白鲸。[59] 假如你没有读过这本书，那我可以稍稍剧透一下：亚哈的结局是悲惨的。为了捕获白鲸，亚哈穷尽几十年心力，最后，他终于用鱼叉困住了白鲸，可白鲸也将他拖入海中，亚哈最终溺水而亡。安德森解释道："与大型公司合作的弊端是，它们会使你失去在海上航行时必备的平衡，可能以这样或那样的方式打击你，然后消灭你；更有可能通过与你建立不平等的合作关系来掣肘，或是害你浪费大量时间在无聊的会议上让你分心。"

在前文讨论资源外包时曾提到，建立合作关系可以使初创公司在没有固定预先投资的情况下快速获取资源。然而，正如安德森所担心的，对于一个生存概率渺茫且名不见经传的初创公司而言，要与一家发展成熟的公司建立合作关系难之又难。即便有这样的合作伙伴，初创公司也需要费尽心思吸引它们的兴趣，并且在如何平衡对方利益与公司利益的过程中会遭遇诸多困境。

多宝箱创始人兼CEO德鲁·休斯顿曾这样描述自己在创业早期为寻找分销合作伙伴时的沮丧经历："有时候，大型公司似乎很乐意与初创公司对话。它们会派来很多中层管理者——没有一个能说了算——来体验并了解你的技术。它们会让你一连几个月一事无成。最后，我们差一点就和一家做杀毒软件供应的公司谈成了。在最后的关键时刻，它们派来了一个资深副总裁，此人宣布它们将买断我们的品牌，这跟我们之前讨论的内容南辕北辙。"[60]

合作关系会因为若干原因而瓦解——合作双方的实力越是悬殊，交易谈不拢的概率就越大，即便谈成了，最终的发展也会背离正轨。有些时候，人们可能需要花很长时间才能找到这样一个伙伴。正如休斯顿所言，某些大型公司就是通过"体验"来了解初创公司的技术与理念——并且有可能窃取这些理念。另一些大型公司或许真对你的产品感兴趣，但建立合作关系绝非它们的当务之急。此外，大型公司的交易专员为了取得讨价还价的优势，往往会故意拖延谈判。他们很清楚，初创公司这个时候已经捉襟见肘，极有可能出于绝望而妥协让步。

就算交易达成，合作伙伴也依然有可能食言。大型公司的政治生态晦暗不明，这段合作关系一旦危及某些人的利益，那他们会竭力搞破坏。另外，如果大型公司中合作关系的拥护者离职，那初创公司就会失去内部的支持。无论合作关系以哪一种形式恶化，初创公司与合作对象之间都存在着千丝万缕的联系。假如问题持续恶化，那么公司失败的可能性必定会增大。例如在匆忙寻找替代方案的时候，初创公司会消耗大笔资金，同时忽略了质量保障和客户服务（见表2.10）。

表2.10　建立合作关系的优势与劣势

	建立合作关系
优势	√ 在缺乏固定的预先投资的情况下，更快获取资源
劣势	√ 把时间浪费在无果而终的交易上 √ 存在创业理念被窃取的风险 √ 大型公司的公司政治或优先事项导致交易迟迟不能完成 √ 双方实力不平衡导致的苛刻条件 √ 双方动机不一致导致的合作伙伴缺乏承诺精神

***

　　白手起家是一件需要极大勇气的事，创业者不仅要有远见和信心，而且还得做出数不清的艰难抉择。如前文所说，创业者在起步阶段面临的很多抉择都会直接影响到初创公司日后的成败。"菱形－方形"框架有助于创业者做出合理选择，同时，也能帮创业者诊断问题，看看究竟是哪个环节出了错。在接下来的三章中，我们会用这一框架来分析起步阶段失败的初创公司案例。首先，让我们一探究竟，看看当创始人发现了不错的创业商机，但无法调集到必要资源将商机转换为成果时，会发生什么。

第三章

失败模式一：创意一流，配置三流

2011年5月，我曾经的两个学生带着她们的创业理念来找我。听过之后，我被深深地吸引了。亚历山德拉·纳尔逊和克里斯蒂娜·华莱士[61]的创意很棒，她们想以年轻的职业女性为服务对象，生产价格适中、款式新颖、舒适合体的职业装。她们的"独门绝技"是量体裁衣，客户可以通过提供具体的四种尺寸（腰臀比、胸围等）来按需定制，类似于男士西装的定制形式。她们的这个新方案似乎有望填补一个急客户之所急的市场空白。

与传统做法不同的是，Quincy服装公司不打算通过百货商场或零售联营来进行分销，而是希望以直达客户的直营模式来构建品牌形象。这种商业模式随着Bonobos与Warby Parker的成功而逐渐成为业界新宠。尤其是Bonobos，它的经营方式成了Quincy服装公司借鉴的模板。该公司以线上平台为依托，着力打造"更合体、更美观"的男士裤装。在创业的前三年，该公司就筹集到了2 600万美元的风投资金。

学生的创意打动了我。为此，我建议纳尔逊和华莱士接下来先去了解一下基本情况，看看目标客户是不是真的需要这样的产品。二人设计出了一款堪称教科书级别的最小化可行性产品：她们举办了六场服装展示会，女性客户可以试穿样品套装，还可以预订。展示会成效显著，在参加活动的年轻职业女性中有 50% 选择购买，人均预订金额为 350 美元。

与此同时，纳尔逊和华莱士还做了一次调研，57% 的调研对象认为，职业装的合体程度是她们选择服装时首先考虑的因素；81% 的调研对象认为，很难买到合体的职业装。此外，调研结果还显示，她们的目标客户在职业装上的年度花费总额达到 19 亿美元。客户愿景让她们备受鼓舞，两个创业新星就这样辞去了咨询工作，创办了 Quincy 服装公司。

接下来，纳尔逊和华莱士给了我一个兑现承诺的机会：她们邀请我注资。这迫使我换了一种思路来考量她们的前景。我喜欢她们的创意，也欣赏她们本人。她们头脑灵活，才思敏捷，是一对互补型创业者。华莱士有远见，感染力强。在进入哈佛商学院深造之前，她已取得了埃默里大学数学与戏剧研究的双学位，毕业后在纽约大都会歌剧院工作，担任歌剧女主角的经理人。而纳尔逊则是一个做事目标明确、自律甚严的女性。她曾在波士顿咨询集团就职，毕业于麻省理工学院，主修机械工程。

这一对儿搭档看似是完美的"主攻外围 + 主攻内部"组合，一人的性格与能力适合应对外部事物，比如筹集资金、树立品牌形象、寻找合作伙伴等；而另一人则天生适合管理内务，比如网站开发、仓储运营、客户服务等。在哈佛商学院校友中，以这一组合类型创业成功的例子曾有不少，像 Birchbox（美容产品订购平台）、Cloudflare，以及 Rent the Runway。

诚然，Quincy 服装公司的两名创始人都是第一次创业，也都不具备服装生产方面的前期经验。但是，从事时尚科技行业且不具有深厚的专业知识的很多哈佛商学院校友都实现了成功创业，包括 Rent the Runway、Adore Me（内衣品牌），以及 Stitch Fix 的创始人。

因此，Quincy 服装公司可谓一匹良驹，而驾驭良驹的骑师才智过人，勤勉肯干。该如何选择一目了然。就这样，我入股了。

为了从其他成功的创业者那里获得尽可能多的经验，Quincy 服装公司的两位创始人拜会了 Bonobos 的几位资深经理。对方不吝赐教，将自己的经营策略做了分享。纳尔逊称其为 Quincy 服装公司的"金牌奖券"。在数次会晤的启发下，纳尔逊和华莱士完成了财务预估，根据预估情况，Quincy 服装公司四年内将实现 5 200 万美元的收益，税前利润为 1 800 万美元。接下来，她们拿着这份预估报告找到了投资人，筹集到了 95 万美元的种子资金。尽管这笔资金额度低于她们的预期——150 万美元，但也足够公司推出春秋两季的系列服装。此外，她们还明智地邀请到了一些时尚界资深人士，组建起了一支小小的团队，其中一位设计师还在美国真人秀节目《天桥骄子》中亮过相。

一开始，服装销售势头很迅猛，回头客的比例也很高：购买了春季系列的客户中，39% 的人后来又购买了秋季系列。但是弊端也在渐渐显现。事实证明，这种强劲的增长势头必须依靠强有力的库存投入，而这会大量消耗现金储备。同时，由于生产环节的问题，部分客户定制的服装并不合身，进而出现了 35% 的退货率——这一比例虽然和其他同样提供免运费可退货服务的在线零售平台的情况相一致，但是超出了 Quincy 服装公司为自己设定的退货率不超过 20% 的目标。退货增多导致利润空间减少，而解决生产环节的漏洞也同样需要花钱。公司运营仅九个月，如果开支速度照当前状况持续下去,那再过两个月Quincy服装公司就将陷入山穷水尽的地步。

华莱士铆足了劲儿,发誓要筹到新的资金。然而,数度无功而返之后,她终于意识到了问题的严重性。除非早期的投资人追加资金,否则公司只能停业。在这个问题上,两个创始人产生了巨大的分歧。华莱士想要"体面地"关掉公司,向供应商付清余款,并且给员工一小笔遣散费。纳尔逊则倾向于继续寻找新的投资人,通过减少服装的尺寸类型来降低运营复杂性并消化库存。但是,调整产品生产线的这种思路与华莱士的创业理念背道而驰。华莱士认为,Quincy服装公司应始终致力于为各种身材的女性客户提供更合体的服装。

经过一番紧张的董事会质询,纳尔逊的建议得到了采纳。华莱士被迫离任,在接下来的几个星期,她闭门不出,心灰意懒。与此同时,纳尔逊在独自执掌大权仅五个星期后,也意识到自己的计划完全行不通。新的投资人迟迟没有出现,她只能黯然认输。

Quincy服装公司的落败曾让我夜不能寐,因为各种迹象表明,它不应该失败。两人在初期组织的服装展示会——精益创业技巧的完美应用——表明客户需求是真实存在的。2012年3月公司成立后,市场的反应再次证明了这种需求。截至当年11月,公司的月销售额已达到62 000美元,超过了10月份的42 400美元。此外,Quincy服装公司的所有客户中,17%的人成了回头客,其中包括在Quincy服装公司初次发布服装系列时选择购买的那39%的客户。

如此说来,既然Quincy服装公司的创始人提供的产品的确是客户所需,为什么公司还是发展不顺?难道是她们所提出的

"更合体"的目标太过宏大，以至于不了解服装生产之复杂性的创始人力不能及？难道是创始人筹到的风险资金数额太小？或是她们找错了投资人？是管理不当导致企业栽了跟头？还是因为联合创始人之间存在分歧？

随着调查的深入，我发现了问题的症结：Quincy 服装公司并没有整合到必要的资源来充分挖掘这个商机。鉴于此，我将它归入了发展初期就失败的初创公司的行列，我称这一类失败模式为"创意一流，配置三流"。一些创意上佳的初创公司就是因为缺乏资源或是资源配置失调而陷入绝境。此处谈及的"资源"并不仅指资金，还包括一连串重要资源的提供者，如创业者、其他团队成员、投资人，以及合作伙伴。此外，就像我们在上一章中提到的"菱形－方形"框架所表明的，代表资源的正方形四角一旦出了问题，其负面影响会向内辐射，危及菱形四角所代表的商机。

在 Quincy 服装公司的案例中，代表商机的菱形四角中，至少在一开始，三个角处在正常状态。服装展示会得到的积极回应、早期呈上升态势的销量以及不低的回头客比例，三个方面都明确地表明，Quincy 服装公司提出的客户价值主张的确是急客户之所急，填补了市场空白。

同样，Quincy 服装公司的营销策略也无可挑剔。公司主要依靠忠实客户的口头宣传来扩大用户群，力推"老客户发展新客户"的激励措施（每成功推荐一人就能获得价值 50 美元的信用值），基于社交媒体和新闻媒介的报道来加以推广。这些营销手段行之有效，吸引了不少客户。

在创业头一年里，Quincy 服装公司的盈利模式尚未得到验证，但它也不无可圈可点之处。坦白说，为了满足市场需求，这家初创公司大把大把地"烧钱"来增加库存，其资金储备因而迅速减少。此外，由于退货比例超出预期，公司的销售毛利润也大大低于原定目标。尽管在早期出现了一些误判，但从长远看，企业仍有可能盈利。优先级客户板块占了 Quincy 服装公司整个销售额的将近一半，纳尔逊和华莱士在深入研究后得出结论，优先级客户的终身价值在 1 000 美元以上，大大超过了获取这样一个客户的预期成本——95 美元至 125 美元。

在事关商机的第四个要素，即技术与运营上，Quincy 服装公司确实存在一些严重的问题。尽管公司拥有一个颇具吸引力的价值主张，但却没有始终如一地向客户传递自己所承诺的价值。具体来说，就是它没能有效地保障服装的"合体性"，而"合体性"正是它所标榜的核心价值。由此带来的后果是，退货率比她们的预定标准高出了 15%，有 68% 的退货理由都与"不合体"有关。

令人遗憾的是，从我的事后调查得知，Quincy 服装公司在事关资源的四个要素上——创始人、团队成员、投资人、合作伙伴——统统出了问题。这些三流的配置实际上正是 Quincy 服装公司运营失利的根源，同时也是公司最终落败的根源。

创始人

Quincy 服装公司的创始人是典型的"技术大咖＋活跃分子"组合。纳尔逊接受过麻省理工学院工程学领域的专业训练，善于分析、充分自律，负责战略与运营等事务。华莱士正好相反，她极具感召力，有能力将大胆的创业计划推销出去。但是，尽管二人各有所长，但她们存在两个致命弱点：第一，都缺乏服装领域的从业经验；第二，没有明确公司里"究竟谁是老板"。

缺乏行业经验。尽管在咨询公司任职期间，纳尔逊曾经为几个服装零售商提供咨询服务，并且在哈佛商学院学习后的第一年暑假里，她还在爱马仕公司从事过一段时间库存最优化的工作，但无论是她还是华莱士，两人都不具备服装设计与服装生产方面的一手经验。一开始，她们认为可以亲自设计服装，只需要找一个生产经理来协调生产环节的工作就万事大吉。直到发现这个想法行不通后，她们才聘请了一位专业设计师。这之后，她们才逐渐了解到服装设计和生产过程所涉及的各种角色，比如技术设计师，模板制作师，样品制作者，织物裁剪师，等等。了解得越是深入，她们就越是清楚地意识到自己必须从零开始打造生产线，而这是一个耗时费力并且令人望而生畏的任务。

"做中学"的创业过程还导致产品质量出了问题。她们不知道，有些织物虽然相似度极高，但是弹性完全不同，致使衣服的合体性受到影响；她们不知道，出汗会导致夹克内衬上的粉色被晕染；她们也没料到，一件衣服的袖口居然对大多数客户来说不合适，因为试衣模特是纳尔逊，她的手腕比普通人的手腕要细一圈。

在"创意一流，配置三流"失败模式中，失败的核心因素常常是创始人缺乏行业经验。毕竟，好点子能够走多远取决于当事人拥有多少知识和经验来将其付诸实施。此外，对于那些运营复杂度更高的行业板块，"创意有价，而执行力无价"这句格言尤其适用，缺乏行业经验的创始人最后都会力不从心。Quincy服装公司的运营复杂度就很高：管理者要解决款式设计、衣料采购、模板制作、成衣生产、质量管控、快递运输等一系列事务，要保证每一环节之间衔接有序。在第八章中，我们将提到另一家在线零售商的案例。该公司提供家装陈设服务，在物流运输方面也遭遇了相同的挑战。

缺乏行业经验的创始人在招揽人才方面同样是障碍重重，因为他们没掌握相关专业领域的人脉资源，不知道从哪里去招募优秀人才。投资人对于这种不清楚人才何在的创业团队会加倍小心。既然存在以上短板，那Quincy服装公司的创始人该如何应对？[62]

首先，她们可以尝试着招募一位有经验的合伙人或是资深经理人，但这也是一个自相矛盾的选项。纳尔逊和华莱士的确想要招募一位熟悉服装行业的人选，可她们办不到。原因很简单：任何一位有能力带领初创公司进行服装设计与服装生产的人必定还能找到很多更具吸引力的工作，包括与别人联手创办新企业。如果他们面前还有更具诱惑力的选择，那为什么非得与两个有创意但没经验的工商管理硕士联手？而且这两个硕士手头的资金仅够维持一年的运营（也就是说，以预估收入和成本为参照，运营一年所需的现金）？

其次，她们可以仰仗顾问，从中获得战略和运营方面的指导意见。更为理想的局面是，充分借助顾问的人脉网络，吸引资深经理人加盟。Quincy服装公司的创始人的确有过几个不错的顾问，但她们应该再多找几个。她们以为主要投资人带来了时尚科技领域的经验与人脉，但这份帮助最终却令她们大失所望。

最后，她们可以花更多时间和精力去亲自获取行业知识，但这绝非一夜之功。Quincy服装公司的创始人想要掌握服装设计与生产的全过程，至少得花上几年时间。但是，假如她们当初在创办公司之前多花些时间去了解服装生产和库存管理的相关问题，那至少能在人员招募环节定位更精准一些。纳尔逊在事后分析中曾表示，她和华莱士可能在辞去咨询工作这件事上有些操之过急了。回看过去，她意识到自己原本应该一边思考创业，一边继续干好全职工作。"我丈夫的收入足够维持生活，"她说，"但是，从克里斯蒂娜辞去工作的那一刻起，筹资办公司就成为我们的当务之急，这给我们带来了很大压力。"可话说回来，放慢创业的脚步虽然更加稳妥，但是对于担心商机一纵而逝的创业者来说，这种做法并不可行——其他创业者有可能很快就会推出相同的产品。

谁是老板？ 除去缺乏行业经验这一短板，纳尔逊和华莱士在处理二人关系方面也存在明显的漏洞。耶希瓦大学商学院院长诺姆·瓦瑟曼[63]曾指出，联合创始人如果在创业前是家人关系或是亲密朋友，那合作关系一般不太稳定，也就是说，最终更容易一拍两散。和家人或朋友携手创业的确是个很吸引人的想法，原因很多，比如目标相同，价值观相似，熟知对方的脾气秉性、优点弱点、爱好甚至怪癖。但是，与彼此仅是普通同事或陌生人的创业组合相比，这种私交过密的搭档会在事关角色与战略等问题时难以开展对话。他们担心由此引发的冲突会危及他们的私人关系。

Quincy 服装公司的两位创始人是哈佛商学院的同窗好友，以上问题不可避免地出现在了她们身上。事实上，在决定要一起创业时，她们曾发誓绝不让生意上的分歧影响到友情。为了避免在"谁是老板"这件事上左右为难，纳尔逊和华莱士从一开始就选择了平起平坐，由两人共同做出战略决策。华莱士回忆道，"我们的关系就像是联合 CEO，尽管我们都知道我应该做 CEO，而纳尔逊应该做 COO（首席运营官）。她的工作重心在生产、采购，以及电子商务上，而我则更多地负责营销、人力资源，以及资金保障。我们会在产品战略上共同承担责任"。华莱士接着又说，"我们给自己冠以 CEO 和 COO 这两个头衔，主要是为了消除投资人的担心：两位实则是联合 CEO 的工商管理硕士会以何种方式解决争端？但实际情况是，凡是重要决策，我们都会一起做。假如在哪个问题上意见不统一，那我们就把它搁置起来暂不处理"。

从表面看来，这似乎是一种合理方式，能够让联合创始人之间免于发生冲突。但真实情况却事与愿违。两个人都很有想法，在产品策略、设计选择等诸多问题上她们各执一词。华莱士说道："我们都想打造产品愿景，但我们的审美取向并不一致。她喜欢伦敦式的典雅风，而我欣赏布鲁克林式的时髦风。""有那么几次，我们当中的某个人自己做了决定，另外一个人就会质问，'为什么不问问我的意见？我不同意'，有些决议就这样被否决了，而这消耗了我们很多精力。"

纳尔逊和华莱士不想让这种争执公开化，但是，在一个小小的开放式的办公空间内，这个愿望几乎是不可能达成的。久而久之，公司员工习惯了这种局面，他们也开始坐山观虎斗，伺机挑起两人间的矛盾。"后来我们会去附近的星巴克谈一些更加私密的话题，也正是在那里，我们会宣布解雇某个员工。"华莱士回忆道，"没过多久，大家就都知道当我们说'想不想来杯咖啡'的时候，这意味着情况不妙。"

当两个人与企业的利害关系不对等时,矛盾会被加倍放大。纳尔逊的损失会更大,因为她的母亲是公司的首位投资人,同时她的哥哥是公司的软件工程师。华莱士说,"当你的家人也被牵扯进公司的利益分配时,赌注和风险就不可能是对半分的问题了"。

联合创始人共同做决策的现象并不罕见,至少在创业初期不罕见。在新成员加入之前,联合创始人可能已经并肩奋斗了好几个月,已经习惯于对每一项决策深入讨论。此外,想占据CEO宝座的联合创始人不在少数,为了避免在这个问题上你争我抢,他们往往采取拖延对策——至少在投资人要求他们必须明确职务归属之前,先暂时搁置。瓦瑟曼的研究表明,在任命头衔时,21%的创业团队会回避CEO这一职位。[64] 假如联合创始人一致认为无人适合这一岗位,需要从外部另请一位,那这样做倒不失为明智之举。谷歌公司的前CEO埃里克·施密特就是外请高管。但是,假如两个创始人都觊觎CEO的位子,并且都认为自己堪当重任,那么过多的拖延和避而不谈只会造成致命的后果。Quincy服装公司的例子就说明,两名创始人间的关系会越来越紧张,因战略方向不同而出现的争执会对本该大跨步前进的初创公司造成巨大的阻碍。

在这种情况下,联合创始人有三个选择:[65]

一是内部解决:创始人约个时间谈一谈。或许可以用轮流任职的方式来解决问题,看看谁在任期内干得更好。

二是外部介入:创始人可以委托采取中立的第三方,听从第三方的决议。初创公司董事会成员兼资深投资人是较为理想的人选。他知道一家刚刚起步的公司需要一个什么样的CEO,知道这家企业有可能遇到什么样的挑战,也清楚想当CEO的联合创始人需要具备什么样的能力。

三是严苛法则：若某个创始人不满足于做别人的左右手，他可以离开。这不算一个理想的选择，但有时却是别无选择时的选择。当他考虑过其他一切可能性，最终又一一否定了它们之后，这是他唯一的最佳选择。

创业早期即失败的初创公司的调查表明，上文谈到的那些"创业者匹配"问题会决定公司的成败。特别是与成功的初创公司相比，那些步履艰难的或是关门歇业的初创公司创始人/CEO有一个共性：前期的行业经验少得多。而且与Quincy服装公司的情况一样，在失败的初创公司里，联合创始人更容易认为他们在角色问题上缺乏明确区分，彼此间或是与其他资深团队成员间矛盾频发。

团队成员

Quincy服装公司的团队成员主要是一些服装业界的专业人士。对于这种小规模团队，缺乏灵活性与主动性会带来致命的后果。

缺乏灵活性。服装设计与服装生产过程任务烦琐，所需角色也很多，Quincy服装公司的创始人花了不少时间才看清这一点。纳尔逊和华莱士本以为，凭借先前的从业经验，初期的少数几位员工可以根据公司需要发挥所长，担当多面手。这个想法不无道理，因为大多数初创公司的早期员工都是多面手。然而，Quincy服装公司聘请的资深人士已经习惯了大型服装公司在专业分工上高度精细化的做法。因此，当别人希望他们去解决一些超出其专业领域的问题时，他们完成不了。最后形成的局面是，Quincy

服装公司雇用的员工都只愿意按照规定好的流程干自己熟悉的工作，适应不了开创新局面或是身兼多职的角色。

缺乏主动性。Quincy 服装公司内部的资深行业专家缺乏主动性，没有为推动公司发展做出应有的贡献。他们不仅抱着"这不关我事"的态度，而且在应该用其专业知识解决潜在问题时，不愿发表意见。比如夹克内衬所选用的面料容易在人体出汗时发生晕染，但相关工作人员没有提前发出预警。正如华莱士所言，"负责服装生产的部门按理说应该遇到过同类情况"。在衬衫袖口的尺寸设定上也出现了相似的失误。这反映出两个问题：一是员工依然在按照大型服装公司的标准流程工作，认为生产过程会顺利进行，而他们也无须去干涉管理层的决议；二是当某些环节出现偏差时，员工缺乏主动质疑的精神。两个问题中，无论哪一个都可以归结于创始人在人员聘用、人员管理、激发员工积极性等方面措施不当。

事后回想起来，华莱士坦承自己没能很好地调动员工积极性。"我对团队成员的要求不够严格。而看重工作结果的纳尔逊变成了公司里的恶人。她发火骂完人，我就得去平息事态。可是，一旦员工意识到他们可以向我倾诉苦水，他们就开始藐视纳尔逊的权威了，"华莱士接着又说，"我们的部分员工似乎认为公司是承蒙他们的帮助才得以维系，因为公司没多少钱。我们缺乏足够多拥有相同愿景、愿与我们同甘共苦开创新天地的伙伴——那些把这份工作当作生命中重要转机的人。所以，我的管理方式中传递出了这样一个信号，'承蒙您的帮助，不胜感激'。"

Quincy 服装公司其实不该倚仗那些有专业技能，但缺乏灵活性和主动性的员工。真正该做的是找到一个既懂服装生产，又管理过初创公司的资深经理人——但说起来容易做起来难。

这样一位经理人有能力招募到技能熟练且能够适应初创公司工作节奏的合适人选。团队中少了这样一个角色，就导致 Quincy 服装公司的创始人遇到了很多创业者都会遇到的难题：在对应聘者的能力及作用不够了解并且不具有相关领域丰富的人脉资源时，创始人该如何选拔出合适的人才？

选人用人方面的问题是一个老生常谈的问题，因为随着企业的壮大，企业对专业人才的需求会不断增加。第八章中，我将以发展至后期的初创公司为例，谈一谈在聘请资深专家就任重要管理岗位时会遇到的挑战。对于 Quincy 这种处在发展早期的初创公司而言，有三种途径可以帮助它们在选拔人才时鱼与熊掌兼得，实现专业技能与工作态度的最佳融合。

第一，找到一位拥有相关行业经验的人，他能利用自己的人脉网络帮创始人打通招聘渠道，帮创始人在面试中评估候选人的能力。鉴于创始人不容易找到这样一个能为公司效力的人，所以可以从投资人或顾问中去筛选。他可以以非正式的身份提供指导，也可以以正式的身份加盟公司的顾问团。公司可以赠其一小部分股份，以换取他每个月腾出一定时间为公司提供咨询建议。任何股权授权都存在有效期，所以无论是公司还是这位顾问都可以根据需要终止协议。

第二，通过面试了解对方的工作态度。创始人有权并且应该对应聘者的过往业绩做深入了解，以便知道他们是否解决过新问题，是否在工作中具备主动性。同样，还应该在面试中了解对方的就业动机，看看他们为什么选择加入一个刚起步的公司。是为了挑战自我，实现专业成长，还是因为被公司的发展愿景所吸引，对于初创公司的工作模式，他们知道多少？

第三，但凡有可能，在正式将其聘用为全职人员之前，设置一个"试用期"。给他们分配一份强度适中并且需要在规定时间内完成的工作。这份工作需要他与新同事合作完成，从中可以判断出他是否能与创始人和谐共事并顺利完成项目。

投资人

Quincy服装公司起初计划融资150万美元，但实际筹集到手的种子资金只有95万美元，这笔钱仅够公司维持不足一年的运营，而正常情况下初创公司的种子期应持续18个月。资金的不足意味着她们更得小心经营，没有一丁点儿犯错的空间。假如两位创始人实现了最初150万美元的融资目标，那她们就有可能完成第三个服装系列的生产目标，并且有望在资金耗尽之前有充分的时间解决生产环节的漏洞。

融资目标为何没有实现？此处依然可以用进退两难的困境来做出解释。投资人一方面对创始人的理念感兴趣，并信服于最小化可行性产品的市场测试成效，但另一方面却对两人的执行力心存疑虑，因为两人都是行业新人，缺乏前期经验。另一种解释是，技术领域风险投资人认为Quincy服装公司是一家服装生产企业——这是他们通常不看好的一类企业。他们希望从某一项投资中获得10倍的回报，但投资组合中只有一小部分公司被他们寄予厚望。相反，时尚业和零售领域的私募基金投资人一般只期望获得2~4倍的回报，但他们想让自己的大多数投资都能产生稳定的收益。所以他们更有耐心，舍不得给那些蹒跚起步的初创公司追加资金。

纳尔逊和华莱士对 Quincy 服装公司的定位是"推陈出新的线上创新型企业"，一家面向客户直营的技术类初创公司，类似于 Warby Parker 和 Bonobos，这两家公司都从风险投资人那里筹到了数目可观的资金。但对于 Quincy 服装公司而言，依靠风险投资人起步有可能是个错误的选择。

纳尔逊和华莱士找到的这些投资人以各种各样的方式让这家初创公司的麻烦与日俱增。

首先，投资人并没有在战略咨询和人员招募方面做出太大贡献。创始人本以为她们的主要投资人具备相关专业知识，因为在此之前，像 Bonobos 和 Warby Parker 这种面向客户进行直营的时尚科技企业都曾是他们的投资对象。然而，Quincy 服装公司的投资人并不像创始人以为的那样，直接介入了这类企业的运营。正如华莱士反思时所说，"投资人并没有因为投资而成为董事会成员，可专业领域的知识不如此是不可能获得的"。

其次，Quincy 服装公司主要投资人提供的资金带有附加条件。资金以每季度"部分发放"的形式给付，前提是 Quincy 服装公司能够完成规定的销量增长目标。"部分发放"这种做法虽然早已有之，但对于企业种子期投资却并不常见。风险投资人可以借此来减少初创公司一朝失败后造成的损失。但是，这也会给初创公司带来难以消除的压力。纳尔逊解释说，尽管公司确实达到了投资人设定的目标，"但我们感觉自己始终在向对方推销 Quincy 服装公司，这使得大家很难在遇到战略和运营难题时保持公正。我们的投资人始终不像真正的合作伙伴"。

最后，Quincy 服装公司的主要投资人来自规模较小、资历尚浅的投资公司，当初创公司遇到困难时，它们缺乏提供过桥资金的实力。尽管当时其中一个投资人打算发起新一轮资金的筹集，但由于他能力有限，无法从现有基金中为 Quincy 服装公司提供更多资金。

那么，创始人该如何找到最理想的投资人呢？[66]他们应该首先思考两个重要问题。第一，确保"创始人匹配度"——也就是说，针对眼前的商机，创始人应具备与之相匹配的技能与行业经验，"投资人匹配度"也同样重要。在提供资金之余，投资人能否在技术与经验方面给初创公司带来附加价值？第二，投资人对于"风险－收益"的态度是否与创始人的态度一致？

要衡量"投资人匹配度"，我们可以借助投资公司的过往投资记录。他们的投资成功率高吗？如果高，则说明他们可靠性高，而且有相应的关系来吸引投资人进行后续融资。与他们合作过的创业者是否认为他们提供了好的建议和优质的人脉？创始人——特别是最后失败的那些创始人——是否认为他们有所助益，并且愿意今后再度合作？此外，投资公司当前的基金储备如何？在必要情况下是否有能力提供过桥资金？

许多抱负远大的创业者并没有全面考虑过可供采纳的融资方案。风险投资是他们的默认选项，MBA 精英项目的毕业生尤其如此。在他们接受的教育中，风险投资人的作用被无限放大。但是并非每个初创公司都能承受伴随风险投资而来的高压力，而且这种建立在风险基础之上的收益模式也不一定适合所有创业者的秉性。例如 Quincy 服装公司的投资人要求创始人"击出全垒打"，给一个刚刚起步的公司设定了过高的增长目标。纳尔逊说道,"投资人建议我们加大库存。他们说,零售业最怕的就是库存短缺。事后回想起来,我们当时真该说'不,我们得谨慎行事,看看新款销量,再决定要不要增加库存。'在时尚业,囤货的风险极高,因为客户的时尚品位瞬息万变,难以预测"。

回忆过往,华莱士总结说,Quincy 服装公司当初在资金支持一事上应该求助于服装工厂,而不是风险投资公司。这样一来,两个问题都会迎刃而解:服装工厂拥有了 Quincy 公司的股权,因此会加快生产进度,并努力解决生产过程中出现的问题。此外,有着丰富行业经验的工厂老板一定知道该为一条新的服装生产线设定什么样的最佳增长速度——而不像 Quincy 服装公司遇到的风险投资人那样,只知道催着创始人开足马力全速前进。

当早期融资远远不能满足创业目标时,该不该坚持——比如 Quincy 服装公司——就成了一个艰难的选择。如果投资人不愿追加资金,是不是因为他们觉得理念或团队有问题?还是兼而有之?假设创始人已经竭尽全力消除了投资人的顾虑——比如根据市场反馈做了转型,或是根据上文提到的策略来增强团队力量——那资金链断裂是否说明初创公司生存能力欠佳?如果是,创业者就该考虑停手了。但是,与融资相关的信号可能是参差不齐的:投资人容易有从众行为,这意味着除非有人先动手,否则没人会第一个动手,最终结果是没人动手。若这种从众行为持续得足够久,一个原本很有发展前景的创业产品就会被看作陈旧的、破损的东西。

Quincy 服装公司创始人筹集到的种子资金远远低于其预定目标,这时候,一个艰难的选择就已经摆在了她们面前。在 2012 年 5 月之前,她们从天使投资人、家人、朋友那里已筹集到25万美元。这笔钱的一大半儿都被花在第一批服装的生产上。5月，她们又从两家风险投资公司那里筹到了另外的70万美元。这笔资金足够她们撑到2012年底，完成第二批服装的设计、生产以及市场推广——但也仅止于此。

筹到的资金不足以完成第三批服装的生产，这时候是不是应该按下停止键，而非接受新的风险投资资金？或许可以继续抱一丝希望坚持到年底，以期届时能筹到足够的资金，但这也意味着公司在战略和运营上不能再出差错。然而，要按下停止键，他们就得告知早期的支持者，他们的钱打了水漂。更糟糕的是，她们不得不承认自己虽然能得到另外70万美元的投资，但还是没有信心继续坚持下去。鉴于上述可能，我们也就不难理解为什么Quincy服装公司的创始人会选择冒险一搏了。

我对早期初创公司开展的调研结果显示，很多初创公司都遇到过与Quincy服装公司相同的融资困境。与发展顺利的公司相比，艰难求生或彻底倒闭的公司未能实现早期融资目标的比例要高得多。同时，这些公司的创始人或CEO更倾向于认同一点：投资人没有提供令他们满意的高质量建议。此外根据反馈，他们与投资人在战略优先事项方面更容易发生频繁且严重的冲突。

合作伙伴

一个优质的合作伙伴能够对初创公司的早期发展起到非常重要的影响。假如初创公司缺乏足够的资金或时间来开发核心技术、提高制造能力、配备仓储空间、搭建客服中心，那可以找合作伙伴租用此类资源。但是，身单力薄的小型公司与实力雄厚的大型公司之间差距悬殊，因而很难以合理条件享受到所需资源。

与很多服装类初创公司一样，Quincy服装公司将生产制造外包给了第三方服装工厂。然而，创始人缺乏行业经验，之前与这些合作伙伴不曾有业务往来。因此，厂家有时为了完成老客户的加急订单，就把Quincy服装公司的订单排在最后。华莱士回忆道，"我们问工厂经理，'什么时候能完工？'他们说两周后。等两周后我们再来，一切还在原地踏步。我们问他，'多少钱能完工？'他们就在原来报价的基础上又提高了50%"。这些阻碍对初创公司运营带来了很多麻烦，也造成了发货延迟的问题。

事后来看，Quincy服装公司遭受服装工厂的怠慢不足为奇，因为Quincy服装公司在业界籍籍无名，订单量占比小，制作要求却五花八门。Quincy服装公司与服装加工厂之间的关系反映出了初创公司在早期面临的一种典型风险：与叶大根深的公司联手合作时会遇到的风险。小老鼠很容易被大象踩死。即便这头大象本无恶意，但因为举止笨拙，行动缓慢，所以很难保证不把小老鼠踩在脚下。

处在发展早期的初创公司当然希望叶大根深的合作伙伴能够信守合作承诺，遗憾的是，[67]他们无法采取什么措施来确保这一点。因对方违反协议而扬言打官司？这不现实。因为初创公司的管理者无暇将时间消耗在遥遥无期的官司上，而且不管怎么说，将宝贵的资金投入法律纠纷中绝不是明智之举。但是，创业者依然可以靠为数不多的办法来制衡合作伙伴——并且应毫不犹豫地使用这些办法。比如创始人可以利用大型社交媒体平台来造势，将自己不愉快的合作经历让更多人知道，以此警告合作伙伴当心因负面影响而致名誉受损。同时争取投资人和顾问团的同情，通过他们的影响力来迫使合作伙伴转变态度。

要想保持合作双方实力均衡，创始人可以选择与那些迫切想要拓展业务的公司合作。它们可能根基尚浅，也可能近期陷入了低谷。当然这样做并非没有风险：对方是否因为缺乏核心能力才急需拓展业务，是否有过不能定期交货的记录？在这种情况下，最好的办法就是对潜在合作伙伴进行详细的尽职调查，从他当前的客户口中了解他的履约情况。另一个办法是，创始人为合作伙伴提供公司的小部分股权，以便双方结成利益共同体。当然，这样做意味着更多的股权被稀释，一旦合作关系瓦解，双方会闹得不可开交。

从小事做起

Quincy 服装公司的创始人虽然拥有不错的创业理念，但是没能获取必要的资源来践行这个理念。她们缺乏的资源很多，包括一个有着行业经验的联合创始人，一支全心全意创业的团队，一些更有助于创业的投资人，以及一群更具合作精神的战略伙伴。

遗憾的是，由于 Quincy 服装公司的创业领域有其特殊性，所以她们在调集各方资源时遇到了更多挑战。正如前文所说，服装的设计与生产是一个复杂的过程，要求很多个精细分工的环节之间紧密协作。行业经验的重要性因而格外凸显，而这正是 Quincy 服装公司的创始人严重匮乏的资源。此外，生产过程的复杂性还带来了另一个问题：她们不可能通过精益创业实验来预知生产过程的推进情况。Quincy 服装公司的创始人在举行过几场非公开时装展示会之后，顺利生产了部分样品，但这样的小批量样品生产与大规模服装生产是两码事。所以，尽管纳尔逊和华莱士通过时装展示会的成功向员工和投资人证明了市场需求的存在，但她们不可能提前证明自己能有效掌控生产经营。资源提供者只能对她们付诸信任，放手一搏。

另一个棘手的问题是，在完成任何一笔销售任务之前，公司都先得备齐足够的库存，因为它的"量体裁衣"理念使其对每一款服装的库存单位都有更高的要求，超出了传统服装制造企业的常规。为了保证发展，企业得储备足够多的库存，而这需要消耗大量资金。同时，储备库存还带来另一个服装企业常常面临的风险：时尚潮流瞬息万变，一旦对此判断失误，为了变现，企业将不得不降价处理积压的库存。

最后一点，Quincy服装公司的服装是按照季节系列推出的，鉴于这一时间特性，公司对于资金的需求大得惊人。在推出新一季服装时，创始人手头须掌握足够多的现金，以便保障生产流程和耗时数月的设计工作顺利进行。当开展三季服装而非两季服装的生产设计时，创始人则需要另外筹集一大笔种子资金。此外，第三季服装系列是一个不成功便成仁的计划——凭借少数几种产量有限的款式，Quincy服装公司很难撑到柳暗花明的那一刻。

所以说，当创业过程涉及以下情形时，初创公司就很容易落入"创意一流，配置三流"的失败模式中。一是运营过程复杂，要求不同专业环节之间紧密协作；二是需要储备现货；三是资金需求巨大。与之相反，像推特这种纯粹以软件为基础的初创公司对于经营管理的要求就相对较低。由少数几个软件工程师组建的团队创办了网站，在未开展有偿营销的情况下，业务呈病毒式增长。它们对资金的需求并不大，而且也不需要储备实体货物。随着公司的壮大，推特又招募了一些负责不同领域的专家，比如社群关系管理专家、服务器基础设施维护专家、版权合规性管理专家等。但是在公司成立之初，这类人员并非必需。

落入"创意一流，配置三流"失败模式的公司该如何规避风险，提升成功概率？Quincy 服装公司的创始人凭借后视之见总结出了很多"原本可以"的可能性。这些可能性主要分为两类：一是扩充资源；二是控制创业规模。本章已经为创业者就如何扩充资源提供了不少建议。除此之外，担心无法积累到创业必备资源的创业者还应该思考的问题是如何控制创业规模。为此，他们可以减少工作内容的广度——至少须在初期这样做，直至获得确凿依据证明创业理念的可行性，直至他们更容易调动起各方资源。上述做法在某种程度上有违常情，因为初创公司奉行的信条是：发展是首要任务。因此，以有所保留的态度去创业意味着初创公司应该从大处着眼，小处着手，稳扎稳打，方可发展壮大。

当创始人及其团队能力有限、合作伙伴履约不佳、资金支持供给不足时，控制创业规模无疑是理性之选。比如早期初创公司可以减少产品线的种类，将棘手的任务外包给第三方，并将发展重心聚焦于单一客户群或是某一特定地理区域上。以 Quincy 服装公司为例，华莱士和纳尔逊在调集资源时原本不必遇到那么多的难题，她们可以缩减服装生产线的类型，只生产衬衫、裙子，或者夹克。Bonobos 采取的就是这种策略，常年只生产一种式样的裤装，只不过面料和颜色有所差异。数年后，它们才将生产线扩充至多个门类，如西装和服装配件。

如果当初减少了产品生产线，Quincy 服装公司就有望使其团队先熟悉生产过程，并确保服装的合体性，之后再去解决多类型服装设计与生产所带来的复杂的运营问题。在被问及如果有机会从头来过会怎样做时，纳尔逊的回答是，"我们可能会围绕某一类服装，比如裤装，着力打造业界声誉。我们会花更多时间进行产品测试，在某一款、某一种面料的服装合体性上精益求精。每种款式、每种面料都要配有各自的模板。至于服装的多样性，我们可以通过不同的颜色和不同的装饰性元素来实现。待到我们的重点生产线运行正常后，再逐步开始其他面料和款式的设计与生产"。

纳尔逊认为，为免于从零开始规划生产流程，Quincy 服装公司的创始人当初还应该将整个生产过程的管理工作外包给专门的制衣厂。这样做的弊端是，初创公司不易掌控产品质量，也较难有机会了解产品设计本身。但是，这种做法的优势也是显而易见的，它可以使很多刚起步的初创公司免于栽跟头。

给创业者一个忠告：如果你在该不该控制创业规模这一问题上举棋不定，那就先在创业风险与创业收益之间做出利弊权衡。首先，发展规模较小会使你的产品或服务在客户眼中缺少吸引力。其次，投资人可能并不情愿为一个"起步慢，步子小"的创业计划掏腰包，因为收益太微薄，除非他们坚信这个小型企业最终会发展壮大。最后，控制发展规模意味着创业团队把进行复杂运营所必备的"做中学"的机会延后了，而这是有风险的。因为企业的规模迟早会壮大，届时任何在产品线增多或是将外包任务收回在自行处理时发生的错误，代价都会更加高昂。

下一章中，我们将看到另一种情形：不及时看清创业理念中的漏洞，结果同样是致命的。

第四章

失败模式二：错误的起步

2009年苏尼尔·纳加拉杰创办Triangulate[68]时，还是哈佛商学院的在读学生。他最初的计划是创建一个"匹配引擎"，通过算法来分析潜在用户在不同场景中，如约会时、求职时，或进行房地产交易时表现出的特性和偏好数据，进而为其推荐合适的匹配。他的目标是先在eHarmony和Match这样的大型交友网站上注册搜索引擎。

纳加拉杰设计的软件能够通过对用户的"网络足迹"进行分析，推导出他们的喜好以及对潜在伴侣的吸引力，比如用户访问过的网站和标记过的书签，常用的小程序以及使用时长，在网飞和Spotify上购买过的影片或唱片，诸如此类。他的理念是，通过对电脑生成的行为数据进行"三角验证"，可以获得更精准的用户侧写。而传统交友网站多依靠用户的自我报告，其中一些夸大其词或是不真实的描述会影响用户侧写的准确性（"我喜欢俄罗斯文学，热爱长跑，热衷于当地动物保护所的志愿工作……"）。

之所以选择在线交友板块作为Triangulate的首发之作，部分原因是纳加拉杰认为这一板块已经接近发展极限。自2000年eHarmony推出用复杂算法来分析一长串问卷结果之后，这个价值 12 亿美元的行业就再也没有过创新。另一个原因是，与 Triangulate 日后有望涉足的其他领域——比如企业招聘，学校招生，或是个人用户与培训者、理疗师、室内设计师或投资顾问等服务提供者之间的匹配度——相比，在线交友网站中用户自我报告不准确所导致的问题要更加严重。

  纳加拉杰的宏伟创业计划中包含着三个重要假设。第一，以客观事实为依据、由电脑分析生成的数据能够提供更好的匹配，其准确性是自我报告不可比拟的。第二，当在线交友网站的用户感受到这一服务的优越性时，他们会乐意加价购买。第三，大型交友网站会愿意为这样一个提供更佳匹配的产品赋予注册权。纳加拉杰构想的运营模式是这样的：在原有的每人每月 60 美元会费的基础之上，用户只需加价 10 美元就可以享受到 eHarmony 的超值服务——基于"三角验证"的匹配服务，而 Triangulate 从加价总额中提取 50% 的分成。

  纳加拉杰很清楚，要想筹集到风险投资资金，他必须先验证上述假设，首先要做的就是创建自己的匹配算法。为此，他需要一个由幸福的恋人和陌生人组成的数据集，以便他从中对比不同群组的在线行为。实际上，这意味着他得寻找到信任他，并且乐意让他记录其电脑使用数据的参与者。因此，在离毕业尚有几个月时，纳加拉杰招募了 100 名志愿者，让他们下载并安装 RescueTime——一款用于记录用户在应用程序和不同网站停留时长的软件。遗憾的是，他对 RescueTime 所做的改动未能在大多数志愿者的电脑上正常运行，他还没来得及检验假设，整个测试就已经失败了（这一过程让纳加拉杰意识到，在云端运营 Triangulate 可能会更好些，那样会省去下载软件的麻烦）。

纳加拉杰的另外两个重要假设也基本上没有得到验证。他承认,"我没有花时间去了解用户对于在线交友的看法与需求"。此外,尽管他拜会了 eHarmony 的 CEO,但并没有将 Triangulate 的理念成功推销给对方。

联合创始人杰克·威尔逊的离开,是纳加拉杰在创业路上遭遇的另一个阻碍。威尔逊是纳加拉杰先前的同事兼密友,曾创办两家初创公司。他原本答应负责公司的资金筹措、与交友网站洽谈合作等事宜,纳加拉杰则主攻产品开发,因为他学过软件工程。但是,后来两人在 CEO 一职的归属问题上发生了分歧,威尔逊建议采用联合 CEO 管理模式,而纳加拉杰则坚持认为 CEO 应由一人担任,强调及时做决策的重要性。出于对未来关系之变的担忧,加之另有其他发展机会,威尔逊选择了退出。

就这样,纳加拉杰毕业后去了帕洛阿托,只身一人开始了寻梦之旅。他回忆道,"当时的我主意已定,甚至到了盲目的地步——因为我没有证据来证明这个想法的可行性,没有投资人、没有产品,也没有团队。现在回想起来,真不知道当初是怎么做到的"。一到帕洛阿托,纳加拉杰就先找了两位新的联合创始人,一位是工程师,另一位是数据专家。这支由三人组成的队伍在 2009 年 10 月完成了 Triangulate 第一版匹配引擎的建设工作。借助浏览器插件和应用程序设计接口,这一版本能够自动采集用户在脸书、推特以及网飞等网站上留下的数字信息。为避开技术术语,纳加拉杰将这些插件和应用程序设计接口统称为"生命流连接器"。第二版匹配引擎需要依靠数据来推荐适配的对象,为此,团队得对算法进行"培训",通过从幸福的恋人和陌生人那里收集来的数据,寻找出适配规律。这又使他们落入了两难境地:要获取"培训"所需的大量数据，纳加拉杰就必须和在线交友网站建立合作关系，而要想建立合作关系，他就必须证明第二版匹配引擎已经对大量数据进行过检验，且运行顺利。

在不曾了解用户真实想法的情况下，纳加拉杰和他的团队就开始搭建匹配引擎，这实际上是迈出了错误的一步——很多刚起步的初创公司正是因此而失败。当一家公司在开展充分的客户调查之前，为了赶时间而推出产品时，往往意味着它已走错了第一步。创始人事后才会遗憾地看到，自己的创业计划漏洞百出。草草应对早期的、客观准确的客户反馈，不采用最小化可行性产品验证其假设，这使得创业者已经丧失了修正漏洞的最佳时机，以至于将精益创业中的快速试错理念变成了自我实现的预言。

对于发展早期的初创公司而言，时间是最宝贵的资源，而错误的起步意味着它们浪费了一个反馈周期。团队之后应该继续尝试确立更有吸引力的创业方向。但是，每一次的重新确立目标都会消耗时间，同时被消耗的还有资金。此外，要想发现金矿，创业者可能需要不止一个支点。在《精益创业》一书中，作者埃里克·莱斯给初创公司的生命周期做了一番全新定义：不是指初创公司在当前的"烧钱"速度下还能支撑几个月，而是指在现金储备耗尽之前公司还能完成几次"转型"。[69]时间飞逝，被浪费的反馈周期会耗尽宝贵的生命周期，这意味着初创公司又丧失了一次找寻新支点的机会。

在Triangulate继续发展的过程中，创始人意识到在线交友业务是一个绝佳的实例，它能引发接二连三的问题，而这些问题又需要他们不断寻找新的支点。

第一次转型：机翼网。在搭建匹配引擎的同时，纳加拉杰也向几家风险投资公司推销过自己的创业计划，但他得到的唯一回答是，"等你和 eHarmony 签约后，再来找我们"。等到 2009 年11 月，风险投资公司的态度，再加上一位研究在线社交网络的学者的助推，纳加拉杰开始重新思考自己的创业计划。他认为，在大型交友网站注册匹配引擎的同时，Triangulate 还应在快速发展的脸书平台上推出自己的线上交友业务。这样一来，匹配引擎所需的用户数据就能更加精准，潜在用户也更能见证其有效性。同时，Triangulate 还能借此机会打入竞争激烈的在线交友市场。

脸书平台在此两年前成立，它允许第三方应用程序和网站接入脸书的"社交谱系"，获取脸书的宝贵用户数据。至少有 5 万个应用程序和网站以这种方式创造了总计 5 亿美元的收益。Zoosk 就是其中一家交友网站，拥有 4 000 万用户，自 2007 年成立以来，已经筹集到 1 050 万美元的风险投资资金。

与 Zoosk 相比，Triangulate 对于脸书用户的行为数据进行了更为深入的挖掘。它给在线交友带来了一个新的转向：以朋友担保作为"社交证据"，为用户的数字行为添加佐证。纳加拉杰解释说，这种全新的理念有助于网站实现病毒式发展，因为交友用户会非常乐意将那些愿为他们担保的朋友发展为注册用户。这些朋友就像是网络版的"僚机"，单身人士在公共场合遇到心仪的对象时，往往会依靠"僚机"来达到目的。正因如此，纳加拉杰给 2010 年 1 月推出的新网站取名为"机翼"。然而，他又一次在开展大范围客户调研之前直接推出了产品——没有了解用户对"僚机"这一概念有何感想。

任何一个脸书注册用户都可以免费享受机翼网的服务。用户可以以单身身份加入，也可以在接受另一个单身用户邀请的前提下，以"僚机"身份加入。他们可以对基于脸书数据或Triangulate从其他"生命流连接器"上收集来的数据自动生成的用户描述进行编辑，或者添加内容。用户可以获得基于数据分析的、象征其行为特征或兴趣爱好的徽章，例如被很多人标记过的用户，可获得"名人太阳镜"，而对音乐有浓厚兴趣的用户，可获得一副"耳机"。"僚机"可以对单身朋友的某一方面做突出介绍，也可以添加关于他们的逸闻趣事。单身用户彼此之间能看到对方的详细介绍，网站每天还会免费给每人推荐五个匹配对象。注册成功后，用户就能领到免费的数字金币，可用于购买虚拟礼物，获取更多的匹配推荐，或是获得给匹配对象发送信息的权利。用户还可以用现金购买更多的数字金币，或者通过增加内容信息——比如授权Triangulate网站获取他们在网飞上的数据，或是邀请新朋友注册——来赚取金币。Zoosk公司也是利用相同的方式来从免费网站中盈利，且经营情况良好。

如此一来，团队可以通过机翼网上的数据来对匹配引擎做精准调试，并评估其预测匹配度的能力。2010年1月，他们进行了测试，测试对象包括50对互为陌生人的异性恋者，以及通过中间人介绍来的50对关系稳定的恋人。匹配引擎的预测结果与真实情况高度吻合。

这之后，纳加拉杰从风险投资人那里得到了截然不同的反馈："风险投资人认为，我们的匹配引擎体现了复杂精细的设计原理，但是，他们并没有对算法中的技术细节做太多了解。他们更关心的，似乎是我们的引擎具备些什么功能。"另一个让他们感兴趣的问题是，机翼网是否有望实现病毒式增长。大型交友网站的广告投入巨大，为争取一个新用户而消耗的人均花费超过了

100美元。而病毒式增长则可以让机翼网避免陷入声势浩大的广告战役中。按照纳加拉杰的估算，Triangulate公司每争取到一个机翼网付费用户所需的资金是45美元，以客户生命周期持续九个月为标准，以每人每月购买数字金币投入15美元计算，那么每个付费用户的生命价值是135美元。2010年3月，Triangulate从Trinity Venture那里获得了75万美元的种子轮融资。对方是硅谷的一家风险投资公司，在业界口碑上佳。拿到了资金，三个联合创始人聘请了第一个员工，一位平面设计师。

第二次转型：折翼的翅膀，熄火的引擎。网站正式启动后，团队终于开始从用户那里直接获取反馈数据了，而这是他们截至目前一直忽略的工作。利用这些反馈，他们开始为网站添加新功能——测试功能和学习功能，以灵活便捷的精益创业形式开展。纳加拉杰回忆说，"起初，在我们提供的用户简介中照片很小，因为我们觉得用户应该更相信数据匹配的科学性，而不是将对方的容貌作为默认标准。但实际上，他们更想看到大图。为此我们做了测试，在网页上添加了一个虚设的'照片'图标。用户点击该图标后，页面会弹出'请稍候'的字样。测试结果显示，点击量巨大。于是，我们马上添加了用户的正面大图，前后仅用了几天时间"。

借助技术媒体的宣传报道，加上脸书将机翼网列入了商业智能仪表盘中的合作伙伴名单，网站引来了第一批用户。此外，为了吸引新用户，公司每月还拿出5 000美元来支付在线广告费用。截至2010年9月，机翼网用户增加到3.5万人，其中包括3.2万单身人士，3 000个"僚机"。1万名用户来自加利福尼亚州——男女比例为7∶3。该地区是Triangulate的主攻对象，目的是帮助更多用户寻找到与自己居住在同一地域的匹配对象。

通过在脸书和其他广告平台上发布地理位置标记广告，Triangulate 每签约一个新用户需花费 5 美元。在另一类平台中，他们主要发布与客户激励机制相关的广告，比如注册机翼网，可免费获得在 Farmville 和其他一些社交游戏中通用的数字货币。Triangulate 以这种形式进行的新客户拓展人均耗资只有 50 美分，但它存在两个弊端。首先，并非所有接受奖励的用户都存在真实的交友意愿。据统计，他们当中仅有 25% 的用户会在注册后的第二周再次登录网站。其次，用户分布在美国各州各地。加利福尼亚州用户找到适合对象的概率能得到保证，但北达科他州的新用户则不然。失望之余他们会注销账号，更有甚者会在脸书应用商店里给机翼网打出差评，继而造成网站的客户获取成本进一步增加。

来自用户的信息和内容能让网站经营者更多地了解用户喜好，而这反过来又催生了新的功能。例如有一小部分用户会上传不合规范的照片，为遏制这一现象，纳加拉杰每天亲自审核差不多来自 300 个用户的 1 500 张照片。为了减轻工作压力，他的团队给网站添加了一个"单身人士评分"功能，将审核照片的任务外包给了用户，由他们以改善自身匹配成功率为驱动，对照片的吸引力进行评价。这一功能广受欢迎，有些人甚至为之上瘾，他们会在这项功能上单次停留长达 55 分钟，几乎每隔 5 秒就点击打开一张图片。没过多久，"单身人士评分"的页面访问量就达到了机翼网总访问量的 20%。

用户的吸引力评价结果为网站每日推荐匹配对象提供了一个重要标准。到了 2010 年 10 月，情况逐渐明朗，用户并不认为匹配引擎靠算法得出的推荐结果更高一筹，为此，Triangulate 迈出了错误的第一步。它们停用了最初版引擎，转而通过具体指标来测算用户的综合得分。高分得主往往是用户资料完整度高，照片被评定为"有吸引力"，能及时回复留言，网站使用频率高的用户。在被问及为何将最初版本的匹配引擎搁置一边时，纳加拉杰回忆说："在经过差不多两年后，我们意识到用户需要的仅仅就是一次约会。他们希望遇到一个回复他们留言的、灵魂有趣的人。这种需求十分务实。我们的目标就是找到某个人，而不是某个算法。很多用户和我一样，会基于表面印象快速做出判断。"

2010 年秋，Triangulate 又停用了网站上的"僚机"功能，这是它走错的第二步。和单身用户相比，"僚机"的参与热情不高，且不会对网站的病毒式增长有所助益。此外，维系这两类用户并非易事，网站已经力不从心，新功能的开发周期也因此被大大延长。

2010 年 9 月，网站指标分析结果出炉。好消息是，机翼网用户总量逐月递增，增幅达到 44%。坏消息是，用户积极性不高，在加利福尼亚州仅有 27% 的新用户会在注册后的第二周再次登录网站。此外，病毒式增长的速度较慢。凭借对网络效应及"僚机"功能的强大信心，纳加拉杰原来的预计是每个用户平均能吸引 0.8 个新用户。遗憾的是，截至 2010 年 9 月，加利福尼亚州地区每个用户平均只能吸引 0.03 个新用户，其作用几乎可以忽略不计。最后一点，用户的数字货币消费疲软，加利福尼亚州用户平均每人每月仅花费 177 个数字币。更糟糕的是，Triangulate 已经将数字货币中的一小部分白送了出去。只要注册并完成网站上的小任务，用户就可以免费领到 200 个数字币。每个数字币的转让价格仅为 1 美分。要想达到最初每个付费用户每月创收 15 美元的计划，纳加拉杰还得奋斗很久。

关于如何激发用户的参与热情、实现病毒式传播，以及提高收益，团队制订了一系列计划，比如给机翼网添加认购期权。就这样，雄心勃勃的纳加拉杰在2010年10月发起了A轮融资。此前不久，他刚刚聘请了营销总监和技术主管，但就在同一个月，有人向他发出了警告。在董事局会议上，一个曾经创办游戏网站的投资人兼顾问提醒纳加拉杰，"病毒式传播一旦发生，几个月的时间内就会完成，而你的网站已经创办好几个月了"。董事会甚至还商议着要解聘新雇用的两位高管，以减缓Triangulate现金流的消耗速度。

第三次转型：约会热站（Datebuzz）。董事会过后——据说这是他"人生中最黑暗的一天"——纳加拉杰与他的合伙人进行了重组。大家决定继续留用新聘人员，但是迫于董事会的压力，他们不得不为开辟新网站群策群力。在"单身人士评分"功能的基础上，他们又商议出其他几个有助于促进网站社交作用的新功能。2010年12月，Triangulate推出了"约会热站"，用户可以在此平台上对其他用户个人信息中的小块元素进行投票——在浏览对方照片之前，先对他们的自我介绍、喜爱的电影或歌曲清单、获得的勋章等进行表决评价。纳加拉杰解释说："很多在线交友用户认为，网站提供的互动机会太少。太多的评价结果取决于照片。外貌平平的用户不像颜值高的用户那样能得到足够多的关注。"约会热站会根据用户在这些小块元素中的投票结果，向他们推荐Triangulate算法得出的匹配对象。"以这样的方式开启线上互动，那些相貌平平的用户能够得到更多的关注。当然，吸引力强的用户仍然被多数人青睐。通过对使用路径和关注焦点的重新定义，我们增加了不同类型用户之间的互动频次。"

尽管约会热站解决了在线交友用户常常遇到的痛点，但网站并没有立即火起来。它的用户根基源于已被关停的机翼网，大约只有 3 000 个曾经的机翼网用户转移到了新网站，这个数字仅是网站活跃期用户数量的 1/3。团队支付了线上广告费，还推行起一系列"打游击"式的营销策略，比如在火车站发放宣传资料。但是，几个月之后，约会热站的用户获取成本仍然停留在每人 5 美元的水平上，比起机翼网运营时期，花费丝毫没有减少。

2011 年 2 月，Triangulate 手中掌握的现金总量是 20 万美元，但月平均花费几乎达到 5 万美元。在这种情况下，纳加拉杰与 Trinity 风险投资公司取得联系，商议 A 轮融资事宜。Trinity 的合伙人告诉他，"我们欣赏你的创业精神，但不明白你的信心源于何处。如果你能讲讲是什么让你雄心勃勃，也许我们多少能做到心中有数"。对方的婉言谢绝迫使纳加拉杰开始深入思考该不该继续前行。

一方面，Triangulate 的团队已经变成了纳加拉杰所说的"一台运行良好的机器"。凭借约会热站小块元素投票功能——他们从机翼网上借鉴的最有价值的部分，"团队推出了一个实则改变着在线交友生态的新产品。我们只需要解锁用户获取密码，待到大批用户体验到它的优势后，病毒式增长指日可待"。另一方面，有过创业经历或是做过风险投资人的朋友告诉纳加拉杰，"不管你用什么样的外交手段，Triangulate 都不可能获得 A 轮融资"。纳加拉杰曾动念将 Triangulate 转让给大型科技公司，只不过始终没得到回应。2011 年 3 月，纳加拉杰的创业之路走到了尽头。他关闭了公司，给员工支付了遣散费，为他们所有人推荐了新工作，然后给投资人偿还了 75 万美元种子轮资金中的 12 万美元。

两年的时间里，Triangulate 的团队完成了三个主要产品的研发工作，但始终没有占领属于自己的市场。在这一点上，它并不是个案。据 CB Insights 对初创公司的事后分析，大多数在早期失败的初创公司都是输在"缺乏市场需求"这个问题上。当回过头去研究那些创业落脚点不扎实、创业理念不符合市场需求的初创公司时，我发现有很多类似于 Triangulate 的公司，它们在尚未开展充分的客户调查之前就仓促地将产品推向市场。其结果在预料之中：产品不受欢迎。于是，创业者只能掉转方向，重新进行产品设计——宝贵的资金和时间就这样被浪费了。

带着这些新发现，我又回过头去对 Triangulate 做了更深入的分析。闪过我脑海的第一个疑问：难道是纳加拉杰这个"骑师"太无能？以我的判断，绝非如此。他很明智地规避了与创始人共同执掌大局的尴尬局面，对于由此可能导致的决策拖沓，他慎之又慎。此外，他组建的团队人才济济，实力出众，是一支能够对客户反馈做出快速反应、高效研发出新功能的团队。还有一条，纳加拉杰筹到的资金来自一家顶尖风险投资公司。无能的创始人很难在人员配备和资金筹措方面做到这个地步。

那么，究竟是哪里出了问题？精益创业导师建议创始人"早动手，多动手"，要把真实的产品交到客户手上，以最快速度掌握客户反馈。在这一点上，Triangulate 做到了，而且做得一丝不苟。每一次产品迭代，他们都会对客户的反馈做出快速回应，应形势之需来灵活调整方向。这个过程也让他们兼顾了精益创业的另一个准则：快速试错。

但是，和其他很多初创公司一样，Triangulate 的团队忽略了另一个精益创业法则：在设计开发最小化可行性产品之前，完成

"用户细分"——对潜在客户进行完整的一轮访谈。纳加拉杰在对Triangulate的失败进行事后分析时，坦承自己当初跳过了早期这关键的一步："回想起来，我本该用几个月的时间去访谈尽可能多的顾客，然后再行动。而且我也彻底忽略了很多朋友一直在问我的一个问题，一个能反映他们最真实需求的东西：'网站上有没有俊男靓女？'"

由此而致的结果是，Triangulate拼力想要完成的创业理念漏洞百出。按照"菱形－方形"框架中有关商机的四要素来衡量，他们只在技术与运营这个要素上踏上了正轨，另外三个方面都出现了严重的问题。

客户价值主张。Triangulate的团队始终没有找到一种独具特色、技高一筹的产品来解决客户那些强烈但尚未被满足的需求。"僚机"功能吸引力有限，在事后分析中，纳加拉杰承认，人们可能并不愿意将自己的交友情况向朋友们敞开。此外，在完成转型、通过用户吸引力和积极性指标来推荐匹配对象方面，机翼网与其他交友网站没有实质性的区别，后者采用的也是相同的匹配方式，而且还提供了结识更多潜在对象的途径。简言之，机翼网已经发展成了一个"中型捕鼠器"。

约会热站的诞生预示着公司在朝正确的方向发展。它所具备的社交功能有助于促进用户的参与热情，根据用户简介中的某一方面对其投票，而非依靠照片做出判断，这一功能更是解决了用户最真实的痛点。但是，当Triangulate实现这一次转型时，公司的现金储备已经所剩不多了。

除此之外，Triangulate选择的营销时机也不理想。纳加拉杰当初想要借力脸书平台，这原本是个不错的打算，但是在机翼网开始运营时，Zoosk 已经占了先机，脸书平台交友用户的主要份额已掌握在它的手中。后来者如果不能道高一尺，那就难免遭遇一场硬仗，尤其是在这种深受网络效应影响的市场中——比如在线交友平台。纳加拉杰反思道，"起初，这个行业看起来触手可及，也正因如此，几乎每周都会新增一个在线交友类初创公司。这些公司的创始人大多是单身，比如我。根据自身经验，这些创业者发现了在线交友网站诸多亟待改进的方面。但是，网络效应之所以在交友市场中表现得格外明显，是因为用户确实很挑剔。网站不仅要吸引大量的用户，而且还需要很多相互兼容的用户圈——例如家住旧金山，年龄在 28 岁上下，喜爱运动，受过良好教育，信上帝或者不信上帝。总而言之，要提供你所能想到的各种用户兼容形式"。[70]

他接着又说，"为了吸引这些用户，你只能在一个业已发展成熟的市场中和 Match 公司这样的巨头竞争。在过去的 20 年里，Match 公司在不断哄抬客户获取成本。它看似是个科技公司，实则像个巨大的营销机器。年收益中的 70% 都被它们花在广告宣传上。这就是为什么所有人都知道 Match 公司。我的失误在于，我将 Triangulate 定位成一家科技公司，天真地以为只要产品过硬就能胜券在握"。

对于机翼网和约会热站而言，技高一筹的客户价值主张并不容易确立。让问题变得更为复杂的另一个原因是，它们的服务是免费的，至少在用户花光最初的免费数字币之前是如此。考虑到网络效应的存在，以免费形式吸引用户，降低使用门槛，这是一种值得肯定的做法。但这也意味着 Triangulate 吸引到的用户中，有很多仅仅是来随便"逛一逛"。相反，在 eHarmony 网站上以每月 60 美元开通会员的用户反倒会认真浏览网页，并及时回复信息。

和很多交友网站一样，机翼网和约会热站希望为用户推荐那些真心实意的约会对象。但是免费使用将它们置于一种更为艰难的处境：假如满足了用户需求，成功推荐了交友对象，那用户会离开。在 Match 和 eHarmony 这样的网站上，收获理想对象的用户会停止缴纳会员费，他们的个人资料会被网站清理掉。但在免费网站上，交友用户就算不再登录——失去兴趣或是其他原因，他们的信息还是会被保留，其他人还是能够浏览其资料。当用户给这些僵尸档案的主人发送信息时，他们会因为得不到回应而大失所望，并极有可能彻底放弃这个网站。

市场营销。用户数量不足，以及由此导致的网络效应欠缺，使得机翼网和约会热站很难发展新用户：又是一个充满矛盾的进退两难的困境。另外，纳加拉杰还高估了"僚机"的宣传作用，以为无须花费巨额广告费，仅凭"僚机"在熟人间的口头推介就能帮网站实现病毒式增长。然而，这一"栽下梧桐树，引得凤凰来"的计划并没有奏效。事实证明，机翼网 60% 的用户受广告宣传而来，30% 的用户是通过熟人推介、媒体报道、脸书商业智能仪表盘等渠道而选择了注册，另有 10% 的用户是通过应用程序内的病毒性传播而知道这个网站。要想通过营销获得用户关注并树立新的商业品牌，75 万美元的种子资金远远不够。

盈利模式。网站规模小导致病毒式增长迟迟不能实现，为此，Triangulate 只得拿出超过预期的资金来进行广告宣传，加大激励力度以争取更多用户，而 Triangulate 用户在网站上发送信息或是赠送虚拟礼物所带来的微薄盈利远不足以抵销新用户获取成本，这些超出预期的花费使得公司的利润公式难以成立。简单来说，它没有做到"用利润来说话"。会员订阅制有可能改善盈利问题，但在当时，团队还没有来得及检验这个想法就已经偏离了正轨。

总而言之，上述问题源于团队的一连串错误假设。正是这些错误假设将公司一次又一次地引向了歧路。Triangulate 成立之初，纳加拉杰认为，基于行为数据、由计算机生成的匹配结果要优于用户自我报告模式下获取的结果，用户会因此乐于支付更高费用。但是，在开启技术研发之前，他没能验证这些假设，以至于后来才发现，"对于机翼网和约会热站而言，基于行为数据分析的算法匹配并没有多大意义。当人们对自己的选择能力缺乏信心时，算法很管用，例如在选择金融服务时。但是，假如你将七个女性的个人资料放在我面前，我想我完全有能力挑出那个我想约会的对象"。

2009 年末，在运行机翼网之前，纳加拉杰的确做过调查，通过在线问卷，收集了 150 名用户的反馈意见，以了解他们对于客观的、基于计算机算法的交友匹配有何感想。问题在于，这一调研远没有达到生成最小化可行性产品的要求，没有将一个真实产品的雏形交给用户来评价。Triangulate 本可以开展一次登录页测试，以最快的速度搭建一个网站，用引人入胜的、富于真实性的宣传手段来推广它的交友服务：一种基于行为数据、利用计算机算法生成匹配结果的交友服务。然后邀请用户注册。同样，纳加拉杰还可以用登录页测试来了解用户对于"僚机"功能的需求情况，但是，他再一次跳过了最小化可行性产品的开发，直接将机翼网推向了市场。

假如纳加拉杰在一开始与潜在用户有过深入沟通，或是对一个真正的最小化可行性产品进行过检验，那他的团队将有可能设计出一款更符合市场需求的产品，而非浪费几个月时间去开发并不被需要的软件及各项功能。此外，他本可以投入更多精力，借助"生命流连接器"去丰富用户档案，这对于用户而言极具吸引力。最后，团队本应该在产品迭代上加快脚步，早一些实施更具发展潜力的"碎片化用户信息"投票功能。

创业者为什么会迈出错误的第一步

在回过头来反思当初的失误时，纳加拉杰承认，他之所以没有花足够的时间去了解用户喜好，是因为他等不及。在创业者中，这样的行为倾向很具有典型性，他们总是迫不及待想动手。而且，工程师——比如纳加拉杰及其团队成员——总是热衷于动手。所以，假如创业者碰巧是个工程师，那他们往往会以最快的速度开发并推出自己的产品。

非工程技术背景出身的创业者，包括我曾为之提供咨询指导的工商企业管理学生们，也会犯同样的错误。不懂技术的创业者对于自己将抽象蓝图转化为具体产品的能力心存忐忑，因为他们不断被灌输这样的观点：打造好的产品必须具备"破釜沉舟"的勇气。尽管他们不懂技术，但是在号召力和人脉资源方面常有不俗的表现，总能找到技术人才来弥补这一不足。然而，工程技术人员的加盟意味着现金消耗速度的加快，所以尽快开发并推出产品就成为首要的工作。但结果是，在团队还没有对创业理念进行充分论证之前，工程师就已经启动了研发工作。

接下来的分析可能会被认为是一种偏见，但我不得不说。有些科技型创业者之所以没有去访谈潜在用户，仅仅是因为他们过于内向，不愿意和陌生人打交道。而当他们真的走出办公室开展调研时，不管是科技型创业者还是非科技型创业者，常常会把事情搞砸，问出一些带有引导性的问题（"你喜欢我们的创意吗？"），并只听取一些自己预想要听到的建议。最糟糕的情况是，创业者认为自己的点子无可挑剔，狂妄自大——或许是他们的前期行业经验使然——到了完全不关心用户反馈的地步。

如何避免错误的起步

创业者可以在启动研发工作之前，进行一番全面且审慎的思考，以避免迈出错误的一步。对于精益创业技巧怀有误解的创业者往往会省略初期的步骤，直接进入最小化可行性产品的验证阶段，若验证通过，则开始研发第一版产品。然而，在产品的设计过程中，最小化可行性产品验证应该是第二个环节，而非第一个环节。前期工作所能提供的重要发现会因此被错失。

英国设计协会提出的"双菱形设计框架"对产品设计的全过程进行了描述（见图4.1）。[71] 左侧的菱形代表过程中的第一阶段：定义问题。右侧菱形代表第二阶段：制定对策。在定义问题阶段，创业者需要明确指出那些未被满足的客户需求，以及对此需求最为迫切的客户群体。这样做的目的是，确保创业者找到了真正的痛点或需求，也就是说，找到了真正值得创业者去解决的问题。一旦确定了问题，创业者就可以进入第二阶段——制定对策，这意味着创业者得挖掘不同的解决方案，并且从中选择最佳的那一个。

正如图4.1所示，两个菱形的左侧均有相反方向的箭头，右侧则均有相同方向的箭头。这些箭头的意思是：在初期，重心放在异质化思维上——提出尽可能多的想法，随后，重心调整到同质化思维上——挑选出最好的创意。在定义问题阶段，创业者应该鼓励异质化发散性思维，将有可能成为客户的所有人群纳入考量，同时，针对每一类客户，确立一切创业者认为能解决、但尚未被解决的客户需求。第二步，通过同质化思维，将焦点拉回到创业者预服务的客户群体，明确哪些是创业者要解决的客户需求。在制定对策阶段，创业者同样可以遵循"先发散后集中"的工作原则。先提出尽可能多的可行对策，然后从中选出最有发展前景的那一个。在图 4.1 中，我已将每个阶段创业者能开展的各种任务一一列出。[72]

整个过程以从左向右的线性方式呈现，但是每一步骤都伴有反馈回路。在任何一个节点上，创业者都可能发现一些新问题，这些新问题会迫使创业者返回上一步并重新思考前期的工作。届时，创业者又会再次重复从左向右的全部过程。

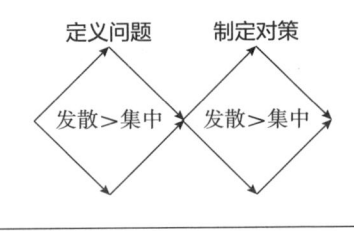

```
         定义问题        制定对策
        ◇          ◇
     发散＞集中    发散＞集中
```

任务

客户访谈	竞争对手分析	头脑风暴	最小化可行性产品测试
用户测试当前产品	客户调研	产品雏形	定位描述
焦点小组	确立市场体量	用户测试产品雏形	
田野调查	用户模型		
用户体验地图			

图 4.1 双菱形设计框架

当创业者确信自己已经找到了颇具吸引力的客户价值主张——也叫定位描述，而且这种价值主张能够回答以下问题时，反复思考的过程可以就此打住。[73]

一是目标客户群是谁？

二是他们对于现有产品中哪些方面不满意？

三是是哪种未被满足的需求导致他们不满意？

四是创业者的企业能够提供哪一类产品？

五是创业者的产品具备哪些核心优势？

双菱形设计框架包含两个关键原则。在动手设计新产品之前，务必要做到：创业者已经定义了问题，将特定客户群那些迫切但尚未被满足的需求按照重要性进行了排序；创业者已经想出了多个对策，并确信自己已从中挑选出了最优化对策，它既能满足客户需求，从长远来看，还能为你带来可观的收益。

大多数创业者在一开始都已经想好了要干什么。这固然不错，但是，双菱形设计框架可以帮创业者更理性地思考问题，而不是感情用事地执着于自己的想法。创业者应该对各种可能性持开放态度：敞开心门，也许创业者会发现更亟待解决的客户需求和更好的产品对策。迈出错误的第一步的创业者往往在这一点上故步自封，直接就进入了设计过程的终端。

根据我对初期创业者的调研，他们当中的大多数都难免迈出错误的第一步。具体来说，与成功的创业者相比，艰难前行或是已经倒闭的初创公司 CEO 在开展前端客户调研、完成最小化可行性产品验证、熟悉客户需求等方面都表现得不如前者。此外，他们还表示，与成功的创业者相比，自己完成的产品转型次数要么太多，要么太少。以上发现与"错误的起步"失败模式完全吻合：忽略了前端调研的创业者更容易进行产品转型，因为他们最初的想法欠完善。同样，如我们所看到的，错误的起步会消耗资金，最终导致公司无法完成必要的转型。

要想避免错误的起步，务必要清楚双菱形设计框架中每一步的目标是什么，每一步你须完成的任务是什么，以及完成这些任务的最佳做法是什么。这些问题一言难尽。在此，我只给创业者说一说关键性任务中最重要的几点，以及在执行这些任务时创业者最易犯的错误。

客户访谈。[74] 客户访谈是定义问题阶段最核心的一环。精益创业大师史蒂夫·布兰克鼓励创业者在行动之前，先"走出办公室"，去开展以发现问题为目的的客户访谈。[75] 要抱着"去发现"的心态，找出那些亟待解决的客户需求。假如创业者没有开展客户访谈（纳加拉杰就是如此），或者选择了错误的访谈对象，进行了并不顺畅的沟通，那他将很难确切地知道自己是否找出了值得解决的问题。客户访谈环节的常见错误做法如下。

第一，由于创业者也是客户，所以自以为了解客户需求。在某种程度上，纳加拉杰就陷入了这一误区，根据自己的喜好去思考问题。但是，当人们选择线上交友时，用户的需求是千差万别的。站在自己的立场去设计，这种做法不一定错，但前提是创业者已经通过和众多潜在客户的沟通，明确知道和创业者有着相同需求的人不在少数。

第二，采取了方便性取样原则。创业者常常选择自己的家人、朋友、同事来作为访谈对象，因为这些人易于联系，乐于配合。遗憾的是，鉴于物以类聚，人以群分，这些人往往与创业者有着相同的兴趣爱好，因此访谈他们不亚于访谈创业者自己。另外，在踌躇满志或是情绪紧张的创业者面前，家人和朋友很容易言不由衷地说一些他们认为对方想听的话，真实的想法往往不会被说出口。

第三，未对全体相关人员进行访谈。务必要对参与购买决策的全体人员进行访谈。比如在公对公的业务中，某软件系统的终端用户通常并不是做出选择或拍板购买的那些人。同样地，在私人业务中，家里的孩子该买些什么物品，是靠家长来做决定的。在此类情况中，创业者的访谈对象既得包括终端用户，又得涉及决策制定者。

第四，只关注早期接纳者。创业者总希望能够满足早期接纳者的需求，这种想法无可厚非，毕竟这些用户是创业者赖以确立产品口碑的主力军。但是，比起日后的主流用户，早期接纳者对新产品的需求更强烈，而且二者的需求不尽相同。[76] 举例来说，多宝箱的早期用户是超级极客，他们对于跨设备文档同步、文档共享和后台支持有着极其复杂的要求。与之相对，当多宝箱问世数年后，为了解决普通新用户的一般需求，即在自己的电脑上轻松找到它的"启动按钮"，多宝箱很明智地完善了设计，用户可以轻松找到并使用。

同时满足早期接纳者和主流用户的需求并不容易。在第五章中，我会专门分析这一难题。但此处，我只想强调一点：两个群体的需求并不相同。也就是说，两个群体都应成为创业者的调研对象。在下文涉及调研技巧时，我们仍应将他们之间的差异考虑在内。

第五，用引导性问题提问。创业者在访谈提问时，一定要审慎考虑措辞，不要用带有引导性的语言去让访谈对象作答。例如不要问"你不觉得从用户资料中筛选匹配对象很费时间吗",相反,提一些更具开放性的问题,比如"请谈谈你对通过用户资料筛选匹配对象的看法"。

第六,询问对方对未来的打算。假如创业者问对方今后会做些什么,那么答案往往是些一厢情愿的想法,尤其是当某种行为被认为有可取之处时。比如"下个月你计划去几次健身房",得到的答案往往是"每天"。相反,当被问及过去的行为时,"上个月你去过几次健身房",人们的答案可能是"哦,上个月很忙,大概有三周都没去了"。尽管他们会为当时的行为赋予情有可原的辩解,但过去的行为仍然能够准确预示其未来的行为。

第七,宣传自己的方案。创业者常常对自己的创业方案踌躇满志,因而难免会通过口头宣传来了解人们的反应。但这种做法并不可取。不论是出于什么考虑——不想伤创业者的面子,或是多多少少被创业者的热情吓到,很多访谈对象即便心里有其他想法,嘴上也会迎合创业者。在产品设计的初期,创业者不应将时间浪费在宣传动员上。后续阶段会有合适的时机,让创业者以合适的方式来做这件事。创业者在当前节点的重要任务,是弄清楚客户有哪些未被满足的需求。

用户测试当前产品。[77] 通过观察目标用户群对市面上其他同类产品的使用情况,创业者能获知哪些是他们未被满足的需求。邀请他们谈谈使用产品的体验,说一说喜欢什么,不喜欢什么,在哪些问题上有困惑,诸如此类。以纳加拉杰为例,他当初就可以让用户去 eHarmony 上寻找约会对象,或是在注册成为 Match 用户后立刻填写其个人信息,然后看看这些用户会作何反应。

焦点小组与田野调查。[78] 这两项策略并不适合所有企业。焦点小组适用于那些能引发用户强烈情感反馈的产品，正因如此，它对于 Triangulate 这样的企业就非常奏效。在令人心情舒缓的环境中，训练有素的引导员组织六名左右的成员进行小组讨论，他们之间互为陌生人，但背景相似。理想情况下，小组内某一成员的评论会带动其他人发表意见、回忆过去，并分享自己的经历。这是一对一访谈无法实现的。但是在焦点小组中，引导员的作用至关重要。称职的引导员应该能带动每一个成员参与讨论，规避人云亦云的现象，以温和的方式打断那些搞一言堂的组员，在组员之间言辞冲突时，还得能及时缓和气氛。

田野调查是深受专业产品设计者青睐的一种策略，要求创业者深入实地，去直接观察用户的行为。例如想在网上开零售店的创业者可以先去实体零售店看一看，观察用户的购物习惯或倾向。当然，这一策略并非放之四海而皆准。创业者不可能亲临现场去观察一对夫妇会如何选择避孕方式。而且，与焦点小组的情况相同，开展田野调查的人需要接受一定的培训，才能知道亲临现场时该观察些什么。

用户体验地图。[79] 在使用上述方法充分了解了当前问题之后，务必要对所得结果进行整合。用户体验地图是一种可视化工具，在其横轴上，创业者可以将用户的消费流程按顺序逐一列出：出现需求、寻找可行对策、购买产品、使用产品、联系售后服务、考虑再次购买。在纵轴上，为以上每一步添加文字描述，简单说明哪些因素会影响用户在这一阶段的满意度或情感状态——可以是正面描述，也可以是负面描述。以多宝箱为例，针对横轴中的"安装阶段"，纵轴中对应的正面文字描述是"便利、快捷"。由于用户类型存在差异，创业者也可以为每一类用户制作不同的体验地图。

竞争对手分析。[80] 在了解了不同用户类型的一系列迫切诉求后，创业者就该从发散性思维阶段进入集中性思考阶段。这一阶段的目的是：制定决策，明确自己下一步要解决哪一个用户需求，要定位于哪一个用户群体。通过用户访谈和当前产品用户测试，创业者应该已经心中有数，知道哪些用户需求尚未被解决。此刻的工作重点是，进一步通过对竞争对手的全面分析，确认用户需求的真实性。竞争对手有没有可能已经推出了更好的产品？创业者可能会认为自己已经见到了所有的同类产品，但竞争对手常常会让创业者猝不及防。当创业者已花几个星期去思考产品方案时，手持秘密武器的竞争对手有可能与创业者狭路相逢。所以，最好尽早对竞争态势进行系统全面的评估，以免后期遭遇意想不到的情况。

竞争对手分析通常用网格形式来呈现，横行代表功能和特性（比如可靠性、易用性），纵列代表现有解决方案，以及创业者的初创公司所构想的方案。这种表格几乎可以成为所有创业者手中的一个宣传工具，针对自己的产品方案，每个对应空格中都打钩（我们能做到一切！），而针对竞争对手，毫无悬念，打钩的地方要少一些。

在开展竞争对手分析时，要注意避开两个误区。第一，忽略了那些创业者的产品方案中缺乏的功能和属性。人们很容易一厢情愿，以为"这个功能真的不重要"——尤其是在面向投资人做宣传时。第二，以为自己没有竞争对手，自己的产品是独此一家。有时候，推陈出新的创意——比如爱彼迎公司——的确会带来一种全新的产品门类，但这样的情况极为罕见，而且大多数投资人都会带着怀疑的眼光去看待"我们没有竞争对手"这类说辞。在某种程度上，人们一直在尝试解决创业者想解决的问题。重要的是，创业者须了解客户为什么喜欢——或者不喜欢——那些所谓不够优秀的产品。

客户调研。[81]在确定产品定位和目标用户群时，调研的作用不容忽视。通过调研，我们可以验证自己的假设，弄清楚当前的产品方案在多大程度上满足了某种客户需求。此外，调研还能让创业者进一步验证特定用户群在需求和喜好上存在哪些差异。最后一点，调研中的问题可以使我们了解对方的行为频率，最终帮创业者对未来的市场体量做出预估。

做调研时，很多创业者容易犯一些访谈用户时常犯的错：方便性取样，问题具有引导性，询问对方的未来行为规划。另一些错误做法包括：对调研内容不做清晰说明，所需时间过长，调研对象数量太少，不足以从中推导出合理结论。

在调研一事上，另一常见误区是，在产品设计阶段过早进行了客户调研。只有当创业者形成了假设，想要去验证假设或者推倒假设时，创业者才能提出恰当的调研问题。至于创业者为什么常常会过早行动，原因一目了然，SurveyMonkey 和另一些在线服务平台让调研变成了家常便饭。此外，调研结果会让人觉得很科学，因而能让宣传内容听起来更可信。当初纳加拉杰开展在线调研，就是想看看人们对通过行为数据推荐匹配对象有何感想。在很大程度上，他是想借调研结果来打动投资人。

确立市场体量。在完成"定义问题"这一阶段的工作之前，还有另一重要环节待创业者解决：预估潜在市场规模。即使创业者的初创公司真的提出了一个能解决实际问题的、有吸引力的产品方案，但假如目标市场体量过小，创业者又不清楚该如何拓宽用户群，那创业者落败的可能性依然很大。确立市场体量，这意味着创业者要对未来发展做出估计，看看大概有多少用户会对创业者的产品感兴趣，这当中既包括其他品牌的当前用户，也包括不曾涉足该领域的新用户。前者有可能偏向于创业者所提供的更优化方案，而后者有可能未曾从创业者的竞争对手那里接受过任何服务。对于市场体量的预估通常建立在客户调研结果以及/或者公开发布的数据基础之上。在此，人们会遇到上文中谈及另一个研究任务时涉及的陷阱：为了打动投资人，不惜对数据造假，进而对言过其实的预估深信不疑。人们很容易落入这样的陷阱，也正因如此，大多数创业者提供的宣传演示材料中新企业潜在市场规模的预估值达到甚至超过了 10 亿美元。

用户模型。要将所有的同质化观点加以整合，最好的办法就是搭建用户模型。[82] 用户模型是以客户为原型创造出的虚构人物形象，用于进行产品设计，确立营销主题。用户模型往往有一个令人过耳难忘的名字，比如"挑剔的葆拉"，意指一个难伺候的约会对象。除名字外，用户模型中还包括假想出的人物照片、个人信息、行为特征（例如刚从杜克大学毕业，家住奥斯汀，使用在线交友网站已达六个月，每周登录 OkCupid 和 Coffee Meets Bagel 若干次），以及在功能层面和心理层面的特殊需求（例如不愿与家人朋友谈论自己的在线交友习惯，在线下相亲时非常在乎安全性）。用户模型应该看起来就像是活生生的人，有了这个模型，团队就能更容易站在用户的视角去考察潜在的产品方案。当初创公司成功确立用户模型后，团队成员会在商讨设计方案、构思营销文本时直呼其名（例如"葆拉不喜欢这个，因为……"）。

第四章　失败模式二：错误的起步

一般情况下，创业者最好搭建3~5个用户模型，其中包括1~2个"主要模型"，代表创业者的目标客户群。主要模型不宜多，太多会导致设计出的产品变得"全盘通吃"，缺乏特色。其他的模型可分别代表在购买过程中发挥影响的各方力量（比如Triangulate公司的"僚机"），或者是创业者的初创公司明确不予关注的客户群。

头脑风暴。头脑风暴也叫作结构化构思，[83]是初创公司从定义问题阶段进入制定对策阶段后面临的第一个任务。最成功的头脑风暴活动能够让团队成员才思如泉涌。例如鼓励所有人贡献想法，而不是只听一个人说；不允许唱反调的人攻击别人的观点；确保每个人参与分享；给大家时间去完善彼此的观点；投票表决哪些是值得深入思考的观点。整个过程应该是包罗万象的，因为好想法有可能来自任何一个你意想不到的地方。

产品雏形。掌握了海量的好点子，团队接下来就该进入产品雏形的设计阶段。产品雏形反映你的设计理念，包括低保真雏形、高保真雏形以及介于两者之间的其他雏形。高保真雏形在功能性、外观、用户体验等方面接近于所构想产品的最终样子。而低保真雏形可以是简简单单的几张草图，对软件程序导航路径的沿线屏幕流进行了描画。杰夫·霍金斯是掌上电脑PalmPilot的发明者，[84]他当年的雏形设计业内皆知：把一块木头雕成了自己想要的形状，然后削尖筷子，用它来做设备上的唱针。为了感受PalmPilot带来的用户体验，他一连几个星期都带着这个产品雏形，每当要安排会议或是查找联络人信息时，他都会掏出这块木头。

在制定方案的早期，创业者很容易制作出"用起来像"同时也"看起来像"的产品雏形。[85]"用起来像"的雏形意在验证技术上的可行性和功能上的完善性。纳加拉杰当初半途而废的时间管理器测试就是一个"用起来像"的产品雏形，其作用是验证基于电脑数据的算法分析能够预测交友用户之间的匹配度。而当霍金斯拿出包里的木头块以示众人时，其实是在观察他们对一个"看起来像"的低保真雏形作何反应。

在打造"看起来像"的产品雏形时，保真度达到多少才算合适？这个问题很难回答。[86]一方面，精心打磨过的高保真雏形会让潜在用户更直观地看到产品完工后的样子，因而他们的反馈更可靠。同时，高保真雏形还为工程师提供了一张清晰的工作地图（"就照这个样子制作屏幕"）。但是，从另一方面来看，它也不无弊端。

一是制作过程耗时耗力。假如低保真雏形足以让创业者从用户那里获得有价值的反馈，那就没有必要浪费时间和精力去制作高保真雏形，尤其是在产品设计的初期，因为很多备选方案都有可能在这一阶段被推翻。

二是在缺乏正确引导的情况下，评价者可能会过分关注装饰性元素（比如"那个按钮的颜色太红了"）。在当前阶段，这些元素并不是重点，对于对它们的精加工会放在后期展开。

三是一些评价者可能不愿意指出某个雏形的缺点，原因是他们觉得这一雏形已经消耗了很多人力——其实他们仅仅是不想打击设计者。

四是一些设计师和工程师可能对雏形投入了大量心血，会在情感上割舍不下，因此，他们可能不愿意弃之不用，最终导致他们听不进忠言逆耳。

用户测试产品雏形。要获取对产品雏形的反馈意见，创业者可以使用上文在"用户测试当前产品"中提到的方法。可以邀请潜在客户在使用雏形完成规定任务时说出自己的想法。还有一个强烈建议创业者去试一试的好办法：同时将两个雏形展示给用户，再问他们更喜欢哪一个。如前文所言，受试者常常不愿意对某个设计多加挑剔，但他们会乐意指出两种方案中哪一个更让他们心动。整个过程中他们的注意力都放在该产品方案是否有价值上，而不是去计较这个雏形的可用性和吸引力——再说一次，这些工作有待后期去完成。要想知道对方如何看待该方案的价值，[87]创业者可以这样来思考：

一是这个产品能解决什么样的问题？

二是人们在什么样的情况下会真的需要它？为什么？

三是目前人们在解决同一问题时会使用什么产品？新产品为什么会优于或是不如已有产品？

四是人们在使用它时有可能遇到什么样的障碍？

五是它还有什么不足之处？是否有需要删除的多余成分？

最后这个问题不是用于征求用户的设计建议，这并非他们所长。实际上，创业者可以通过这样的问题去探究尚未被满足的用户需求。所以，假如他们指出了不足之处，创业者可以这样回答："好的，那请问您为什么认为需要对此做出改进呢？"应避免"你会使用它吗？"这样的问题。做访谈和开展问卷调查也是如此，此类问题往往会让一些乐于迎合创业者的人频繁用"是"来作答。

最小化可行性产品测试。[88]搭建雏形和测试雏形的工作应反复开展，直至最佳设计浮出水面。基于测试反馈，设计者应该放弃一些雏形，打磨另一些雏形，最后制作出高保真的版本。当思路聚焦，目标变清晰之后，创业者就该进入最小化可行性产品测试阶段了。

最小化可行性产品就是最终产品的副本。它与雏形产品的区别主要体现在测试手段上。最小化可行性产品测试不是坐在办公桌两端，从评价者那里听一些口头反馈，而是选择在真实的生活场景中将一个"看起来像"真实产品的雏形交到真正的用户手中。这样做的目的是，快速却不失严谨地了解人们对于创业者的产品方案的需求情况，并从中获得埃里克·莱斯所说的"验证后的知识"——尽可能减少无谓的精力消耗。[89]一个好的最小化可行性产品应该在确保获得可信反馈的前提下，尽量做到低保真，因为低保真消耗的精力少。换言之，除了开展测试所必需的要素外，最小化可行性产品不应在外形上和功能性上大做文章。功能性分两种。一是前端功能，涵盖客户所直接体验到的全部功能，以机翼网为例，它的前端功能包括用户的个人资料、每日匹配推荐、发送信息、搜索等。二是后端功能，虽然无法被用户看到，但也是整个服务中不可或缺的组成部分。机翼网的后端功能就包括"生命流连接器"、算法匹配、服务器等。

最小化可行性产品有四种基本形式，[90]具体取决于是否限制前端功能、限制后端功能，或对两种功能都加以限制。

一是限制前端功能。这类最小化可行性产品省去了产品的次要功能，只专攻产品方案中最核心的前端功能。假如用户对这些核心功能不感兴趣，那后续工作也就无须开展。

二是限制后端功能。这类最小化可行性产品可以通过临时方案来完成那些用户看不到的功能。比如靠人力而非软件算法来分析电脑数据，推荐匹配对象。同样地，除非能验证市场需求，否则没有必要把资金投入自动运算上。这样的最小化可行性产品有时被称为"绿野仙踪"式的测验，让人们想起影片中的一句告诫："不要去关注帘子后面的人。"

三是同时限制前后端功能。"入门级"最小化可行性产品对前后端功能同时加以限制，只依靠人力来完成相应工作。这种情况仅适用于针对少量用户进行的最小化可行性产品验证。此外，以少量用户为对象进行测试有助于创业者与他们进行直接的、深度的沟通，从中获取大量的有益信息。

四是冒烟测试（软件测试术语）。一些最小化可行性产品将前后端功能做了最大化限制，目的是测试用户对一个尚未形成的产品持何种态度。设计合理的冒烟测试会通过详细描述此类产品的细节，来帮助用户提前做出购买与否的决策。类似的测试包括：登录页测试、Jibo发起的众筹活动，以及由商业用户签名的意向书。

创业者在进行最小化可行性产品测试时，最错误的做法莫过于未能将测试进行到底。但是其他错误也会有，比如未能明确规定什么样的结果意味着测试成功了。只有将测试建立在可衡量的标准之上时，创业者才能证实或者推翻最初的假设。有人认为，"用户的满意推荐能使我们的产品呈病毒式增长"，这样的思路太过模糊，因为只要看到一个成功推荐的个案，测试就可以被视为通过了。最好是明确规定每10个新用户都能带来8个新用户才算通过测试。

最小化可行性产品测试中的另一个常见错误是，拿到测试结果后，过快修正了假设，实施了转型，或者是迟迟不采取行动。转型之前，创业者应该了解清楚，他们从最小化可行性产品测试中得到的结果有没有可能是误导性消极反馈，或者是误导性积极反馈。所谓误导性消极反馈，意思是测试结果显示市场需求低，但实际上需求很高。这常常是由于最小化可行性产品保真度低或是测试实施不当而带来的错误结论，并不能说明外界不认可企业的价值主张。误导性积极反馈是指，观测到的市场需求很高，但实际需求很低。这样的情况更为常见，尤其是当创业者招募的测试对象是一些特殊产品类型爱好者时，因为他们代表不了企业真正的目标客户。处在早期的初创公司常会遭遇误导性积极反馈。在下一章中，我们将重点讨论这一话题。

第五章

失败模式三：误导性积极反馈

你拿下了大单，然后就开始被他们牵着鼻子走了。

——林塞·海德，巴鲁公司创始人兼 CEO

2014 年夏天，林塞·海德创办了巴鲁宠物看护公司。[91] 这个名字算得上名副其实，因为小狗听到人说话时，常会歪着脑袋发出"巴鲁巴鲁"的声音。一开始，海德对于公司的定位是"给宠物更开阔的视野"，即在办公场所提供日间宠物看护服务。然而，早期客户调研的结果并不理想，没有太多人需要这样的服务。商业大厦的物业经理态度也不冷不热，原因是，他们不可能将日间看护宠物而导致的额外费用以提高租金的方式转嫁到租户身上，因为他们和租户签订的是长期租约，且签约率并不高。海德还发现，办公室白领对此服务的需求也不大。一项由 25 名养宠物的哈佛大学员工参与的最小化可行性产品测试表明，没有人愿意在工作场所每天花 20 美元来雇人看护宠物。理论上说，人们应该会乐意在白天见到自己的爱宠，但实际上，他们并不想劳心费力地带着宠物上下班。更为便捷的做法是，把宠物留在家中，让看护者定期上门服务。

这一发现催生了公司的设计转型：巴鲁公司可以利用大厦地下室的闲置空间，为附近住户提供宠物日托服务。公寓楼物业经理们对此很感兴趣，因为每年约有 1/3 的房子会更换租户，对于养宠物的新租户而言，这样的服务极具吸引力。此外，普通公寓楼常常会向这样的住户收取"宠物费"，即每月一付的额外费用，以承担因宠物而造成的设施损耗。

为了验证这个调整后的计划，海德在一次宠物节上向 250 名宠物主人发放了调查问卷。结果显示，80% 的受访者对于现在的遛狗服务不满意，同样有 80% 的受访者表示，愿意将宠物交给家附近的日间看护机构。海德后来反思，"反馈数据很振奋人心，但是我当初应该先问问他们，愿不愿意更换服务商。在这一行业，一旦有人熟悉了你的宠物以及你家里人的作息规律，那客户转换成本将会很高"。

海德请来了梅格·赖斯做合伙人。对方曾担任她第一家初创公司的首席运营官。2014 年 2 月，从天使投资人那里筹集到 120 万美元之后，二人在 Ink Block 推出了新业务。这是个新改造的豪华楼盘，有 315 个住宅单位，位于波士顿南端区。海德的计划是，先从小规模开始，一旦实现盈利，再用利润所得去开拓市场。这样一来，她就不用再从风险投资人那里融资，也就可以不必承受因风险投资公司要求她们高速增长而带来的巨大压力。与此计划相一致的是，她已经找到了天使投资人，他们会乐于接受稳定收益，由此换来的，是 3~5 年风险等级处在中等的回报期。

巴鲁公司提供一系列宠物看护高端服务，包括遛狗、清洁、喂食、居家陪伴、宠物聚会等。宠物主人可以发信息、发邮件、打电话，或是在海德注册的服务 App（应用软件）上下单预约。

此外，公司招募的看护者可以通过上述渠道直接与宠物主人沟通，汇报白天的工作情况，发送现场图片，或是回应特定需求。看护者会上门服务，用宠物主人预留在门外小箱内的钥匙打开房门。公司团队提供的宠物看护服务不局限于小猫小狗，其他类型的宠物同样可享受。看护费用与小区附近其他同类公司的不相上下——例如遛单只狗半小时，费用是20美元。海德并没有完全放弃提供宠物日托服务的想法，但是她将其放在了次要地位，因为在当时，Ink Block与另外几家早期的合作对象都缺少必要的空间。但是，它们愿意在日后增加相应设施。

大多数宠物看护机构聘用的都是合同工，海德反其道而行，将这些看护者聘为正式员工，其中多数人都不是全职人员。她的理由是，这样做能降低人员流转率，便于公司培训员工，统筹安排，并使公司有理由投入更多资金来提升员工的专业技能。公司员工必须做到专业素质过硬：个人履历经得住检验，已购买保险，工作时穿制服，诸如此类。每完成1名新员工的选拔、装备、培训等一整套流程需要花费将近500美元。这样的聘用方式确实存在弊端：巴鲁公司要给员工按小时支付薪水——平均每小时13美元，而且只要员工正式上岗，不论有没有接到订单，时薪都得照付。但巴鲁的竞争对手Rover和Wag！只需给合同工按实际工作完成情况支付报酬。

在客户拓展这个问题上，巴鲁公司并没有采取传统的付费广告营销策略，比如在脸书上打广告。公司主要借助大厦管理方的推销以及老客户的口头宣传。物业公司会给养宠物的新住户赠送巴鲁公司提供的礼物——动物咀嚼玩具或是拴狗绳。此外，公司还举办一季一度的活动，比如"宠物欢乐时光"活动和宠物万圣节。同时，大厦的物业工作人员还会向新住户推荐巴鲁公司。作为回报，公司会从相应客源带来的年收益中拿出约 6% 的提成返还给物业公司。收益提成的做法在有线电视网络公司这样的服务提供商中很常见，目的就是从住户中拓展客户资源。

巴鲁公司在波士顿南端 Ink Block 正式运营时，当地 60% 的住户都养宠物。而他们当中 70% 的人会选择巴鲁公司的服务。如此高的客户获得率令海德信心十足，继而使她认为这样的辉煌会在其他楼盘重复上演。遗憾的是，她不幸落入了第三种失败模式：误导性积极反馈。在医疗领域，误导性积极反馈——假阳性，意味着你患了某种病，但实际上你安然无恙——会导致不必要的甚至是危及生命的治疗，同时还会带来一连串焦虑情绪。对于初创公司而言，误导性积极反馈——早期出现的成功迹象超出了实际水平——会导致扩张规模过快。事实证明，初创公司如收到误导性积极反馈，其后果之严重性不亚于病人被误诊。

有些情况会导致客户获得率高得超出实际水平，误导性积极反馈由此而生。在巴鲁公司，早期的辉煌战绩误导了她们的后续发展，原因有三个。

首先，Ink Block 是一个全新的住宅区，所有房子几乎都是在同一时间住进了房客。由于是初来乍到，很多住户对于周边环境并不熟悉，也不曾与别的宠物机构有过合作，对他们而言，转换成本为零。相反，另外有一些养宠物的人在旧小区一住好几年，已经找到了稳定的服务提供商，若是更换服务商，那必然会产生转换成本。

其次，Ink Block 的房主大多都是在波士顿拍片的好莱坞电影业从业者。他们买来宠物，但又没时间照顾宠物，加之经济条件宽裕，因此他们有足够的实力去享受巴鲁公司的服务。

最后，巴鲁公司开业的那个月，天降大雪，波士顿的积雪厚度在3天内达到了前所未有的94英寸——差不多是8英尺[①]！海德回忆说，"这样的天气，没人会愿意出门遛狗，所以我们接到了很多份订单。只可惜，我们没发现这是个误导我们的积极信号。相反，我们坚定地认为，只要挺过了那个冬天，我们就会无往不胜"。

早期的成功促使企业扩张

随着业务的扩大，巴鲁公司作为波士顿宠物看护领域后起之秀的声誉被广为传播。Ink Block的房产中心工作人员会向其他楼盘的同行宣传巴鲁公司，住户也会向他们的邻居推荐巴鲁公司。没过多久，波士顿其他的房产经理们纷至沓来，主动提出合作。很快，公司与其他四栋大厦签订了协议。远离风险投资资金和高速扩张的原定计划被搁置一边，海德与巴鲁公司董事会成员——三位天使投资人——决定尽快在下一个城市再创佳绩，他们对此给出的理由是，这有助于吸引风投资本。海德指出，"我们自以为具备了充分的行动依据，也找到了与国内大型房产公司建立伙伴关系实现跨地域扩张的途径。回想起来，当时的我的确是不愿错过这样的发展机遇"。

2015年夏天，巴鲁公司将生意做到了芝加哥。她很快就与那儿的三栋大厦物业签订了合作协议，对方与她们在波士顿的合

---

① 1英尺≈30.48厘米。——译者注

作者同属一个母公司。最后，巴鲁公司在芝加哥城区的中心地带总共与 25 栋大厦签了约。其中一家空间充裕，可以提供宠物日托所需的场地，物业方将其免费租给了巴鲁公司。这样一来，团队终于有机会验证她们最初的创业理念了。事实证明，这项服务很受欢迎。

在给芝加哥分部选派总经理这件事上，海德费了不少周折。首任总经理是位经验丰富的物业管理者，但在巴鲁的公司文化映衬下，他的表现不尽如人意。海德回忆说，"一些接受过物业管理培训的人习惯于一板一眼地按照工作守则去干活，可我们这里不提供工作守则"。

在芝加哥开展业务一年后，巴鲁公司从新的天使投资人和小型风险投资基金中又筹集到了 225 万美元的种子资金，随后，她们在华盛顿开了分部，那里的合作者同样是大型房产公司管理下的楼盘，都是她们在波士顿和芝加哥打过交道的老搭档。然而，华盛顿的业务遇到了一些意料之外的阻碍：2017 年 1 月，特朗普入主白宫，很多在奥巴马任期内的联邦政府职员辞职并搬离本地，客户流失量大增。此外，华盛顿的公寓大楼分布地不像波士顿和芝加哥那样集中，宠物看护者完成多个订单所需的路程时间被大大增加了。

同时管理三地业务，这让巴鲁公司的小型团队难堪重任。海德说，"在此之前，我的搭档梅格在运营管理方面一直干得很出色，但在华盛顿，她却遇到了前所未有的挑战"。尽管如此，2017 年 6 月，巴鲁公司在纽约大都会区又开起了第四家分店。为了保障后续业务拓展有足够的资金支持，她们从现有投资人和一家风险投资公司那里又筹集到 100 万美元。后者有意在巴鲁公司接下来的 A 轮融资中唱主角。

然而，彼时的公司团队已经感受到了发展过程中的某种阵痛。她们与物业经理的关系变得日渐紧张。很多物业经理没能动员自己的员工去宣传巴鲁公司，而且有些经理在履约时表现出了不近人情的固执。比如说，他们坚持应由巴鲁公司负责各类活动。虽然公司在成立之初的确对此有所承诺，但随着业务的扩大，这一承诺变得很难兑现。海德讲述道，"在公司规模尚小时，办一场宠物万圣节很容易也很有趣。但是，随着业务量扩展至上百个楼盘，举办这种活动只是拿钱打水漂。在活动中，我们会派大学生去采购餐食。而他们会给你买回一箱啤酒和一个奶酪拼盘——完全不符合我们设定的高端品牌体验的定位"。

与此同时，运营难度也在不断增加。随着规模的扩大，公司曾用以吸引早期客户的个性化服务变得难以为继。宠物主人不可能再指定自己心仪的看护者，也无法在预约平台已经满单的情况下临时打电话解决情急之需。此外，公司缺乏配套技术来保障大规模运营。现成的预约平台并不好用，很多客户因而选择发信息或是电子邮件去下单，导致安排业务的复杂性大大增加。宠物看护者不得不同时使用多个移动应用，包括开始服务和结束服务时的打卡程序，以及查看派单情况和客户具体要求的应用程序。

由于部分看护者的个人原因，业务安排的复杂性被进一步加剧。海德的初衷是，所有员工都以正式员工而非合同工的身份加盟公司，按小时获取劳动报酬。她认为这有利于开展员工培训，使他们养成整齐划一的工作方式。但事实并不总是如她所愿。海德慢慢意识到，公司的这种补偿机制会被滥用："员工可以在轻松、愉快的业务上消磨更多时间，比如与一只可爱的小狗玩，继而导致下一笔业务被延迟，或者是因为应付一只不听话的小狗而错过最后一笔订单。鉴于是按小时收费，所以他们的收入不会受到一丁点儿影响。"

虽然大多数员工认真负责，但也不能保证员工选拔结果万无一失。海德回忆说，有一回自己正在参加别人的婚礼，突然接到警方电话，说巴鲁公司的一名宠物看护者在客户的公寓里大搞派对。公司的高速增长也让员工的士气发展到了极限。海德反思，"公司发展得太快，以至于招不到足够的新人，而看护者频繁跳槽——年均流动率高达120%——又使人力不足的问题更为严峻。因此，公司里那些最优秀的看护者有时候是24小时连轴转。他们得跑遍整个城市，按小时计取劳动所得。大把"烧钱"的同时，我们也在消耗着最优秀的员工"。

清算与停业

在2017年8月召开的巴鲁公司董事会上，一位最早的天使投资人对海德的领导力以及公司的财务状况提出了质疑。2017年上半年，巴鲁公司的收益是60万美元，但运营费高达80万美元。尽管管理层对于下半年的收益预算是实现50%的增幅，但预估运营费是70万美元。这位董事会成员对此深感震惊，他与海德就公司何时能实现收支平衡争执了起来。海德说，巴鲁公司的渗透率——公寓楼内有百分之几的宠物主人变成了巴鲁公司的客户——取决于公司与这栋楼合作多久。她指出，公司在新住户中的渗透率要远远高于在老住户中的渗透率，因为后者已经有了固定的宠物服务商。换言之，只有当住户更替时，巴鲁公司才有介入的机会：“如果你接受这一事实，那么你会看到在一两年内新市场的发展会顺利起来。但假如你不接受，那么你会发现我们的盈利情况会随着业务的拓展而日益恶化，并且会认为我们的战略有缺陷。”

在随后的几个月里，董事会的争执焦点转移到了是该试着卖掉公司——心生不满的天使投资人乐见的结果——还是该争取实现 A 轮融资。受董事会内争执不下的紧张气氛影响，先前投过钱并表示有意主导后续 A 轮融资的风险投资公司也放弃了继续跟进的打算。海德与十几家风险投资公司进行了沟通，但没有一家愿意合作。2018 年 1 月，在所余资金仅够巴鲁公司维持三个月的情况下，海德联系上了一些有意合并的企业。三家公司表达了意向，但最终都没有谈拢。2 月，巴鲁公司闭门停业。

调整预期计划

在这一案例中，巴鲁公司的失败原因比较清楚：公司过早扩张。误导性积极反馈导致她们步子迈得太大，在不具备配套资源的情况下，就在四个城市推出了业务。一支小规模管理团队，人力有限，资金不足，处理多样化业务的技术手段匮乏，却被拖入了高速发展轨道，疲于应对。

尽管资源有限，但从 Ink Block 得到的误导性积极反馈却给了海德十足的信心，让她在时机尚不成熟时就冲了出去。2015 年，在波士顿遭遇极端天气的那个冬季，巴鲁公司打赢了漂亮的第一仗，这让海德坚信，她那斗志昂扬的小型团队能够——用她的话说——"无往不胜"。

海德原本的计划是，先从初期市场中盈利，再靠利润所得拓展后续市场，而非依靠风险投资实现高速增长。然而，波士顿的精彩开场让她改变了思路。对于海德本人以及巴鲁公司的早期投资人而言，这一转变是一次重大抉择。与我们在书中第二部分将谈及的案例不同，巴鲁公司之所以选择快速发展的战略转型，并非迫于竞争压力——虽然它的竞争对手从风投资本那里争取到了几千万美元的投资。海德回忆道，"Rover 和 Wag！两家公司与其说让我感受到了竞争压力，不如说让我看到了有待填补的市场空白。我们没想要和它们针锋相对地去抢客户，抢员工"。

将业务迅速拓展到多个地区，这暴露了巴鲁公司在抢占商机这个问题上的失误。这些失误虽不致命，但假如团队在扩张之前先专心优化一下波士顿的运营模式，那这些失误都可以避免或是得以解决。下面，我们来看看误导性积极反馈是如何在各个维度上产生影响，导致海德调整预期计划的。

首先，在 Ink Block 取得的高签约率和回头客成交率让巴鲁公司相信，公司的"客户价值主张"是有吸引力的。即便在业务拓展之后，该主张仍不失魅力，市场需求依然强劲。然而，宠物服务行业主要是从为数不多的几个方面来彰显差异。一是客户希望看护者是可靠的，能够放心地让对方和宠物单独在家；二是看护者应该熟悉家里人的生活规律，了解宠物的需求；三是服务质量有保障；四是具备易得性，随约随到；五是能满足客户的特殊要求。对于宠物服务行业，要同时在以上五方面拔得头筹是很难做到的。某个家庭指定的遛狗员工可能熟知这家人的生活规律和宠物的习性，但由于他的派单太多，所以不一定能满足特殊需求（"我们在外休假，你能在晚饭前多去遛一次狗吗？"）。而

Wag！或 Rover 这样的同类公司往往会将临时工组织在一起，其优点是可以满足客户的特殊需求，但缺点是不能确保为客户始终派出同一名员工，所以在了解客户并与之建立和谐关系这一问题上，它们面临的困难会更多。

在进入发展后期时，公司为解决上述问题，推出了以下措施：一是搭建看护者团队，每支团队专门负责某一个片区；二是要求看护者将其服务对象的家庭情况及宠物信息进行分享。然而，只有训练有素、经验丰富、技术素养过硬的人员才能让上述对策落地生根，可公司在发展过程中正遭遇阻碍，这一切也就难以实现。同样，随着巴鲁公司规模的变大，其提供高端服务——比如加急业务——的能力也消失殆尽。最终，公司的定位变成：为客户提供便捷、可靠、值得信赖的宠物看护服务，确保绝大多数看护者与客户及其宠物有过前期接触。这样的定位固然是想客户之所想，但就填补市场空白继而占领价格优势这一点而言，它没有任何亮眼之处。

其次，在成立之初，巴鲁公司在"技术与运营"这方面的要求并不高。但随着规模的扩大，公司的技术支持能力明显滞后了。小型管理团队不得不拼尽全力。此外，在人员招聘、培训、安排、动员以及保持等方面遇到的困难又让公司的运营问题进一步复杂化。

再次，就"市场营销"而言，早期主动帮忙宣传的物业经理让她们以为，其他建立了合作关系的公寓楼管理者也会积极向住户推荐巴鲁公司。但是，尽管公司在老客户中间口碑尚佳，可公寓楼工作人员在宣传巴鲁公司的事宜上远未达到海德的预期。

最后，虽然在成立之初取得了一些收益，但巴鲁公司的"盈利模式"是未经检验的。截至2017年末，公司仍然处在亏损状态。此外，宠物服务业的低门槛也导致当地涌现出大量竞争对手，利润空间持续走低，最终达到了公司所能承受的极限。然而，巴鲁公司的预期LTV/CAC的比值是5.9，假如团队能提高其运营效率，那公司就有望踏上一条实现长期盈利的合理路径。

误导性积极反馈之所以成为问题，是因为它让创业者在朝着某个方向拓展业务的过程中产生了不该有的自信。在本书第二部分，我们将看到更多因误导性积极反馈而加快发展步伐，以致最终惨淡落败的初创公司案例。但是不同于巴鲁公司，那些都是处在发展后期、资源充沛的公司，对它们而言，加快发展速度是轻而易举的事情。

误导性积极反馈通常有两种表现形式。其共性是，创业者会误以为早期接纳产品的人能够代表主流客户。

第一种表现形式中，创业者会为了早期接纳者而修正产品方案，为此方案配置资源，之后才发现这个方案并不适用于更大规模的主流市场。缺少了主流客户的支持，企业就无法获得赖以生存的收益。待创业者意识到必须调整战略时，他会发现已积累的资源用不上，而捉襟见肘的资金状况又让创业者难以获取替代资源。最终结果是：以"创意一流，配置三流"模式落入败局。

第二种表现形式中，创业者整合了各方资源来推进创业理念。但在此过程中，来自早期接纳者的强烈需求出乎他的意料，以至于让他以为主流市场的客户也会有同样强度的需求。为此，他加快了拓展的脚步，但与第一种表现形式一样，曾经的资源并不适用于新的发展方向。

巴鲁公司属于第二种情况。在Ink Block收获的误导性积极反馈促使海德加快了进军新市场的速度,这使得巴鲁公司在"资源"维度的四个方面的问题变得进一步严峻。

第一,创始人:巴鲁公司的失败应该归咎于"骑师"吗?作为CEO,海德的确犯了好几个错。但值得肯定的是,在回望过去时,她意识到了自己的错误决策,并愿意为此承担责任。比如她承认自己是被积极反馈给误导了。虽然做出过错误决策,但是海德依然因其见解之深、热情之高、决心之强而在本书所列的创业者中独树一帜——当然,她从失败中得出的经验教训也格外多。

海德还承认,当合伙人对于公司发展速度表示担心时,她未予理睬,刚愎自用。她坦言道,"我与同僚的共事并不顺利,也听不进他们的反对意见。梅格对我说,'我们真的要在另一个城市开展业务吗?非得在技术设施就位前这样做吗?'这些担心原本合情合理,但在当时,我会为此火冒三丈"。她还意识到,自己与合伙人"有着太多的共同经历。因为在我第一次创业时,我们曾共事十年,而且合作得很愉快,所以我们这一次立马就进入了已有的相处模式。但是,在创办巴鲁公司之前,我们分开过三年,两个人都有很大变化"。换言之,这一次,她们注定会发生冲突。

第二,团队成员:海德曾以为,将宠物看护者聘用为正式员工,并且按小时为其支付报酬,这有助于提高他们对公司的忠诚度,同时也有助于提高其生产力。事实证明,她的期望落空了。公司在一些干不长的员工身上投入太多了。

和Quincy服装公司不同,巴鲁公司不存在行业专家短缺的问题。海德在芝加哥时就开始招募人才,聘请了一位资深物业经理担任芝加哥分部的首位总经理。然而,事实证明,对于遭遇重重挑战的巴鲁公司而言，只有像海德及其搭档这样斗志昂扬、博学多才的人选才能真正胜任。

第三，投资人：和海德一样，巴鲁公司早期的天使投资人也受到了积极反馈的误导，继而调整了他们对企业增长速度的定位。一开始，他们希望初创公司以中等风险运营，以3~5年为期，提供中等水平的收益。但随着巴鲁公司的快速发展，他们对于其增长速度的看法也发生了改变。海德指出，"当我们看到很多城市的公寓大厦向我们伸出橄榄枝时，激动的心情难以言表。但没有人真正意识到，要想成功地扩大规模，我们还需要3 000万~4 000万美元。到后来，一些投资人像是患上了精神分裂：他们虽然希望获得当初所期待的安全收益，但同时又难以抵抗短期风投收益的巨大诱惑"。

一位天使投资人对海德的能力与领导力提出质疑，结果产生了极具破坏性的影响——在此过程中，他的态度吓跑了新投资人，也加速了企业的倒闭。有人曾提醒海德要提防他，但据她回忆，"我们当初太需要资金了，而且我有信心——显然用错了地方——自己能应付他。听人说，与投资人最开心的共处时刻就是签下投资意向书的那一刻。我现在明白了，如果一切并不那么称心如意，你就该趁早离开"。

有趣的是，当被问及如果有机会从头来过时她会作何选择，海德断然表示绝不会遵从最初"赚够钱以避免风险投资资金"的想法。相反，她会让自己的企业全速向前冲。她承认，"我觉得自己是一个愿意快速推进工作的人，热爱挑战，喜欢把事情做大做强。假如当初时间更充裕，手头能掌握大量风险投资资金，那么我也能把巴鲁公司做大做强。当初真应该靠风险投资资金来给公司加把劲"。

第四，合作伙伴：与巴鲁公司合作的楼盘并没有提供预期的支持，其中一些还提出了不合情理的要求。假如巴鲁公司发展的脚步放缓一些，那团队就有可能鉴别出楼盘的哪些属性能起到决定性影响，比如更高的租客流动率。接着，先筛查出更具合作优势的楼盘，然后再签约。但是，极速发展使她们将审慎的筛查置之度外，取而代之的是将那些表达了合作意向的楼盘定为合作对象。在事后分析中，海德还指出，物业公司本应该给巴鲁公司付钱，而不是从巴鲁公司抽取利润。因为他们几乎没有为公司尽过力，而且，靠着与巴鲁公司的联手，他们还从租客那里收取了更高的"宠物租金"，每只宠物每月的费用在 50~150 美元不等。

避免误导性积极反馈

针对早期创业者的调查结果显示，很多人都易被误导性积极反馈所迷惑。与成功企业的 CEO 相比，这些举步维艰或是已经倒闭的初创公司的创始人或 CEO 表示，他们的早期接纳者与主流客户之间存在更大的需求差异。差异越大，陷入误导性积极反馈困境的概率也就越大。

如果说误导性积极反馈来源于早期接纳者发出的误导信号，那么为了获取可靠的市场反馈，创业者应采取两步走策略。[92] 第一步，开展前期客户调研，对潜在早期接纳者与主流客户之间的各种差异进行归纳分析。第二步，在企业正式运营后，当早期接纳者做出的积极反馈让人喜出望外时，创业者应保持冷静，及时认识到主流市场不一定会产生相同的反应。

第五章　失败模式三：误导性积极反馈　　143

如何才能在胜利面前保持冷静？可行的办法是，对那些高度认可创业者的产品的早期客户，比如巴鲁公司在 Ink Block 遇到的客户，进行类型划分。由于其不可预测的本质属性，这些客户被归类为"黑天鹅"。同样，创业者很难在公司发展的过程中保持足够的警醒，以辨别何时得到的是误导性积极反馈。但是，当一个初创团队因产品赢得的强烈反响而欣喜若狂时，他们一定要停下来问问自己，"这些早期接纳者有哪些不同常人之处？"他们可以借助第四章提到的用户侧写法，对早期接纳者与初创公司意图发展的主流客户进行差异分析。

就第一个步骤而言，即开展前期调研以发掘早期接纳者和主流客户间的差异，重点在于选择合适的调研对象。方便性取样——以朋友或家人为调研对象——常常会导致误导性积极反馈，原因是，创业者的亲朋好友常常会爱屋及乌，不论创业者的想法是好是坏，他们都会照单全收。众筹活动，比如 Jibo 公司在 Indiegogo 平台上开展的众筹，也会带来类似的风险。支持这类活动的人往往是热衷于某种产品类型，对于光鲜耀眼的新产品心有渴慕，愿意成为第一批试用者的人。众筹活动便于将某个产品的魅力展示给这种热情高涨的用户，但他们的意见代表不了主流市场的需求。

最佳策略是直接验证创业理念，将早期接纳者和主流用户都纳入验证队列。想一想 Lit Motors 在 2012 年的手笔。[93] 这家初创公司立志要生产一款电力驱动，靠陀螺仪保持稳定，双轮的全封闭车辆，取名为"C-1"。C-1 将在安全性、操作便捷性、生态友好性等方面超出普通摩托车，其全封闭的车身还能让骑手在雨天放心出行。

创始人丹尼·吉姆从 100 万美元的种子轮资金中抽出 12 万美元，打造了一个玻璃纤维材质的全比例仿真 C-1 雏形。公司团队靠着这个雏形，从主流客户群体那里收集反馈信息。参与调研的客户在花 20 分钟填写问卷时，就坐在这台仿真车里。在调研结束后，公司邀请他们以预付 50 美元的形式成为享有 C-1 优先购买权的首批客户。当时，16% 的调研对象欣然接受邀约，在公司看来，这个接纳率很令人振奋。

为了证明早期接纳者的确对产品感兴趣，团队紧接着又将产品雏形带到了俄勒冈州的电动产品大奖赛上，在那里，他们可以将同样的调研流程在电动摩托车发烧友身上再实施一遍。这一次，他们又收获了强烈的积极反响，吉姆因此信心百倍，认定自己的产品能够同时满足早期接纳者和主流客户的需求。

有时候，早期接纳者和主流客户的需求是一致的，但前者的需求强度要更胜一筹。本书第七章将提到 Fab.com，一家专营家装用品的线上零售企业。该公司的早期接纳者都是些家装设计爱好者，他们是网站的回头客，会主动将网站商品向熟人朋友广而告之。后期主流客户同样对室内装饰感兴趣，只不过热衷于此的程度不一样。他们购买的频率要更低，介绍来的新客户也要更少。由此带来的后果是，LTV/CAC 比值不断下降：随着企业的发展，新客户创造的价值不如以往。而且，由于能进行免费口头推介的客户日益减少，客户获取成本不断上涨。和巴鲁公司的创始人一样，Fab.com 的创始人在误导性积极反馈面前也沦为牺牲品。他错误地以为，早期接纳者表现出的强烈需求会在下一批用户身上延续。

在另一些情况下，早期接纳者与主流客户的需求千差万别。

例如 些早期接纳者属于"高要求"用户，对产品的高级功能情有独钟，有能力开展自助服务——自行安装产品或是对尚不完善的新产品进行故障处理，无须依赖公司的专业团队。与之相反，主流客户渴望得到可靠的、易操作的、不添加多余功能的产品，同时，他们还希望得到客服人员手把手的指导。在这类情况下，假如初创公司以早期接纳者的喜好为标准来设计产品，那最终一定会让主流客户大失所望。

有各种办法[94]来帮助创业者解决上述难题，但无论创业者采用哪种办法，最重要的一点是，务必在启动产品开发之前，弄清楚早期接纳者和主流客户的需求究竟有何不同。办法之一，先按照早期接纳者的需求来优化产品，假以时日，再根据主流客户的需求去修正产品。办法之二，为早期接纳者和主流客户分别设计一款产品，比如为前者设计"升级版"。办法之三，按照主流客户的需求修正产品，但与此同时，要确保产品即便不能满足早期接纳者的所有需求，也要优于他们当前使用的产品。

多宝箱采用的是最后一种办法。[95] 在产品开发过程中，创始人德鲁·休斯顿对早期接纳者——编程人员和高级电脑应用者——和主流客户的需求进行调研之后，决定删除那些仅迎合早期接纳者的高阶功能。结合自己在业界精英 Y Combinator 创业孵化器收获的成功经验，他采用了"在开发社区已被验证为行之有效的理念（版本控制、变更日志、文件备份等），将产品设计得简单易操作，放在一个小孩子都能看明白的安装包里"。休斯顿知道，多宝箱的文档管理方案优于当前产品，因此他押下了明智的一注，赌定它即便不具备高阶功能，也照样能得到早期接纳者的认可。

尽管结构合理的调研能够让创业人士对早期接纳者的需求有所了解，但他们还是不容易发现并且避免误导性积极反馈。为什么？因为人的思维定式会让创业者只看到那些他们乐于看见的东西。这种倾向会让创业者对调研结果和早期市场反馈产生误判。

创业者越是对自己描绘的发展前景深信不疑，产生误判的风险就越大。这种风险多是职业需求使然——比如向投资人推销自己的产品。正如在第四章中提到的，纳加拉杰曾向投资人推销机翼网在线交友服务，说自己的网站有望实现病毒式增长。然而，之后他才意识到，由于激励式注册机制，网站的实际增长速度远未达到他所描绘的宏伟目标。有些用户为了获得网站赠予的数字金币，会虚构出并不存在的新用户。

巴鲁公司的经历则让我们看到了另外两种会让创始人被误导性积极反馈蒙骗的情况。第一种，不期而至的成功带来了极大的诱惑力。想一想本章开篇时引用的海德的原话，"你拿下了大单，然后就开始被他们牵着鼻子走了"。一开始，海德设定的发展目标并不离谱，但是当企业发展形势一片大好时，她忍不住设定了更宏大的目标。尽管被白鲸拖住了手脚，但她并没有变成誓死也要捉住白鲸的亚哈船长。她与白鲸——也就是成功——不期而遇，结果发现自己也有扩张的野心。她的轨迹更像是电影《教父》中迈克·柯里昂的人生轨迹。一开始，迈克的想法很简单：远离家族生意，默默坚守住自己的道德准则。但当他的父亲在黑帮暗算中九死一生后，迈克出人意料地成了那个替父报仇的人。凭借藏在饭店卫生间里的手枪，他干净利落地干掉了对手。之后，迈克做了家族的掌门人，他对付敌手游刃有余，成了纽约黑手党的头号人物。但他为此付出的代价是丢弃道德原则和失去挚爱家人。

创始人被误导性积极反馈蒙骗的第二种情况是，他们对自己的目标究竟有多重要缺乏清晰的认识。我们可能会猜，海德一开始是否真的清楚自己对企业发展和创业风险该作何权衡。她尽管表达了自己最初的侧重点，但也许她压根没有意识到，自己其实想要靠着风险投资资金实现高速发展。若真如此，出现在 Ink Block 的极速增长应该早在她预料之中，就像迈克·柯里昂把第一次刺杀行动的成功看作自己属于黑手党家庭的重要标志一样。

第二部分

创业中后期的失败模式

第六章

刚离虎口，又入狼窝

按照常理，进入发展后期的初创公司应该比新公司的存活概率高。毕竟，这些公司已经确立了不错的发展方向，积累了相对丰富的可支配资源。在本书中，所谓进入发展后期的初创公司是指成立时间在五年以上的公司，如有融资经历，则已经进入 C 轮及 C 轮以上的融资期。可令人不解的是，约有 1/3 这样的公司没能为投资人带来收益。[96] 意识到这一点，我不禁纳闷，为什么日益壮大的初创公司想要成功就这么难？在深入了解后我发现，初创公司在挺过发展早期阶段后，虽然脱离了虎口，但立马又掉入了狼窝。初创公司在发展早期阶段之所以步履维艰，是因为创始人不确定该往何处走，或是集结不起必要的资源，或是两者兼而有之。进入发展后期的初创公司所面临的问题也同样出在创业方向和创业资源上，但形式却与前者截然不同。

方向问题。带领初创公司进入发展后期的创业者必须在追逐市场商机时保持理性，也就是说，在发展速度和发展规模上，设定的目标既应志存高远，也应脚踏实地。所谓"速度"，是指企业核心业务——仅针对本土市场的最初款产品——的拓展速度。所谓"规模"，是指由四个维度构建起的一个广义概念。前三个维度，即地域扩张、产品线广度和创新性，它们共同构成了初创公司产品的市场范围；还有多少客户群可以成为目标群体？他们的哪些需求能被解决？第四个维度，即垂直整合，指初创公司在不外包给第三方的前提下，能够自行开展的活动的类型。

一是地域扩张。当巴鲁公司将业务从波士顿拓展到芝加哥和其他城市时，其产品市场的地域可及性被大大拓宽。还有些初创公司把业务拓展到国外，其地域可及性更是非同小可。

二是产品线广度。初创公司为了拓展市场广度，会推出更多产品，比如谷歌公司在搜索引擎的基础上，推出了 Gmail、优兔、Maps、Drive 以及其他十余种附加产品。

三是创新性。对某些初创公司而言，别出心裁的创新能够催生功能全新或是性能卓越的新产品。这些进步可以使公司的目标客户群有所增加，从而拓宽公司产品市场的范围。某些初创公司开展了极为大胆的商业模式创新，比如 Stitch Fix 推出的服装定制设计服务。还有些初创公司是通过开发新技术来进行创新的，比如 Solidia 技术公司在化工方面的革新使得水泥生产的碳足迹减少了 70%。[97]

四是垂直整合。垂直整合可以拓宽初创公司的工作内容，将过去外包给第三方的任务拿回来自己做。"向上"整合涉及产品开发和生产活动，而"向下"整合涉及市场推广、销售，以及产品的运输配送。例如通过自行设计半导体而非依靠英特尔这样的生产商，苹果公司进行了"向上"整合；在借助第三方零售商 Best Buy 的力量之余，又通过苹果商店销售产品，进而实现了"向下"整合。

如何在发展速度与发展规模两者间保持一个恰到好处的平

衡，这是创业者面临的典型困境。就像在第二章中所说的，以上两者中的任何一方面走向极端，都会给进入发展后期的初创公司带来致命打击。

资源问题。进入发展后期的初创公司在平衡发展速度和发展规模时，还会遭遇资源调配方面的难题。为了发展壮大，它们通常得筹集大笔资金，但风云莫测的金融市场有可能让它们铩羽而归。更有甚者，当整个行业陷入低谷时，即便是经营状况良好的企业，投资人也会避之不及。如果这一切正好发生在企业紧锣密鼓发起又一轮融资——出于发展或创新的需要——的时候，那企业会元气大伤，甚至一蹶不振。这样的失败与管理能力无关，只是时运不济而已。

当初创公司在发展过程中经历两项重大的组织形式调整时，创业者还得应对人力资源管理方面的挑战。首先，随着情况的变化，早期由百事通型人才组建的团队需要补充有着丰富职能经验的专家——比如市场推广或是运营管理领域的专家。其次，信马由缰的管理方式逐渐被正规的管理架构和体系所取代。企业制定了组织流程图，对岗位职责做了明确描述，规定了员工业绩考核指标，完善了预算和计划流程，诸如此类。

上述变化会带来更多困难——创业者更需要把控其间平衡。过早或过晚地聘用专业人员都会带来麻烦，而过早或过晚地推行正规的组织架构和管理体系也是如此。这样的麻烦不是初创公司在进入发展后期落败的主要原因——发展速度或发展规模出现异常才是症结所在。然而，组织架构方面的问题就像信号放大器，在管理层本该全力以赴解决市场挑战时，由此导致的分心会使企业落败的概率进一步加大。

"6S"框架

如图 6.1 所示，创业者可以利用"6S"框架来评价初创公司的成功概率，分析其失败的根源。[98] 在这一框架中，三角形的三个角分别代表初创公司的三个内部架构：人员、组织架构（包括上下级关系和管理体系）、体现在公司文化中的共同价值。

在三角形外围的圆形内，另有三个要素分别代表初创公司的外部关系。速度：初创公司核心业务的拓展进度。规模：公司业务的地域所及范围、产品线广度、创新程度、垂直整合情况。速度和规模共同反映着企业的"产品–市场"策略以及由此形成的企业与客户、竞争对手、供应商之间的关系。最后一个要素：X 轮融资，指初创公司在资本市场采取的策略。风投资本的融资分多轮进行，按照字母顺序依次排序。因此，X 轮融资代表着初创公司与当前投资人和潜在投资人之间的关系。

首先，我将对上述要素做详细说明，并深入分析它们是如何随着初创公司的壮大而发展变化的。其次，我将对这些要素之间的相互影响进行探讨。最后，我将介绍当初创公司处在不断变化的过程中时，该如何使上述要素保持协同关系。

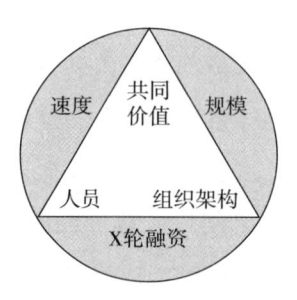

图 6.1　"6S"框架

速度

对于进入发展后期的初创公司的 CEO 而言,最难做的决策恐怕就是该以何种速度拓展核心业务了。创业者——以及支持他们的投资人——都热衷于快速增长。快速增长有利于公司在资产评估中获得更高估值,因为人们通常认为公司越大,利润就会越高。此外,更高的资产估值能够吸引更多优秀人才加盟公司团队,因为优先认股权的诱惑力不容小觑。还有一点,对有识之士而言,一个快速发展中的企业能够带来的升职空间会更大。

当快速增长对初创公司的商业模式带来促进效应时,它能起到自我强化的作用,能使公司更高效地获取客户,抬高价格,降低运营成本。[99] 具体而言,快速增长具有以下三种好处。

第一,假如客户满意度高,那么公司的品牌认可度会与日俱增,新客户会更容易接受广告宣传以及熟人推介,客户获取成本会随之下降。

第二,假如公司看重网络效应,那么较大的用户体量能够吸引更多新用户,同样会使客户获取成本下降。此外,网络波及面越大,客户与潜在合作对象的互动概率就越高。这有利于公司在发展过程中抬高定价,因为客户看重大型网络带给他们的益处。

第三,随着交易量的增加,规模经济效应会显现,产品的单位成本也将下降。也就是说,每完成一个典型的客户订单所需的花费会下降。规模经济效应有三种实现途径。一是当固定的管理费用——如工厂经理的薪水——均摊在更多的产品单位时,单位成本下降。二是通过处理更大数量的业务,员工的生产力会因学习曲线效应而提高,生产成本会随之降低。三是依靠自动化降低成本——例如给生产流水线上配备机器人，这一做法更适用于大规模产品生产。

对于希望快速发展的初创公司而言，以上分析会让它们释然。但是，初创公司的发展速度还受制于另外四种因素，这些因素决定着初创公司在长远利益不受损失的情况下，最快能以何种速度发展。

第一，饱和度。初创公司的产品可用于满足单一客户群或多个客户群的需求。当公司敲锣打鼓地将产品推向市场后，客户群中的大多潜在用户会了解到这一产品，并有可能购买它。这时，公司的目标市场已达饱和，要想持续发展，就得从其他客户群中发展客源。但是，要满足其他客户群用户的需求，公司就必须对产品进行改造升级。为了让用户心甘情愿掏腰包，公司要么降低定价，要么发起攻势更猛烈的市场宣传——也许还得双管齐下。这样一来，获利空间会减少。初创公司可以通过改造产品来满足新用户群的需求，但那会伤了老用户的心。或者，为了避免市场饱和，公司可以研发一款满足新客户群的新产品——这一点会在下文中有关"规模"的内容中做进一步说明。

很多处在发展早期的初创公司远远没有达到目标市场饱和的程度。比如巴鲁公司原本可以在开展业务的各大城市中与更多高档小区签约。但进入发展中后期的初创公司在经过几年极速增长后，其目标市场往往会陷入饱和。脸书就是一例，当其用户群体逐步从大学生拓展至高中生，最后又至成年人时，它在美国国内的增长速度明显慢了下来。[100]

第二，竞争。Quincy 和 Triangulate 这样的早期初创公司通常不会招来模仿者，因为它们规模太小，引不起重视，创业理念也未经检验。对于进入发展中后期的初创公司而言，情况则大不相同。在快速发展的同时，竞争对手也纷至沓来。有时候，竞争对手是和它们一样的初创公司。有时候，竞争对手是"沉睡的巨龙"，是在自己的地盘上被新近崛起的公司从蛰伏中惊醒的老牌企业。在下一章中，我们将看到经营家装用品的线上零售企业 Fab.com 的案例。Fab.com 在欧洲市场被 Rocket Internet 模仿，该公司总部在柏林，是一家以优质美国初创公司为目标的创业孵化器。

激烈的竞争会严重影响企业获利。初创公司为了站稳脚跟，常常会用低价来吸引客户，而老牌企业为了保住市场份额，只得降低价格与其抗衡。假如双方还得争夺相同的资源，比如优步公司和来福车公司所雇用的司机，那么价格大战更是在所难免。

第三，质量问题与客服问题。极速增长会给初创公司运营增加难度，也会导致产品质量出现问题，尤其是当初创公司要靠大批员工开展生产与客户服务时。要雇用足够多的人力来填补这些岗位，并且要培训他们胜任这些岗位，这无疑是个艰巨的任务。在本书第八章中，我们将介绍 Dot&Bo 的案例，这家线上家具家装零售企业曾被巨大的订单量拖入困境，公司因雇不到足够多的客服代表，继而无法及时回复客户订单状态的咨询。

第四，对公司士气和公司文化的影响。初创公司进入高速发展轨道，这无疑令人振奋。但是，若因此而连续几个月超负荷工作，则会挫败员工士气：回想一下巴鲁公司的经历。当市场需求激增时，公司请不到更多的宠物看护者，只得安排那些金牌员工没日没夜地连轴转。而员工队伍的壮大会损害初创公司的企业文化（在"共同价值"部分中我会对此做进一步说明）。第一批员工往往是被公司的发展愿景所激励，他们珍惜与创业者肩并肩开天辟地的机会，与为数不多的团队成员建立起了"我为人人，人

第六章 刚离虎口，又入狼窝　　　　157

人为我"的革命友情。而在进入发展后期的初创公司中，大批新员工的态度多是"这不过是一份工作"。

正如在后续章节中将看到的，发展过快，乃至超出了速度极限时，处于发展后期的初创公司往往也就迈上了毁灭之路。

规模

在发展规模一事上，创业者通常会采取以下两种战略中的某一种。

其一，稳定发展。这是更为常见的做法，稳扎稳打，随着企业的日渐成熟逐步壮大规模。

其二，爆炸式发展。创业者从创业之初就立下了宏伟的发展目标，通常表现为热衷创新，对垂直整合与地域拓展等事宜有着一番雄心。假如这些宏伟抱负最终空留余恨，其负面影响会很快显现，公司会筹不到资金，在成立不过一两年就早早夭折。

但是在本书第九章中，我们也会看到为数不多的例外。那些创业者也制订了雄心勃勃的发展计划，最终确实顺利地争取到了资源，公司规模连年壮大。此类爆炸式发展的初创公司创始人往往行事高调，具备人格魅力，能够利用"现实扭曲力场"（源于苹果公司内部的一个词，用于描述公司联合创始人史蒂夫·乔布斯在麦金塔产品开发上的影响力。意指能够让任何人做任何事的一种能力）说服投资人、天才员工以及其他人员冲着美好愿景与之共同奋斗。血液检测公司 Theranos 的创始人显然属于这一类。

无论创业者选择了哪条战略，稳步发展或是爆炸式发展，以下四种发展形势都各有利弊。

地域扩张。[101] 将业务拓展到更多地区，这是很多初创公司都难以抵挡的诱惑。例如优步公司先是将业务逐一拓展到美国的各个城市，然后又在海外市场如法炮制。[102] 渴望抓住更多商机的投资人往往会要求创业者采取这样的发展战略。此外，地域扩张还另有几条优势。首先，凭借在前期市场收获的经验，在另一地区开展业务的难度系数要小得多，比如优步公司。其次，其他地区竞争对手的出现会成为刺激因素，激励公司大力拓展其业务。因为一旦竞争对手在当地占领先机，那初创公司成功打开局面的概率就会降低。

美国最大的二手服装线上交易平台 thredUP 就曾面临这样的压力。[103] 在开发此类市场一事上，欧洲比美国起步晚了好几年。但到了 2016 年，欧洲市场开始出现同类企业。投资人问 thredUP，是否甘心将整个欧洲大陆的生意拱手让给对方，要知道，这一地区的潜在年收益与美国国内的总收益不相上下。在审慎权衡一系列可能性——比如开设欧洲分公司——之后，thredUP 的联合创始人兼 CEO 詹姆斯·莱因哈特决定，用一种特定形式来为欧洲客户提供服务，即直接从美国配送货品（至少在初期），而不是在欧洲大陆开设分公司并且从零开始解决市场营销和仓储管理等事宜。莱因哈特的解释是，thredUP 在美国国内尚有亟待解决的问题，如果要同时打理欧洲的业务，那公司管理团队会不堪重负，以备不时之需的现金储备也会迅速流失。

人们会因下列风险而放弃扩张的打算。首先，进入新的市场花费不菲，而且就像巴鲁公司的困境所诠释的，会让管理团队力不从心。其次，任何一个新的市场都意味着你会遇到新的竞争对手、新的规矩，以及足以影响客户需求的文化差异。假如创业者不了解这些差异，不据此及时调整产品或服务，那就会陷入麻烦。众所周知，迪士尼公司在巴黎郊外开办主题公园时，就陷入了这样的麻烦。事实证明，欧洲人绝不会像美国人那样，乐意在迪士尼公园里一待好几天，而且他们吃饭时还得就着红酒。[104]

产品线广度。推出新品也是促进企业增长的一个有效途径。进入发展后期的初创公司在拓展产品生产线一事上，定位可能更准确。公司管理者对于市场需求应该已有深入的了解，能够发现哪些空白有待填补。此外，鉴于已经营多年，公司推广的新产品应该是值得信赖的，假如新品的目标客户购买过它们之前的产品，那么其可信度会尤为高。与初创公司相比，老牌公司在客户获取成本上也更占优势。最后一点，进入发展后期的初创公司里能够开发新产品的技术人员是现成的，他们有可能对技术或组件进行再利用，从而加快发展的脚步。同样，公司团队也可以对闲置资源，比如仓库和呼叫中心进行再利用，以提高运营效率。

尽管拓展产品线广度有诸多益处，令人向往，但其中的风险也让人望而却步。任何新产品都会面临我们在本书第一部分中提到过的诸多麻烦：市场需求不够强劲，竞争对手道高一尺，产品开发一再延期，等等。还有些风险来自内部矛盾，负责新产品和当前产品的两支研发团队会为了并不充裕的资源而争执不下。在"组织架构"中，我会对如何解决此类矛盾提出针对性建议。

创新性。第二章曾提到，早期初创公司的领导者需要在"创新的步伐该迈多大"这个问题上细加权衡。对于进入发展中后期的初创公司而言，这样的权衡同样不可少。大刀阔斧的创新有望带来独具特色的变革，解决某种迫切但尚未被解决的客户需求。但风险在于：一是抬高了转换成本（若客户需要改变行为才能适应新产品的话，很多人会望而却步）。二是增加了营销费用（若必须要花钱教客户学会使用新产品的话）。三是加大了产品开发不能按期完成的概率（如果新产品需要依托重大的科学技术革新才能实现的话）。

创新压力通常源于一个基本事实，那就是产品会过时——往往在短时间内就会发生，尤其是在科技领域。过时的产品最终要么退出市场，要么被第二代产品取而代之。后期初创公司创业者[105]在这一点上常常陷入纠结。什么时候应该停下当前工作，直接启动新一代产品的开发？就工程技术人员而言，对老产品进行革新并不能创造高额利润。原因之一是，后期添加的产品功能在客户眼中常常可有可无。说到底，一个产品的核心功能往往从一开始就已具备，随后添加的新功能不过是锦上添花的点缀。原因之二是，随着产品日臻完善，每一项新功能都必须与先前的功能在技术层面相兼容，如此一来，设计难度加大，开发时长和所需成本也相应增加。当前功能越多，测试新旧功能兼容性所需的时间就会越长。

如果换汤不换药的创新带来的结果并不理想，那就该考虑另起炉灶了。然而，在什么时候、用什么方式以新替旧的问题上，创业者很容易做出错误判断——尤其是当他们初次遇到此类抉择而又缺乏必要的经验时。假如创业者迟迟不采取以新替旧的行动，那一大半儿的客户都有可能转身选择其竞争对手推出的最尖端产品。而假如公司团队想要在新产品中融入太多的创新元素，那他们就得斥重金进行技术攻关，同时还得承受产品开发不能按时完成的风险。

垂直整合。一旦初创公司进入稳步发展期，经营者就该考虑将原先外包给第三方的任务收回来自行解决了。早期初创公司通常因资金、经验、销量等方面的欠缺而难以做到这一点。比如Quincy服装公司凭借仅有的种子轮资金，绝无实力去开办自己的服装加工厂。但假如年销售额能够达到5 000万美元，那开工设厂就成为可行之举。

从本质上看，垂直整合并不会直接影响初创公司的市场规模。相反，垂直整合有助于：一是将原本由第三方赚取的利润收归公司，提高利润率；二是若合作商缺乏诚信和契约精神，垂直整合能确保产品在"关键功能"上质量过硬，始终如一。

但垂直整合带有一定的风险，因为经营者通常要为此投入大量资金，要开发新技术，培养新技能，而这都会增加初创公司的固定成本——年收益增长下滑时会遇到的问题。尽管如此，垂直整合并不像其他拓展途径那样带有风险性。唯一例外的情况是，"爆炸式增长"企业的创始人——有着壮志雄心和严苛要求——想要从一开始就自行解决所有问题。在第九章中我们会看到，Better Place的创始人兼CEO沙伊·阿加西就曾这样做。他要求公司自行解决一系列技术问题，比如建设电动车充电站，而这原本是可以外包给第三方的。

如果进入发展后期的初创公司只走寻常路，循序渐进地拓展规模，那么外包给第三方的一些任务最后都可以成为垂直整合的对象。在此情形中，管理者在思考"自己干还是花钱办"的问题时，应该对生产体量、所需成本、投资水平等因素做深入调查。在此基础上，他们通常能做出正确的选择。在下一章中我们将看到，线上零售企业Fab.com通过收购欧洲的家具生产商，实现了

"向上"垂直整合。借助收购行为，Fab.com 将自己打造成了获利可观、拥有自有品牌的商品经销者（请阅读补充材料之"通过并购实现增长"，思考此举带给企业发展的利与弊）。

通过并购实现增长

为实现速度及规模方面的发展目标，进入发展后期的初创公司可以考虑并购其他企业。通过与竞争对手的结盟，创业者有望加快核心业务的增长速度，解除竞争威胁。例如 Grab，作为东南亚最大的共享单车服务商，该公司完成了对优步公司共享单车业务板块的并购。进入发展后期的初创公司还可以通过以下几种策略来完成并购、拓展企业规模：一是打破地域局限，开辟新的市场，比如优步公司收购中东地区最大的乘务共享服务商 Careem；二是增加产品类别，比如谷歌公司收购优兔；三是垂直整合，比如易趣收购贝宝。

管理学家发现，大型公司从并购行为中获得的平均经济收益往往为负数：收购方常常会高估协同办企业的优势，因此会超额给付。当大型公司具备丰富的并购经验，且已形成一套精心打磨过的履职评价流程和并购方案时，联合办企业更容易带来好的回报。[106] 作为市场新手，初创公司在并购这场游戏中缺乏现成经验，所以很多时候都会有力不能及的感觉。

尽管平均经济收益为负，但我们仍能见证大量成功的并购案例。如今的一些科技领域巨头当年在拓展自己的初创公司规模时，也完成了精彩的并购，收购价在当时也被认为高得离谱，比如谷歌收购优兔、易趣收购贝宝、脸书收购照片墙。

第六章　刚离虎口，又入狼窝　　163

与"自己动手干"策略相比，通过并购促进发展具备以下几个优势：一是节省时间，尤其是对于高速发展的市场而言；二是节约成本，可以撤销冗余部门（比如法务部、销售部）；三是避免陷入早期初创公司经常面临的商机不明确、资源难整合等风险。

然而，并购也会给发展壮大中的初创公司带来以下风险：超额给付；人才流失；并购后的整合期会出现动荡，继而波及组织架构的有序性并干扰正常管理。为避免人才外流，收购方可以与之协商，通过赠予合并后企业在一定时间内——比如18个月——的股权收益来留住员工。虽然创业者可以通过激励措施留住员工的人，但未必能留住他的心。

合并后的企业常易遇到以下三类问题。

第一，技术不兼容。两家初创公司的产品如果是基于完全不同的技术路径，比如一个是通过C++编程，另一个则通过Java编程，那工程技术团队就会陷入两难选择。是该重新打造其中某一家的产品以保证技术一致，还是该维持原状？统一技术路径有助于在给产品添加新功能时节约开发成本，但是彻底更换技术路径却是个麻烦事。用于追踪订单、管理库存、记录账目、发放工资的信息系统也会面临相似的难题。

第二，组织架构。合并之后，企业管理者得费心思考组织架构问题——谁来当上级。比如一家美国线上零售企业收购了位于西班牙的另一家同类型企业，那么西班牙公司的市场总监是该向本国的经理汇报工作，还是该向美国总部的市场总监汇报工作，抑或是得同时向两个人汇报？

第三，文化适配性。假如两家企业的公司文化差异巨大，

> 那么合并之后极有可能在如何行事等问题上出现分歧。此外，被并购企业的员工如果感觉到新企业文化被强加于己，或是觉得自己被看作外来者，那他们的士气会大大降低。

X轮融资

就重大融资决策而言，进入发展后期的初创公司与处于发展早期的初创公司需要思考的问题是相同的：何时融资？融资多少？向谁融资？除这些基本问题外，进入发展后期的初创公司还应意识到，企业的经营时间越久，出现其他融资风险的可能性就越大。

发展压力。在书中第一部分，我们已了解到风险投资人常常会催着创业者大跨步向前，因为风投商业模式意味着投资人得靠为数不多的获利项目收益来抵销大多数血本无归或是利润微薄的项目造成的损失。对于进入发展后期的初创公司而言，这种因投资人造成的发展压力会让它们格外喘不过气，原因是，风险投资人好不容易觅得了业绩表现尚佳的投资对象，接下来肯定会不遗余力地抬高其股价，有时甚至出现超额给付。这一现象被称为"赢家的诅咒"，[107] 因为在拍卖界，中标价往往超出了拍品的实际价值。此类情况往往源于：一是人们对物品的真实价值毫无概念，导致竞标者普遍高估其价值；二是有经验的拍卖人熟知参与者的"脾性"，能够巧妙地煽风点火带动大家的竞拍热情。

当风险投资人为了一家快速发展的后期初创公司竞相争取投资权时，"赢家的诅咒"就会显现。没人知道一家初创公司今后能值多少钱，而且，大多数风险投资人或多或少都有要争占上风的想法。蜂拥而至的竞争带来的不良后果是，胜出的风险投资人付出了过高的价格,最终使他们将更大的发展压力转嫁在企业身上。

据风险投资人弗雷德·威尔逊估计,[108]在他所知道的初创公司中,2/3的失败都与超额给付有关,即投资人为一个看似宏大的理念投入了过多资金,而这个理念背后尚有很多未解决的实际问题。他说,"投资人和董事会成员(也就是我本人)应为此类失败负责。大多数风险投资之所以会失败,原因就在于资金被用来扩大企业规模,而非先去检验商业计划的正确性"。

"割肉式"融资。在第二章,我们介绍过初创公司有可能面临的一种风险——"割肉式"融资,即以低于上一轮融资设定的股价去争取新一轮融资。"割肉式"融资不是个好兆头,它预示着企业已陷入风雨飘零之境,已难以吸引并留住那些在乎股权收益或是担心公司垮台的员工了。

上文提到了蜂拥而至争取投资权的风险投资人,他们的热情意味着创业者的公司极具吸引力,创业者有机会以高额股价获得融资。然而,在接受这样一根天价橄榄枝之前,他们应该评估一下现实可行性,看看自己是否能够保持当前的发展势头,以维系住这样的高价。如此慷慨的条件会让人很难拒绝,但假如企业发展受阻,"割肉式"融资会加速公司的灭亡。弗雷德·威尔逊说,[109]"投资人愿意将大把钞票砸向你和你的企业,这是他们的自由,但并不表示你非得接着"。

融资风险。[110]第八章中,我们将看到当整个行业陷入低谷时,投资人会退避三舍。一旦出现这种情况,即便是经营状况良好的公司也有可能连续几个月甚至几年都筹不到资金。因此,在投身于雄心勃勃的发展规划之前,进入发展后期的初创公司的创业者应该先制定好应急方案，以防出现资金链断裂。比如该不该预留一笔储备金？能不能靠内部预存的现金流走出困局？

CEO 继任问题。[111] 在早期初创公司内，创始人往往掌握着董事会投票席中的多半部分。当某个风险投资公司在新一轮企业融资中发挥了主要作用后，投资人往往能在初创公司董事会中获得一席之地。经过几轮融资，投资人的数量会超过创始人——两类成员都有权通过投票撤换不合格的创始人。公司规模拓展得越快，所需资金就越多，上述情形就会愈演愈烈。创始人若是想坐稳 CEO 的位子，希望通过限制董事会成员数量来获得战略性决策的主导权，那就得想清楚要不要快速而频繁地筹集资金。当然，减少融资也会减缓企业的增长速度，还会使企业失去大型董事会可能提供的优质建议和人脉网络。

董事会优先事项。[112] 接二连三地引入新投资人还会给创业者带来另一个难题。最新一轮融资的提供者很可能与先前几轮投资人在优先事项上观点不一。后期加盟的投资人为了获得可观的回报，会不遗余力地敦促初创公司大跨步发展。假如公司在核心市场的业务已达饱和，那也许得考虑进军海外市场或是研发新产品——如前所述，都是高风险行为。相反，早期投资人鉴于当初是以低得多的股价获得了股份，那么只要公司能正常运转，他们就有望获得不菲的收益，对于扩充生产线或投身国际市场这样的高风险举措，他们会避之不及。因此，董事会成员中的早期投资人绝不会像后期投资人那样对激进的扩张计划热情高涨。这种时候，CEO 的首要任务就是防止董事会成员在战略决策事宜上剑拔弩张。

第六章　刚离虎口，又入狼窝　　167

人员

"6S"框架中的前三个要素[113]都涉及企业的对外关系：与客户、竞争对手的关系（发展速度与发展规模），与投资人的关系（X轮融资）。另外三个要素则聚焦企业内部：人员、组织架构（事关上下级机构设置与管理流程），以及共同价值。随着初创公司的发展壮大，人员、组织架构、共同价值这三个要素都会经历重大转变。转变速度以及转变属性将主要取决于初创公司在发展速度及发展规模方面定下的战略。尽管这三个内部要素不像外部要素那样，一旦出错就会给企业带来致命的打击，但它们同样会干扰正常管理，给企业的市场表现及财务业绩带来消极影响。

多面手和专业人员。在发展过程中，初创公司的人员构成会出现很大变化，早期的带头人会逐渐退出前台，取而代之的是更多的专业人士。原先的团队是由为数不多的几个多面手组成的，他们能因地制宜地转换自己的角色。而如今，团队是由一大批专业人士组成的，他们具备专业的知识和经验，知道该如何提高在工程技术领域、市场营销领域以及其他职能领域的工作效率和效能。比如依靠专业人士来开展数字广告大战、为新用户提供售后技术支持、监控产品质量等。

此外，中后期初创公司的管理岗位也需要引入专业人士。例如依靠财务专家把控经费开支，利用人力资源专家负责招聘流程、升职调查，处理员工补偿金及福利发放事宜，开展员工培训。

管理人员的更替。随着专业人员的不断涌现，整体形势也逐渐明朗起来：最初的管理团队——可能还包括创始人或

CEO——如今不再能胜任其岗位，无法凭借必备的知识和技能带领公司续写辉煌了。就像风险投资企业安德森·霍洛维茨的联合创始人本·霍洛维茨所言，[114]"管理一家规模已壮大的企业靠的是经验，而不是天赋。没有人天生就懂得该如何管好一家员工上千的企业"。有些时候，团队中的元老们缺乏足够的职能经验，聘请不到也管理不好那些得向他们汇报工作的专业人员。例如市场部主管若是不曾对数字化广告预算做过最优化处理，那当手下团队打算在脸书和谷歌上投入数百万美元的广告费时，他将一筹莫展。

从更宽泛的层面来看，能让创业者在创业之初取得成功的技巧和思路不一定适用于后期创业者，原因是进入发展后期的公司已经在组织架构、管理体系、沟通形态等方面步入正轨。例如创业者在创业早期常常会听从本能快速做决定，以便使蹒跚起步的公司尽快成长。他们往往不会在做决定前开展详细的量化分析，因为公司缺乏长期经营的历史，没有与之配套的数据。但当公司发展至后期，相关数据业已具备，若还是仅凭本能做决定，则有可能犯下严重的错误。

鉴于此，在企业发展壮大的过程中，管理人员更迭就变得极为常见。据风险投资人弗雷德·威尔逊的估计，[115]一家初创公司从成立到成熟，其间管理团队的平均更替次数为三次。威尔逊强调，人员更替并不意味着他们因表现不佳而遭到辞退。然而，要为那些因无法继续胜任现职的资深管理者另觅新岗位却不是件容易事。那些从一开始就为他们效力的员工——尤其是那些对企业使命和企业价值观忠心不二的火炬手——会因为资深管理者的离任而士气锐减。威尔逊指出，连续创业者经历过此番情形，因此更能从容应对管理团队的更替。他还建议创业者要开诚布公地对待离任者，要让对方知道，"虽然他们可能无法和企业继续共赴前路，但公司定会以丰厚的股份做出补偿"。

当然，如何对待某个岗位的现任仅仅是创业者在管理人员更替过程中需要处理的一个方面，另一方面是去哪儿以及怎样找到继任者。在第八章中，我们将看到一些"创意一流，配置三流"失败模式下的进入发展后期的初创公司失败个案，比如Dot&Bo。该公司在选择运营副总裁人选一事上再三失利。这一角色的主要任务就是减少积压订单，控制运输成本。当团队在关键职能领域——比如运营，类似于Dot&Bo出现的状况——缺少合适人才时，"管理者缺位"问题就会显得极为严峻。同样，当CEO对于某一关键职能领域缺少前期经验时，选错或用错人的概率也会上升，原因有二，一是CEO不清楚该选什么样的人，二是CEO缺乏人脉网路，无从联系到潜在的合适人选。

CEO继任问题。 当初创公司进入发展后期，一些创始人/CEO会患上史蒂夫·布兰克所说的"彼得·潘综合征"——拒绝长大。[116] 这类人渴望延续创业初期的那种杂乱无章和朋辈情谊，喜欢把精力放在一些能够从零开始的任务上——即便团队真正需要的是发展壮大向前迈进。

风险投资人约翰·哈姆[117]建议，创始人应该从董事会成员或顾问那里听取指导意见，以避免把创业初期行之有效的方法沿用到创业中后期，因为这种沿用有可能弊大于利。哈姆认为，创业者的不当做法主要包括：一是对那些已经不能胜任管理角色的元老心存不舍；二是一味地将重心放在完成"当日要务清单"上，忽视了战略性规划；三是喜欢单打独斗，而不是与管理团队的其他成员或生态合作伙伴携手并进。这一点在擅长产品开发的创业者中尤为常见。

能带领企业成功挺过发展壮大期并依然屹立不倒的创业者确实有，比如比尔·盖茨，杰夫·贝索斯，马克·扎克伯格，埃隆·马斯克。但他们是极其少见的例外，绝不代表大多数。即便是接受了培训，大多数创始人或 CEO 也还是不知道该如何带领一个规模已经壮大、业务日益复杂的初创公司。叶史瓦大学诺姆·瓦斯曼的研究[118]显示，61% 的在公司成立之初就担任 CEO 的创始人一般会在完成 D 轮融资后离任。他们当中约有 3/4 是迫于董事会压力而辞职，另外 1/4 是自愿离任。离任者中（无论是自愿还是被迫）有 1/3 的人和公司分道扬镳，另 2/3 被调任到其他管理岗位。

优步公司和 WeWork 公司就曾在此类问题上闹得沸沸扬扬。创始人或 CEO 的换届会引发争议和矛盾，点燃战火，招致责难。随后而至的戏剧性场面会干扰高管的正常工作，使决策制定陷入停滞，并让企业面临被竞争对手挤出市场的风险。然而，我们很难对这些初创公司更换 CEO 的原因和结果下定论。一方面，经营状况不佳（原因）的公司更倾向于更换领导者（结果）。另一方面，因更换 CEO 而出现的管理失序（原因）有可能让公司走向下坡路（结果）。

组织架构

在创业早期，当十几个首批员工挤在格子间里携手打拼时，非正式沟通方式及决策流程尚能很好地发挥作用，保障公司的正常运转。但对于规模已壮大的初创公司而言，这种做法就不再适用了。随着公司的发展，管理者必须对企业内部的上下级工作关系加以规范，并及时搭建管理体系以确保信息流走向通达无误，各类复杂任务间衔接有序，以及部门间矛盾能及时有效得到解决。

对于已具规模的初创公司来说，最关键的决策在于明确何时引入正式的组织架构和管理体系。大多数创业者对官僚体制不以为然，因而很容易对此一拖再拖。拖延并不一定是件坏事，尤其当创业者因为过早行动而使企业背负起一套并不适用于新阶段发展需求的组织架构和管理体系时。

规范组织架构。当员工数量随着企业发展而日益增加时，管理者必须要对组织架构加以规范，这是不二之选。他们会在各职能领域增设中层管理岗位，因为一线的专业技术人员需要有人明确告知他们该做些什么，而高层管理人员需要每个职能领域中都有一个能起到上传下达作用的责任人，以确保信息的传递畅通无阻。

人们很容易认为初创公司中的技术人员会排斥这种正经的管理体系，实则不然。已故的比尔·坎贝尔曾是硅谷的资深高管，给众多科技公司的 CEO 当过教练。如他所言，"科技领域创始人常以为技术型员工不想被管着，[119] 但其实并不是这样。我有一次曾要求一位创始人去访谈手下的工程师，看看他们愿不愿被经理们管着。出乎他的意料，所有人都表示，'愿意，我们希望有这样一位能指导我们、能帮我们打破僵局的管理者'"。

打破僵局，这对部门内部有益，对部门间协作也同等重要。一旦聘请了专业人员，各部门间就不可避免会发生冲突，因为各自的当务之急不一样。举例来说，销售团队为了满足客户需求，会希望生产团队尽快添加新的产品功能，实现产品定制。而生产团队则关注产品标准的制定，希望实现规模经济，提升产品质量。对于初次遇到此类事宜的创业者而言，要做到平衡各方所需并不容易。因此，要解决部门间的冲突，最常见的做法就是调整组织架构。比如：

一是增设产品经理，[120] 由他们根据客户反馈，结合技术部、市场部、客服部等部门同事的意见，来明确规定产品的功能性，以及新功能的添加路径。

二是增设首席运营官，[121] 所有运营部门的负责人都须向他汇报工作，包括技术部、市场部、产品管理部、销售部、生产部，以及客服部（不包括财务部和人力资源部）。假如各运营部门无法自行解决争端，首席运营官就来做最后拍板的人。

三是增设利润中心。如果初创公司的规模已经大到推出了多条产品线，或是进军了海外市场，则应在产品开发部、市场部以及运营部等重要职能部门分别增设利润中心，安排专人做总经理。

完善管理体系。[122] 与规范组织架构同等重要的，是完善管理体系。已具规模的初创公司必须要通过一系列管理举措或管理流程来改进以下几个方面的工作：战略规划及运营方案的制定，财务预算，产品性能追踪，员工招聘及培训等。若是忽略了这一点，或是采取了不合宜的举措，公司就有可能在按期完工、把控成本与质量等方面出现疏漏，而且还会在本可以靠自动化生产流程完成的工作上浪费人力。

管理体系看似是寻常之事，即便管理体系有缺陷或是完全缺位，它也不会成为进入发展后期的初创公司失败的主要诱因。但是，某些管理体系的重要性尤为突出，而一些关键环节的差错会让其他问题变得更复杂，最终会增加企业失败的概率。正如我们在第八章将要读到的，由于管理体系的不完善，Dot&Bo 公司在订单追踪和库存核查方面的问题引发了运货延迟问题，而运货延迟又导致了客户投诉。为了解决这些问题，公司花掉了远超预期的资金，利润空间大大降低。

共同价值

根据风险投资人本·霍洛维茨的定义，公司文化就是指员工在老板不在场时会如何做决定。[123] 在一个有着强盛公司文化的企业内，员工很清楚应该如何应对一些非常态问题。比如重要客户提出要加急完成他的订单，这意味着其他客户的订单将被延后。这个时候，员工可以无须征求上司意见就做出正确决定。

在一个快速发展的初创公司内，大批新员工的加盟会使公司文化遭遇冲击，强盛而和谐的公司文化将面临挑战：新员工到任时间不够久，尚未充分接纳公司价值观。缺少了文化护身符，新员工将无从知道什么是正确的行为准则，当遇到问题或者机会时，他们会不知所措。此外，与忠心耿耿献身于公司使命的老员工不同，新员工认为这份工作"不过就是一份工作"，责任感缺失。正如管理学导师杰瑞·科隆纳所言，"有些公司的企业文化就像是打磨机，放进去的是尘沙遍体、棱角不一的石块，在短暂的打磨之后，取出来的是通体光滑的钻石，这是因为相互碰撞的石块能够磨去彼此的棱角，产生积极的变化。可问题在于，不是所有人都愿意把自己放进机器中去打磨"。[124]

在进入发展后期的初创公司中，企业文化会以两种形式坍塌。第一种是，"新旧势力针锋相对"。[125] 企业元老会对专业人才与日俱增的影响力产生不满，或者，对新员工的缺乏主动性和缺乏献身精神而心怀怨恨。而新员工也会对老员工心生嫉妒，因为后者能够从股权收益中分得可观红利（"隔壁工作间的技术员和我干同样的工作，可他刚刚分到了500万美元"）。第二种是，随着越来越多的专业人才加入团队，各职能部门会形成各自的次生文化。相比企业文化，员工可能更认同自己部门的文化，比如市场部或是仓储管理部。

在上述情况下，初创公司领导人该如何在扩充规模的同时维系强盛的企业文化？这是个很宏大的问题，创业者可以在许多同类书籍中找到全面而清晰的解答。简言之，以下步骤有助于维系强盛的企业文化：

一是使命宣言与价值口号。大多数初创公司都有自己的使命宣言（谷歌公司：整合全球信息，使人人皆可访问并从中受益）和价值口号（谷歌公司："不作恶""快比慢好"）。在这些宣言和口号中，深刻洞见与平庸观点之间的主要差异取决于它们是如何形成、如何传播，以及如何被强化的。在打磨并形成这些思想的过程中，很多初创公司都让整个团队参与其中，同时，所有会议室都张贴有这些宣传口号。

二是传播。有志于打造强盛企业文化的创业者会不遗余力地宣传公司使命和价值标准。例如在每一次全体成员例会上，带领所有人回顾企业使命，同时，讲述能代表企业价值观的先进人物的典型事迹。

三是行动。要知道空谈误事。员工对于夸夸其谈的伪装心知肚明。因此，强化价值观的最佳途径就是身先士卒，以身垂范。在围绕发展战略和员工安排等问题时，资深管理者一定要严格按价值观行事（算不算不作恶？）。

四是人力资源举措。企业文化有望通过一系列人力资源举措得以强化。在招聘员工时，文化适配度可以作为一个显性考核指标。在新员工入职培训中，可以纳入有关公司发展历史、当前使命、价值标准等内容，最好由资深经理来授课。当有人公开忽视或者违背企业价值观时，即便他能力出众，老板也可以解聘他。这会释放出非常有力的信号。

五是评价。定期考核员工，看他们是否理解了企业使命，是否有信心朝着企业价值观的方向去努力。

强盛的企业文化不一定能保证公司安然无虞，出色的产品、合理的战略以及果敢的执行力都是必不可少的要素。然而，在快速发展的大环境下，具备主动性、独立性的员工会使决策进程加快，也会使管理层少耗心思。另外，顶尖人才也会被这样的企业文化所吸引。

然而，当初创公司致力于拓展规模时，通常情况下能够发挥积极作用的强盛企业文化却会变成拦路虎。多宝箱就是个很典型的例子。[126] 在成立多年后，这家公司形成了以工程技术为驱动的企业文化。其产品就是个技术奇迹。公司愿景是搭建最前沿的互联网基础设施，这一远大目标吸引了一批顶尖的软件开发者。从文化层面来看，公司崇尚的是技术研发，与同类科技公司相比，多宝箱其他职能领域的规模要更小，起到的作用也较为次要。例如公司的快速发展并不是通过大规模的市场营销，而是靠用户的口头推介和强大的网络效应，借助个体协作和共享文档等形式来实现。同样，鉴于产品质量过硬，用户很少在使用过程中遇到麻烦，所以公司也不需要聘用太多的客服代表。

但当管理层着手扩大企业规模时，文化之困开始浮出水面。大规模经营需要借助销售团队来实现，这对多宝箱而言是个新鲜事物。销售人员喜欢大声说话，性格开放，在某种程度上，他们与软件天才是冰火两重天。软件天才讨厌闲聊，为了安心投入编程代码的世界，他们会戴上耳机阻断外界干扰。多宝箱成功地踏上了企业发展之路，但管理人员却为解决多样性变化带来的文化冲突费尽了心思。

初创公司的两种拓展路径

以上对于"6S"框架的讨论表明，框架内各要素之间存在密切的相互影响。对于进入发展后期的初创公司的分析证实，这些相互影响通常以两种路径表现出来——每一种都有各自的触发因素。第一种始于追求速度，也就是说，以提升核心业务的增长速度为宗旨。第二种始于追求规模，以达成宏大愿景为驱动。在后续章节中将看到，以上两种路径都会将初创公司置于某种风险中——同时也使其陷入某种失败模式中。

追求速度

追求发展速度与公司早期的快速成长密不可分，在此过程中，公司将依次经历以下转变。

1. 速度+ → X轮融资+：热情高涨的早期接纳者促使公司快速发展，进而吸引投资人。

2. X轮融资+ → 速度+：引资成功导致发展速度加快。同步增加的还有新投资人施加的压力，他们为赢得股权付出了高价。

3. 速度＋→员工＋→组织架构＋：为应对管理压力，初创公司聘请了市场营销、运营等众多领域的专业人才。专业人才需要中层管理者来规划他们的工作，企业内的组织架构层级继而形成，人员岗位职责被进一步明确。为确保专业人才的工作过程能得以协调，工作效能及效率能得以提高，企业内部的管理体系也随之形成。增设的管理岗位（例如产品经理、首席运营官）以及管理流程使跨部门协作更为顺畅。

4. 速度＋→员工＋→组织架构＋→共同价值－：快速发展既令人振奋又令人疲惫，团队士气会因此而衰减。职能领域的扩充会导致各部门的次生文化泛滥，部门间矛盾日益尖锐。员工数量的增加会使"新旧势力"相互对峙。当元老级员工——最初的火炬手们——因为公司不再需要他们这种多面手而黯然离职或是沦为边缘人物时，企业文化将不复存在。

5. 速度－→规模＋：当迫于市场饱和或竞争压力而放慢发展速度后，初创公司可以试着通过拓展规模来实现增长，如进军海外市场，发布新产品，改造核心业务，依靠创新实现产品的升级换代。同样，若高速发展带来的竞争压力或运营问题导致营运利润率低迷，企业可尝试开展垂直整合，将之前外包给第三方的业务收回来自己做，以此来提高利润率。

6. 规模＋→员工＋→组织架构＋：随着规模的扩大，企业还须开展新一轮专业人才的招募，同时，及时调整组织架构，使其与新的发展规模相配套。

初创公司在后期需要经历诸多方面的转变，也难怪它们当中的失败者数量居高不下。然而，的确有一些经受住了高速发展的考验并成功实现盈利的企业，谷歌、亚马逊、赛富时、脸书、Spanx、领英、Zappos、多宝箱以及网飞都属于此列。而另外一些企业由于在某个甚至多个上述提到的转变期中做出了错误决策，或是遇到了不佳时机，不幸沦为失败者。在接下来的两章里，我们将分别看到：一是"高速发展，急踩刹车"失败模式，即早期产品接纳者的热情反馈点燃了创业者的激情，企业发展早早地迈上了快车道，但由于主流市场的需求强度不足，企业走上下坡路；二是"资金、管理者及制度缺位"失败模式，即公司无力整合起必要的资源去满足主流市场的强大需求。

追求规模

追求规模，这一发展路径始于对宏大愿景的向往，创业者希望能在某一领域做出大胆的、具有革新意义的大手笔。这样的愿景对于投资人极具吸引力，他们不惜拿出大把资金来支持一个遥遥无期的产品研发项目。自此节点之后，初创公司的组织架构转变会呈现出与"追求速度"发展路径相同的特征。

1. 规模＋→X轮融资＋：大胆的、具有革新意义的创业愿景会吸引投资人心甘情愿地支持一个耗时数年的研发项目。

2. 规模＋→员工＋→组织架构＋：为研发产品，公司需要聘请工程技术人员、各领域专业人才，以及发挥管理作用的中层经理。

3. 规模＋→员工＋→组织架构＋→共同价值－：按时完成产品研发的压力沉重如山，员工士气有可能因此下降。随着职能领域的扩充，次生文化泛滥，部门间冲突日益加剧。随着员工数量的增多，"新旧势力"之争在所难免，当忠心耿耿的老员工离开公司,"人在心不在"的新员工取而代之时,公司文化将不复存在。

4. 规模+→规模+:要想提升员工士气、为理念找到技术依据、在可能的情况下获得利润以便资助耗时漫长的核心产品研发,企业可以推出"大本营"式的商业模式:利用公司当前正在开发的部分(不是全部)技术和生产能力,推出辅助产业。这一做法有助于企业实现发展规模更上一层楼的目标(请阅读注释中的补充材料,了解更多有关"大本营"商业模式的细节)。

5. 规模+→速度+→X轮融资+:一旦发布了核心产品,一些以追求规模为宗旨的初创公司定会花大力气去争取新客户,原因是,它们的商业模式得依靠庞大的客户体量来启动网络效应,或是吸引合作伙伴。客户数量的快速增长继而又使新鲜资金的注入成为当务之急。

6. 速度+→员工+→组织架构+:在一门心思争取新客户的同时,初创公司务必要开展新一轮专业人员的招募工作,并且要因地制宜地调整组织架构。

请注意,上述两条路径是彼此交会的。那些一开始将重心放在发展速度上的初创公司有可能最后也扩张了规模。而那些一开始心怀宏图伟业的初创公司最后也不免走上了高速发展之路。

无论是追求速度还是追求规模,二者都会引发险象环生的时刻。在第九章中我们将看到,当初创公司以扩大规模为前进动力时,其后期的成功就建立在"一切都不能出错"的基础之上,如此一来,它们就落入了"勾勒不切实际的蓝图"的失败模式中。

"大本营"商业模式

在"硬派科技"企业内部，产品研发是建立在大量前沿科技成果的基础之上，因此，创始人在发布核心业务之前，常常会考虑推出辅助业务。这些简配版的业务意味着他们首次将所研发的技术应用在实践中。科斯拉风险投资公司的萨米尔·考尔和他的搭档们[127]将这种辅助业务比喻成"大本营"，登山者可以在此稍作停留，检查好装备，先适应低氧区域的气候，然后再向顶峰进军。以下个案反映的正是"大本营"式的商业模式。

第四章中介绍过 Lit Motors，[128]其主打产品是 C-1，一款全封闭的、双轮、电动、靠陀螺仪保持稳定的机动车。除此之外，公司同时还在生产造价低廉、可折叠、可运载大包物品的电动摩托车，主要面向印度等发展中国家。创始人丹尼·吉姆解释说，通过生产工艺简单得多的这款电动车，公司不仅能收获宝贵的经验，还能从中盈利，利润所得转而又可投入 C-1 的研发上。

E Ink 的主营业务是电子纸显示技术，[129]该技术是亚马逊电子书及其他同类设备中的关键部分。当初，为了验证初版电子墨水的功效，公司在百货商场推出了商品电子标识，标识能实现无线更新，节省了商场员工的劳动力。

在"大本营"稍作停留不仅是为了获得经验和利润，还能使创业者有机会逐步完善技术，就像 E Ink 在百货商场推出的商品电子标识，比起手持设备，前者对于分辨率的要求低得多。同时，鼓舞团队成员的士气，若不如此，大家可能得在多年后才有机会见证自己的劳动成果转化为核心业务中成熟的产品。

"大本营"商业模式的潜在不足是：推出辅助业务并加以运营的难度可能会超出预期，从而导致管理层分身乏术，资金流日趋枯竭。E Ink 就有过这样的教训，因为百货商场里的电子标识牌不能正常显示。他们原计划通过寻呼机网络来更新显示信息，可最后发现，大多数百货商场的铜质屋顶阻隔了寻呼机的信号。要摆脱"大本营"商业模式带来的困局，途径之一是将相关技术授权给另一家资质完备的企业，由对方来将百分之百的精力投入辅助业务的开发上，使其走上合理发展的道路。

第七章

失败模式四：高速发展，急踩刹车

对于企业的发展速度而言，多快算太快？杰森·戈登堡对于这个问题有着切身感受。他创办过两家初创公司，两家公司的结局大相径庭。第一家的主营业务[130]是帮助企业招聘官开展在职人员推荐，由于扩张速度太快，最终亏损严重而倒闭。第二家的主营业务[131]是根据用户的脸书好友以及推特粉丝的阅读内容来向其提供新闻推介服务。不足一年的时间，该公司就被一家同类大型企业收购。戈登堡和投资人的净盈利达到了当初投资额的13倍之多。

成功的喜悦尚未退去，2009年戈登堡就与好友布莱德福德·谢尔哈默联合创办了Fabulis。这是一个集脸书、Yelp、Foursquare、高朋等网站的特色于一身的以男同性恋为主要服务对象的社交平台。在头一年里，用户数量迟迟不见增长，但平台的一个功能"当日同性恋购物量"却十分抢眼。以独具设计慧眼著称的谢尔哈默将形形色色的商品——从巧克力、内衣到汉堡——展示在平台上，每天推出一款特惠商品。销量很是喜人，而令两位联合创始人意外的是，约有一半的客户是女性。

2011年初，戈登堡和谢尔哈默在融资300万美元后，决定关停 Fabulis，推出 Fab.com，一个面向所有人群的闪购网站。两人提出先把钱还给投资人，但投资人一致决定支持这次转型。为期 3 个月的病毒式营销攻势（每介绍 10 个新客户，提成 30 美元）引来了 16.5 万用户，随后，Fab.com 在 6 月正式上线。

  Fab.com 售卖的物品均为谢尔哈默精心挑选，兼具审美性和功能性，且客户能以优厚折扣购得它们。爆款物品有伊姆斯躺椅、雨伞、古董打字机、振动治疗仪等。这些独具特色的商品传递出一种吊诡而放肆的感觉，让客户情不自已。[132] 比如用马蒂尼玻璃杯做成的枝形吊灯，或是镶嵌有人造钻石的头盔。Fab.com 上市即大火，在头 12 天里，销售额达到 60 万美元。由于网站生产商直接向客户发货，所以不存在管理库存的难题。而社交网站的网络效应又让特色商品像野火一般迅速蔓延传播，所以公司也无须花费广告投入。节省下此类开支意味着现金流能够保证所需——至少在开始阶段。截至年底，公司已经拥有了超百万的用户，同时也已获得了 4 800 万美元的新一轮融资。

  为应对后续发展，2012 年 Fab.com 成功争取到 1.2 亿美元的风投资金。[133] 同年，公司的商品销售额[134] 在上一年度 1 800 万美元的基础上，激增到 1.15 亿美元。然而，在令人可喜的销量背后，Fab.com 的商业模式却走上了下坡路。据报道，公司在 2012 年亏损达到 9 000 万美元。[135] 这是为什么？实情是，为了给极速扩张再加一把力，Fab.com 当年在市场营销上斥资高达 4 000 万美元。[136] 但遗憾的是，通过广告吸引来的客户并不像早期客户那样着迷于商品的设计，所以，在他们当中能成为回头客或是免费宣传员的人数要少得多。戈登堡回忆道："截至 2012 年夏，[137] 新用户并没有像老用户那样带给我们惊喜。公司的'铁杆粉丝'有几十万人，他们是最初期的支持者，历来忠心耿耿。2011年下半年新加入的用户表现也不错。鉴于此，我们想要乘势而上，依靠网络营销再加一把力。一开始的效果不错，但是当网络营销的势头下滑后，我们又通过电视、邮件等其他一些耗资高昂的渠道展开了宣传。"

当Fab.com决定铤而走险进军欧洲市场后，现金损耗进一步加快。欧洲境内已有多家初创公司克隆了Fab.com的商业模式，包括声名狼藉的扎姆·韦尔兄弟在2012年1月创建的Bamarang。扎姆·韦尔兄弟的"火箭互联网"孵化公司已经克隆了一批表现出众的美国公司，包括拼趣、爱彼迎、易趣以及高朋。"火箭互联网"会要求这些美国公司收购山寨公司以避免"同室操戈"。戈登堡对此很恼火，他拒绝妥协并在博客里写道，"我要警告Bamarang和其他那些山寨公司，休想偷走我的东西。仿冒的东西设计低俗，而客户都是明眼人，他们看重的是货真价实。你们要么做原创，要么什么也别做"。[138]

戈登堡回忆说，扎姆·韦尔兄弟"几乎是原封不动地克隆了我的公司。我们意识到，由于我们的设计师遍布世界各地，而对于其他地区的用户而言，我们是信誉过硬的海外公司，因此，我们不该放弃欧洲市场"。他还说，此举得到了Fab.com董事会的大力支持："我们的部分投资人也给爱彼迎注资过，他们问：'谁来制止这种事？有谁能教训一下这些入侵者？'"[139]

为了推动欧洲市场的发展，Fab.com于2012年收购了三家海外闪购初创公司，花1 200万美元签下了为期10年的仓库租约，将欧洲总部设在了柏林，并招募了150名员工。[140]截至当年8月，公司在欧洲的注册用户数量就达到140万，销售额占到公司总销售额的 20%。[141] 同年夏天，扎姆·韦尔兄弟关停了 Bamarang，但他们很狡猾地将投资重心连同 Bamrang 的员工转移到了 Westwing，一家投资组合公司，售卖高档家居用品。2018 年，该公司成功完成了首次公开募股。而进军欧洲的 Fab.com 在新市场上花钱如流水，虽然战果不菲，但终究是得不偿失。据说在最终被迫按下停止键时，欧洲市场的总投资已经达到了 6 000 万美元至 1 亿美元。

2013 年 4 月，出于对闪购平台发展势头的担忧，戈登堡宣布将转变公司现有商业模式，并高调公布了他与电子商务巨头即将携手的计划。[142] 据他所言，"每日交易在一开始不失为吸引客户的良策。但一天一封邮件会让客户慢慢失去耐心。除了每日交易，你还得提供点新花样"。[143]

当时，Fab.com 销售额中仅有 1/3 来自每日交易，其余 2/3 来自网站上陈列的五花八门的商品：总计 1.1 万个种类，其中大多数是家具和室内装饰品，此外还有珠宝、食品、宠物用品等。[144] 为了推出这些类型丰富的商品，Fab.com 对网站进行了设计改良，以便让 1 200 万用户便捷地搜索到自己需要的物品。除此之外，由于厂家直接发货模式常造成发货不及时、客户投诉多等问题，所以公司另辟了储存仓库，改为从公司仓库直接发货。Fab.com 还加大投入，设计并开发自主品牌，以争取更多的利润空间。为了推进这一战略，Fab.com 收购了 Massivkonzept，一家以设计、生产、销售定制木质家具为主营业务的德国公司，其股票价值约 2 500 万美元。

外界对这些耗资巨大的举措褒贬不一。有人认为，闪购平台的发展势头依然强劲；还有人认为，戈登堡凭借本能做出的决定很有道理。线上闪购模式诞生于 2008 年全球金融危机时期，当时，高朋和 Gilt Groupe 发现很多陷入困境的奢侈品制造商和服务商都急于通过大幅度打折来带动低迷的销量。然而，到了 2013 年，经济形势已经复苏，奢侈品生产商的压力也有所缓解。同时，市场新人——包括 Fab.com、Zulily、Rue La La 以及 One Kings Lane 的出现也将产品价格抬了上去。

雪上加霜的是，亚马逊公司也加入了这场游戏。"竞争进入了白热化阶段"，戈登堡回忆道。他补充说："刚开始，亚马逊要花上 30~40 天的时间来复制我们的闪购产品。到了 2013 年，他们只需 24 小时就能完成这个工作。他们会给我们的设计师打电话说，'你好，我们想要主推你的产品'。他们的开价很高，我们很难与之抗衡，而且，由于我们的送货速度不达标，客户满意度也开始下滑。当你的竞争对手能拿出来自同一设计师的同一作品，以相同的甚至更低的价格卖给客户，而且还不收运费，并且送货更快时，你靠什么和他拼？"

事后，戈登堡承认当初的转型过于冒险。"新模式资金消耗巨大，而自留库存又使我们面临进错货品的风险。2012 年的假日季销售就出了状况。我们原以为——可能有些自以为是、过分自信——自己是选货高手，但事实证明，那一次很多商品都没卖出去，"[145] 他补充说，"我们的策展优势在渐渐丧失。"[146]

实现转型后，Fab.com 董事会成员在 2013 年 4 月召开的会议上提出了两个发展方案。方案 A，压缩开支，将重心仅放在美国国内市场上，争取靠 1.5 亿美元年度销售额实现正面现金流。方案 B，继续全力推进逐年增长的目标，争取将业务推广到世界各地。戈登堡说，"大家基本没有异议，只有一个董事会成员倾向于方案 A。他担心的是，新客户的投入度可能不尽如人意，且假日季投入的巨额营销费尚未带来可喜的回报。除他之外，所有人，包括我自己，都想登上火箭船实现极速发展"。[147]

2013 年 6 月，Fab.com 以投资后估值约 10 亿美元的身价筹集到 1.65 亿美元的新一轮风投资金。但正如戈登堡自己所言，"我们已经失败了。要实现目标计划，同时确保已经启动的大型投资项目正常运行，我们需要 3 亿美元。我接到了好几通祝贺我成为独角兽公司的电话，当时真是五味杂陈。不是很多人都清楚以融资后估值 10 亿美元的身价获得 1.65 亿美元投资意味着什么，但我深知自己即将走向沼泽地时心里是什么滋味"。

Fab.com 的资金消耗在最高峰时每月多达 1 400 万美元。为了控制全局，戈登堡在 2013 年 10 月时踩下了刹车。[148]Fab.com 辞退了 80% 的美国国内员工，[149] 解雇了大多数高层管理者，大幅度地缩减了商品类别。他的联合创始人谢尔哈默也离开了公司。至于欧洲市场，除盈利情况良好的家具定制业务外，其他业务都被叫停。截至 2014 年夏季，Fab.com 已经成了一个空壳。戈登堡决定将欧洲市场中名为 Hem 的私人家具定制业务拆分出去。在把注意力完全转移到这项业务的同时，他将美国国内的 Fab.com 公司挂牌出售。2014 年 10 月，一家知名定制企业以 3 000 万美元的全股票交易价收购了 Fab.com 在美国的资产。[150] 之后，Hem 又被转让给一家瑞士家具公司，成交价据说是 2 000 万美元。[151]

高速发展，急踩刹车

跑得快，跌倒得也快。Fab.com 和很多进入发展后期的初创公司一样，因为踏上了缺乏可持续性的发展轨道，最终沦为了高速陷阱的牺牲品。让我们来看看高速陷阱是如何把企业拖垮的。

第一步：发现商机。针对某个用户群强烈但尚未被满足的需求，创业者发现了新商机。Fab.com 公司的每日交易服务满足了那些与谢尔哈默品味相投的客户的需求，他们需要的正是独具特色的产品。

第二步：早期的高速发展。依靠目标客户群里早期接纳者的口头宣传，以及网络传播的强大效应，公司业务快速增长。早期的网络效应的确为 Fab.com 公司带来了很多好处，但这些好处随着时间的推移慢慢消减了。

第三步：成功融资。企业的快速发展吸引了热情洋溢的投资人，他们愿意用高额投资换取公司的持续增长。假如创始人像戈登堡一样具备雄才武略，能用宏伟的发展蓝图打动投资人，撩动他们渴望极速增长的心弦，那么企业估值会大幅度飙升。

第四步：竞争对手登场。若企业发展顺利，对手也会随之而来。有些是克隆原版的山寨初创公司，比如 Bamarang；而有些是大跨步追上来的科技巨头，比如亚马逊；或者是"沉睡的狮子"——一朝惊醒，发现自己的地盘闯入了新人，于是也开始磨刀霍霍。

第五步：市场饱和。正如 Fab.com 在 2012 年所经历的，初创公司的初期客户都是对其价值主张强烈认同的一批人。而要吸引后续客户，公司就必须在广告宣传上下功夫，要推出力度足够大的促销活动。在客户获取成本不断上涨的同时，客户终身价值却在下跌，因为新客户对产品的忠诚度不如老客户，且不太可能成为回头客。很多客户带来的价值远远不能抵消企业花在他们身上的营销费用。假如投资人在增长幅度和盈利状况二者间更看重前者,那么他们也许愿意把大笔投资交给公司——但并不是永无止境。

第六步:人员瓶颈。为支持企业发展,初创公司在后期得雇用大批新员工。要找到众多合格的候选人并不容易,并且即使企业真的找来了合适人选,要在短时间内完成岗前培训也不是件轻松的事。无论出现上述哪一种情况,能力出众的员工都会是稀缺资源,由此导致的结果是,产品在出售前被漏检,待发送的物品被装错箱,客户的邮件得不到回复,等等。为了快速发展而抄了近路的初创公司会在产品质量和客户服务中出现短板。在这一问题上,Fab.com 没有遇到太大的困难。

第七步:组织架构升级。要协调管理大型的、职能划分明确的企业,必备条件是:高层经理具备相关专业知识;有配套的信息系统和正规的工作流程,以确保职能分工和管理过程有据可依。Fab.com 在设立了自己的仓储部门和家具生产线之后,运营复杂性大大增加。发展壮大中的公司必须聚才纳贤,依靠管理人才、组织架构和信息系统来统筹协调一连串更为复杂的工作,因为这些工作的要求要苛刻得多。

第八步:内部矛盾。人员和部门数量的快速增长会导致冲突,令士气下降,企业文化溃不成形。销售部会抱怨市场部提供的信息不准确,而市场部会抱怨工程部迟迟交不出所承诺的新作品。戈登堡承认,彼此敌对的次生文化损害了 Fab.com 的利益,"是我任由他们各自为政,以至于嫌隙渐深,最终发展为彼此间极度的不信任"。[152] 一方的责难招来另一方的抗议,战火由此点燃。新老员工之间的冲突也进一步加重了这种不和谐。老员工反感新员工那种"只把工作当工作"的态度，新入职的专业人员则因为老员工的履职不力而感到头疼。高层管理者总喜欢息事宁人，保持一团和气。中层管理者会因此怀疑上司们是否真的清楚公司内部的问题，以及该如何解决这些问题——尤其是当 CEO 为了筹集更多资金而总在外面忙碌不能亲临公司时。

第九步：道德滑坡。有时候，无情的增长压力会让创业者在法律制度或是道德规范方面钻空子走捷径。例如优步，因为授意员工在竞争对手来福车公司的平台上先下单再撤单而遭到指控。[153] 健康保险经纪公司 Zenefits 为了维系高速增长，开发了涉嫌欺诈的软件。[154] 根据加利福尼亚州法律，保险经纪人必须完成强制性预认证课程，才能在该州合法销售保险。而该软件可以使新入职的销售人员在认证考核中伪造学习时长。好在 Fab.com 在戈登堡的带领下没有走上道德滑坡的歪路。

第十步：投资人的警告。随着资金的极速消耗，公司估值会下跌。股权所值无几，员工开始流失。投资人也拒绝追加资金。即便有人愿意给公司扔来一根救命稻草，他也会以获得更多股份为交换条件，进而导致公司高管和其他投资人的股权被大幅稀释。鉴于董事会只能批准此事，随之而来的就是讨价还价，以及董事会内部关于是否继续、如何继续而发生的没完没了的争执。

第十一步：最后时刻。到此时，问题已经一目了然：公司的发展速度难以为继，放慢脚步是必然之选。困难在于：该如何掌握踩刹车的力度？是否减少市场营销的投入？是否裁撤员工以确保生存？是否应试着将公司挂牌出售？若是投资人没有拿出资金来帮公司一把，那实力雄厚的财团会不会出于战略考虑而发现它的价值？我们将在第十章里逐一解答上述问题，假如创业者觉得自己已经走上了失败之路，那不妨从第十章里看看接下来该如何做。

此类问题在发展过快的初创公司中频繁出现。有些靠精减人员、减少市场投入、重新定位到更忠诚更能创造价值的客户群等举措渡过了难关。Birchbox、Blue Apron、高朋、Zenefits 以及 Zynga 都属于这一类。然而，对于 Fab.com、Munchery 和 Nasty Gal 而言，高速陷阱却是致命的。

RAWI 测试[155]

如何避开"高速发展，急踩刹车"失败模式？对于创业者而言，RAWI 测试就像是雷达感应器，其中涵盖的四类问题有助于他们进行判断，看初创公司是否做好了进一步扩张的准备：

第一，准备好了吗？初创公司的商业模式是否已得到验证？目标市场够不够大，有没有持续增长的潜力？在扩大规模后，利润空间够不够大，能不能承受因新用户获取难度加大而造成的价格或成本挤压？

第二，有没有能力？初创公司能不能获得必要的人力资源和资金支持来实现扩张？有没有能力对大批新员工开展培训并统筹安排好他们的工作？

第三，愿不愿意？创始人是否迫切渴望大力发展公司？大力发展是否有助于将他们的最初愿景变为现实？他们是否愿意承受高额融资导致的股本稀释？敢不敢承担投资人一旦掌控董事会主导权后解聘创始人的风险？愿不愿意面临因工作繁忙而无暇顾及私人生活的两难境地？

第四，是否迫于压力？初创公司有没有遇上强劲的对手？有没有可能遭遇"沉睡的狮子"？强大的网络效应、规模经济效应以及居高不下的转换成本会不会激起竞争对手"抢占阵地"的怒火？

要强调的是，RAWI 不是一次性测试。结合市场动态和企业表现，创业者有必要隔一段时间测试一次，比如一季度一测。

准备好了吗

当领导者对于初创公司在某一拓展速度下的产品与市场匹配度抱有信心，也就是说，相信其产品能够继续满足目标客户的需求并能因此创造健康的长期收益，且这些收益继而能抵销新客户获取成本时，这就意味着初创公司已经做好了持续发展的准备。[156]

假如初创公司在发展过程中能将 LTV/CAC 比值保持在阈值水平之上，那就有望实现健康的长期收益。[157] 阈值高低取决于企业的商业模式，其中尤为重要的影响因素是，企业能否有效利用网络效应，合理控制每一美元销售收入所需的固定花费。前文说过，LTV 代表公司从一个典型客户身上所赚得的毛利润（收益减去可变成本）。企业必须将这个毛利润维持在一个足够高的水平上，以便承担客户获取成本和公司的固定花费，然后才有获利空间。那些固定花费较高的行业，比如软件服务业，LTV/CAC 比值通常都应保持在 3.0 以上。[158]

那么，初创公司应该保持一个什么样的发展速度？应如何将 LTV/CAC 比值控制在阈值之上？决定企业发展速度的因素包括：一是饱和风险，即企业面向目标客户群体所提供的产品数量应保持在什么水平才不至于使市场饱和；二是质量风险，也就是说，什么样的发展速度才不至于造成产品质量不过关、售后服务跟不上的后果；三是竞争风险，即公司的快速发展会惹得竞争对手做出何种反应。上述三个因素都会极大影响到企业的 LTV/CAC 比值。下面我们先来谈谈饱和风险，质量风险和竞争风险将分别在后文中提到。

Fab.com 公司的早期接纳者都是冲着谢尔哈默策划的那些独具特色的商品而来的，随着公司的发展，这一目标市场日趋饱和。后续新增的用户购买频次低于以往，对折扣力度要求更多，且多数是通过有偿广告宣传争取来的客户，很少是靠熟人推荐而来的。换言之，更低的售价和更少的订单使得新用户的 LTV 低于早期接纳者的 LTV。而且，有偿广告的营销方式又使他们的 CAC 更高。于是，Fab.com 在发展过程中经历了 LTV/CAC 比值下降的风险，在踏上高速发展轨道的初创公司中这种情况极为常见。

要弄清楚初创公司是不是会遭遇市场饱和，创业者有必要知道在公司的全盘市场中，每一类客户群分别占多大体量，这些客户群有可能以什么样的速度增长。但是，我们很难准确估计出某一客户群的体量大小，因为不同客户群之间的边界是模糊不清的。例如在早期接纳者和主流用户之间并没有一条泾渭分明的分割线，更多时候，不同客户群之间是相互交织的。

因此，公司团队有必要对陆续获得的新用户群——也称"同质群"——开展行为分析，以预测市场饱和情况。[159] 每一个"同质群"都是由同一时期成为新用户的人所组成的，比如同一个月或同一个季度。最理想的做法是，确保"同质群"的成员同属于一个客户群，并且是通过相同的营销渠道而成为用户，因为若是将不同客户群的成员集结在一个"同质群"里，那么分析结果会因客户类别的交叉影响而晦暗不明。同样，将借由不同营销方式获得的新客户集中在一个"同质群"中也不利于开展分析，因为每一种营销方式都各有侧重，吸引来的客户对于产品的热衷程度也会不同。例如比起靠脸书广告吸引来的用户，主动上谷歌搜索产品的用户可能有着更强的使用需求，因而也更易变成忠实用户。

"同质群"分析应该对所有能反映用户满意度和产品投入度的重要指标进行趋势追踪，比如每一时期内的平均花费、客户留档率及回头率、依靠熟人推荐成为新用户的用户数量等。相关指标会因商业模式的差异而有所不同。以多宝箱为例，它所采取的商业模式是先用基础款产品吸引免费用户，再靠增值版产品将免费用户发展为付费用户。在做"同质群"分析时，团队就应将免费用户转化为付费用户的转化率作为重要指标。表 7.1 中[160]呈现的就是这一类商业模式中的"同质群"分析样例。

"同质群"分析表中的纵列可以反映用户使用情况是随时间递增还是衰减。表格第一行呈现的是按一定间隔排序的时间节点：获得用户后的第一个月，第二个月，以此类推。从第二行开始，自上而下依次是老用户至新用户的行为表现数据，自左而右依次是每一组用户在不同时间节点上的行为表现，先是成为用户后的第一个月，接着是第二个月，以此类推。纵向呈现的数字能够说明新用户与老用户相比是否有更好或者更差的表现。假如新用户的转化率呈下降态势，那就意味着初创公司的市场趋于饱和。比如，2015 年 2 月获得的这组用户——最早的一批用户——在第四个月从免费用户变成付费用户的转化率是 7.8%，而 2015 年 8 月获得的这组用户在第四个月从免费用户变成付费用户的转化率只有 5.0%。

用户表现衰退的根源有很多，除了市场渐趋饱和之外，客户服务欠佳以及市场竞争升级都有可能导致用户慢慢放弃公司的产品。然而，这些因素对于新老用户产生的影响力是相同的。将它们考虑在内后，创业者应该能判断出市场饱和究竟是不是新用户表现大幅度衰退的主要原因。

表 7.1　2015 年通过谷歌广告成为用户的累积用户转化率

时间	第一个月	第二个月	第三个月	第四个月	第五个月	第六个月	第七个月	第八个月	第九个月	第十个月
2月15日	0.1%	5.0%	6.8%	7.8%	8.2%	8.8%	8.9%	8.9%	9.0%	9.0%
3月15日	0.8%	5.3%	7.1%	8.0%	8.7%	9.6%	9.7%	10.2%	10.4%	
4月15日	0.9%	5.0%	5.7%	7.4%	8.6%	8.9%	9.7%	9.9%		
5月15日	1.1%	3.2%	4.2%	4.9%	5.1%	5.6%	5.9%			
6月15日	1.4%	3.9%	5.1%	5.7%	6.1%	6.3%				
7月15日	0.9%	3.5%	4.7%	5.9%	6.0%					
8月15日	0.7%	3.7%	4.7%	5.0%						
9月15日	0.2%	2.5%	3.1%							
10月15日	0.1%	2.0%								
11月15日	0									

　　采用同质组分析法评价饱和风险存在一个弊端，那就是待到发现形势不妙，市场已经进入了饱和状态。我在哈佛商学院的同事马克·罗伯奇指出，这种分析方法中所采用的大多数评价指标——比如订阅用户的留档率、免费用户变成付费用户的用户转化率——都属于滞后指标，难以准确反映用户满意度和投入度。[161] 如果创业者只关注留档率，那么等他发现这个数字不尽理想时，心存不满的用户已经弃他而去了。我们可以靠 NPS（净推荐值）来解决这个问题。NPS 统计借助 0~10 的 10 分制评价体系，调查某一用户有多大可能向同事或朋友推荐产品。统计结

果的计算方法是，"高推荐频次"用户（给出9~10分）所占百分比减去"低推荐频次"用户（给出0~6分）所占百分比。NPS值在50%以上时，说明情况非常令人满意。下降的NPS值可被看作一个早期预警信号，管理者应立即采取补救措施，以避免出现严重后果。

罗伯奇建议，正在发展中的初创公司应该再往前多走一步，将"同质群"分析聚焦在那些早期出现的信号上，这些信号应同时满足两个条件：一是对于用户的长期满意度具有极大预测作用；二是在获得用户后，这些信号是可观察的。举例来说，罗伯奇的前任东家HubSpot也是一家初创公司，主要提供市场营销服务。它关注的是那些在6天之内使用了HubSpot平台25项功能中至少5项的新用户百分比。这一指标与用户的长期留档率以及消费情况高度相关。当该指标超过80%时，管理团队大可以放心，因为数字表明一切都在"正轨"上运行。

比起NPS这种反映总体满意度的数值，与产品相关的信号不仅能尽早向初创公司发出预警，还能提供更多有针对性的解决方案。公司内的每个职能领域都会在一定程度上对NPS产生影响，任何一个下滑趋势都要求我们开展进一步分析，以便知道哪个领域存在亟待解决的问题。相对而言，在激励新用户使用某些功能这个问题上，可供采纳的方法要少得多，所以经理们也可以更快地做出决定，采取补救措施。

开展"同质群"分析[162]可以帮助创业者避免对客户终身价值做出过高估计，比如对于客户留档率及平均订单量过分乐观。此外，创业者还应利用这一分析追踪一段时间内的客户获取成本——按照客户群以及营销手段来划分。如此一来，他们一定能及时掌握 LTV/CAC 比值的变化。还是沿用前文中的例子，表 7.2 反映的是通过谷歌广告获得的免费用户群获取成本的变化情况。与早期用户群相比，近期的三个用户群的获取成本几乎翻了一番。

表 7.2　通过谷歌广告获得的免费用户群的用户获取成本

时间	免费用户群的用户获取成本（美元）
2 月 15 日	0.12
3 月 15 日	0.12
4 月 15 日	0.13
5 月 15 日	0.08
6 月 15 日	0.12
7 月 15 日	0.12
8 月 15 日	0.20
9 月 15 日	0.18
10 月 15 日	0.36

用户获取成本的增高有可能说明市场已经饱和，但也并不尽然。大多数营销渠道在特定时期内争取到的用户量都会达到某个上限。风险投资人杰夫·巴斯冈将此比喻为开采油田：有些渠道就像是喷油井——至少在一段时间内，但最终也会油尽井枯。[163] 比如说通过搜索引擎推送的有偿广告，只有当用户在搜索栏输入了特定的关键字时，广告才会出现。关键字在吸引客户方面存在效果差异。假如公司在有偿搜索板块投入过多，那最后就只能被迫使用效果欠佳的关键字，从而导致用户获取成本上升。投入越大并不一定意味着在公司的目标市场中能够看到这些广告信息的潜在用户就越多。相反，公司在有偿广告中花费的资金有可能已

经达到了上限。若真如此，为了将总体客户获取成本维持在一个尚能盈利的水平，公司就必须放慢这种营销方式的节奏，或者干脆改用其他营销方式。

还有一个原因可以解释为什么某个营销渠道达到效能上限后CAC会上涨：竞争对手加大了他们的营销投入。同样，此种情况下，CAC上涨不一定说明市场即将饱和，初创公司及其竞争对手依然还有很大的发展空间，但是，单凭营销大战也足以导致CAC激增。

戈登堡和他的Fab.com管理团队也开展了"同质群"分析，对于LTV/CAC比值的下降也十分清楚，但他们没有及时采取措施。2013年10月，在结束那轮使Fab.com变成独角兽公司的融资三个月之后，戈登堡在给团队的备忘录里这样写道，"我们已经花出去2亿美元，[164]但还是没有验证我们的商业模式……还是没有证明我们真的清楚客户想要什么"。他还总结了自己作为CEO犯下的一连串错误，包括：

一是带领团队走得太快。

二是没有坚持将重心放到目标客户身上。

三是在还没有树立正确的客户价值主张之前，就已经在营销领域投入了大笔资金。

四是没有在企业文化中融入明确的约束条例，以便对成本和商业指标加以控制。

五是任由公司在欧洲市场过度投资。

六是没有及时认识到纠正路线的重要性。

在事后分析中，戈登堡承认，他也是误导性积极反馈的受害者。"我们的原罪——失败的根源——就是始终没有真正实现产品与市场的匹配。看到早期产品接纳者的热情,我们以为自己实现了。他们的存在的确让我们信心倍增,让我们相信自己的产品符合时代需求。但是,除去这些早期接纳者,其他用户并没有表现出高涨的热情,也并没有成为回头客。早期接纳者代表不了后来的新用户。我们错误地认为早期的数据也能反映后期客户的投入情况,因此把发展的步子迈得过大了。"[165]

简言之,Fab.com 在还没准备就绪时就踏上了扩张之路。戈登堡接着说,"注资的风险投资人说,我们的第一批用户是他们所见过的最棒的用户。他们从来没见过哪家电子商务的增长速度能如此之快。我们分析得出的 NPS 值非常高。所以,加速前进似乎是合情合理的。我不怪别人,只怪我自己。但是,在极速增长的问题上,投资人就像啦啦队队长。他们虽没有明说,但是当我们提出雄心勃勃的发展计划时,他们喜不自胜"。

正如 Fab.com 的经历所表明的,开展"同质群"分析并密切关注 LTV/CAC 比值变化虽然是必要举措,但并不能完全保证公司的发展安然无虞。创业者不仅要正确评估发展态势,还应及时采取对策。当市场表现低于预期时,创业者有两条路可以选。第一条路,他们可以放慢脚步,腾出管理时间,不去花大把精力处理因高速发展而导致的混乱局面。当压力较小时,管理者更容易自行诊断出问题,并制订出合理计划来解决这些问题。第二条路,他们可以继续脚踩油门,坚信他们完全清楚眼下的问题,也知道该如何应对;假如放慢脚步,他们将再难重续强劲势头,因为竞争对手已经紧追而来;假如刻意减慢脚步,投资人会有所警觉。

戈登堡当初可能对第二条路产生过顾虑。据媒体报道,2013

年初，公司团队中的资深成员就曾建议将 Fab.com 在欧洲的业务砍去一半，但戈登堡一直等到完成了 2013 年 6 月那次大手笔融资后才答应照办。[166] 所以说，当在"减速前进"和"快速前进"之间做权衡时，创业者不应出于过分自信以及只愿看到自己乐见的结果的心态而失去判断力。

有没有能力

当初创公司领导者有信心获取发展所需的必要资源，并且相信自己能有效利用这些资源时，我们可以说他们具备了把公司做大做强的能力。领导者应问自己三个问题：

首先，我们能不能筹到资金来支持快速发展？

其次，我们能不能聘请到足够多的一线职能部门专业人才，能不能将他们培训成履职得力的员工？

最后，我们能不能请到合适的高级管理人员？能不能建立起相宜的组织架构和管理体系，以便高效而顺畅地协调各一线员工的工作？

假如创业者对上述三个问题都给出了肯定的答案，那就意味着他的公司能够继续扩大。

资金。2013 年 6 月，Fab.com 公司筹集到 1.65 亿美元，但是与戈登堡为实现全球增长——B 方案——而设立的 3 亿美元融资目标相比，这笔钱还远远不够。

一线员工。由于发展迅速，Fab.com 确实陷入了不能及时招到合适员工的危机，这样的状况使运营压力加大，客户服务难以保证。幸运的是，公司有足够多出色的员工，足以平息这场危机。在运输方面，Fab.com 尽管存在偶尔延误的问题，[167] 但大多数时候公司还是成功地避免了客服方面的重大危机。在这一点上所取得的成功也意味着第三个问题的答案是肯定的：Fab.com 的资深管理者能够管理好迅速扩充的员工队伍。

其他一些高速发展的初创公司就没这么幸运了。比如在互联网泡沫时期，大批消费者选择了在线股票交易，E Trade 和 Ameritrade 这样的互联网经纪公司一时间招聘不到也培训不了足够多的客服代表来应对井喷式的交易量。按照常规，呼叫中心的客服专员应该接受系统培训，以便能解答用户提出的形形色色的问题，比如如何"止损"，如何完成期权交易，以及何时补仓。由于客服人员匮乏，加之培训不到位，怒火中烧渴望获得解答的客户只能在等待过程中眼睁睁看着交易收益一点点溜走。

当市场需求快速增长，而能力胜任的员工又一时难觅时，初创公司该怎么办？诚然，管理者可以放慢前进的脚步，但鉴于我们前文描述过的原因，这一办法可忽略不计。管理者多数时候会考虑以下三种做法：一是找到什么人，就用什么人；二是让现任员工快马加鞭拼命干；三是省去培训环节，让新员工直接上岗。毫无疑问，上述做法只会让麻烦层出不穷。有时候，公司为了节省人力，会任由客户提问积压成山而不加处理，受损失的唯有心急如焚的客户。正如雷德·霍夫曼所言："对很多以闪电般速度发展的公司而言，核心原则就是'在提供客户服务时，内涵不重要，速度是关键……这就可能意味着，根本没有服务'！"[168] 在其他职能领域，人员短缺也会带来一系列问题。例如生产线上终检人员短缺导致的漏检，以及仓库人员短缺导致的包装发货顺序混乱。

领导者与管理层。假如人员短缺危及了公司的发展，那么创始人就应确保让相关职能部门的经理认识到这一点——理想情况是，让他们借助曾经的管理经验来提出对策。部门管理者应具备配套的职业能力，但在招聘时，这一点说起来容易但做起来难，尤其当创始人本身不具备相关经验时。此外，当经验丰富的部门经理顺利到任后，CEO应该听取他们的意见。假如他们认为很难在短时间内招聘并培训足够多的新员工以维持企业的高速发展，那CEO也应了解原因何在。

创始人还应像开展用户分析那样，对关键职能部门的人员入职情况和离职情况做跟踪调查。招聘量在一段时间内发生了何种变化？应聘者顺利到岗的百分比是多少？生产部门和客服部门的出错率呈何种发展态势？这些出错率与员工工作经验的多寡有何关联？与"同质群"分析一样，此类分析的目的就是探访早期指标，看是否有迹象表明风险将至。

愿不愿意

问创业者愿不愿意让公司尽快发展起来，这个问题显然很可笑。渴望发展难道不是创业者的标志性特征吗？正如Y Combinator创始人保罗·格雷厄姆所言，"初创公司的要义就是快速发展"。[169]他解释说，一家快速发展的初创公司掌舵人会处在极大压力之下，因为他得不断筹集资金来促进发展："大多数成功的初创公司都不缺少发展资金，因为是风险投资公司需要它们，而非它们需要风险投资公司。盈利的初创公司完全可以靠自己的实力稳步发展，只要它们愿意。风险投资公司则不同，它们需要把钱投给初创公司，尤其是那些发展势头良好的初创公司，否则它们就没生意可做了。这就意味着，在正常情况下，任何一家前景光明的初创公司都能以优厚条件获得外部投资。"

格雷厄姆指出,很多带领企业走向成功的创业者都拥有选择的权利,他们可以不必继续依靠风投资本,仅靠盈利所得就能维持增长,尽管增长速度会慢一些。然而,拒绝以优厚条件奉上的风险投资资金,这有可能使创业者错失良机,无法成为真正的业内大鳄。所以,假如初创公司能够主动求发展而非迫于竞争压力才这样做时,又有谁会拒绝呢?

第一,对于风险与回报,创业者与风险投资人有着截然不同的态度。假设快速发展——击出全垒打①——带来高额回报的概率是5%。风险投资资本公司的投资组合中有十几个投资对象,那么,投资公司对于回报的合理期待是,在十几个公司——十几次击打中,至少能击出一次本垒打,外加若干个一分打和二分打。平均下来,即便十几次击打中有连击不中的情况,风险投资公司也依然能获得不错的投资回报。创业者则不同,他们无法依靠平均值,只能凭借单次击打来得分。如果击出全垒打会加大他们出局的概率,他们就可能会选择一种安全些的措施。

举例来说,假如你是创始人或CEO,当你只有一次击球机会时,你更愿意看到的结果:一是在一家有5%的概率达到市值10

---

① 全垒打:棒球运动术语,也叫本垒打。是指一种在棒球运动中打者可环绕内场,按一垒、二垒、三垒、本垒的顺序,踩上所有垒包一周的安打。积分规则为,当垒上无人时,打者跑到终点本垒可获得一分或者所有已经在垒包上的跑者每人皆可回本垒得到一分;当垒上有一人时,除打者跑到终点本垒时得到的一分之外,在垒包上的一人跑回本垒也得到一分,一共就是两分。另外,还有三分全垒打及大满贯全垒打。——译者注

亿美元的初创公司里占有10%的股权？二是在一家融资少、发展慢、有10%的概率达到市值2亿美元的初创公司里占有25%的股权？从创始人个人财富积累的角度来看，两种选择的最终值是一致的：500万美元。但如果从高速发展的视角来看，创始人可以以一半的概率（5%~10%）获得两倍的回报（5 000万~1亿美元）。

第二，高速发展会给CEO带来巨大压力。可能会有令人发指的加班加点和没完没了的突发状况。一切都在快速进行中：招聘解聘、客户服务，每个环节都会出错。当然，如果事情进展顺利，那成效也会很快显现。有些领导人在这样的压力下能够快速成长，能够从处理一团乱麻的过程中收获强烈的满足感。也有一些领导者可能在一次又一次错过孩子的诗歌朗诵会和朋友的婚礼后，崩溃地问自己："真的值得吗？"

第三，假如创始人继续担任CEO并打算加快公司的发展速度，那他就必须做好思想准备：他被取而代之的概率增加了。快速增长意味着公司将开展多轮融资，而每一轮融资都会让一个新投资人加盟董事会。最后，董事会中的一大半成员都将是投资人，他们有权解雇履职不力的CEO。假如创始人钟情于CEO一职带给他的权利，或者无法忍受与自己倾心相付的企业分道扬镳，那就应该好好掂量一下这份风险。

第四，这一条反映出"愿不愿意快速发展"背后的一个问题。"快与慢"不仅仅取决于创始人，更取决于整个董事会。在创业早期，董事会有可能是由两位创始人外加一位投资人共同组成的。创始人完全能对发展战略说了算——假如他们意见一致。但是，就像上文所言，随着公司发展进入中后期，投资人在董事会中的占比会超过创始人。届时，一旦身兼董事会成员的投资人希望快速发展，而创始人却执意要保守为之，那前者就会考虑，CEO一职是不是非他不可？该不该找个听话的人来取代他？

此外，假如身兼董事会成员的投资人之间无法就企业发展规划达成一致，那又该怎么办？在上一章中我们也提过，前几轮融资的投资人有时更倾向于稳步发展，因为他们当初以更低的价格获得了股份，只要公司不破产，他们就能坐等收益。与之相对，后期投资人要想获得良好的收益，就一定会催着公司快速发展——这其中有可能涉及高风险行为，比如Fab.com向欧洲市场的扩张。顺着这条思路，让我们回望一下Fab.com董事会内部的纷争。当初，只有一个董事会成员赞成A计划：放慢公司在美国国内的发展速度。而戈登堡和其他董事会成员都选择了B计划：进军全球市场。那一次，多数派轻松战胜了少数派，但很多时候，董事会成员之间的纷争会相当激烈。

是否迫于竞争压力

RAWI测试中的最后一个问题涉及竞争——包括当前的和未来的：公司是不是迫于竞争压力才选择快速发展？对于其他三个问题——准备好了吗？有没有能力？愿不愿意？只有当答案为"是"时，才能说明你可以放心踏上快速发展之路。而这个问题则不同。假如创业者对于其他三个问题的回答都为"是"，而仅对这一问题回答为"否"，那他依然有可能做出快速发展的决定。此问题的关键在于，其前提是建立在"准备就绪"基础之上的。只有当准备就绪后，创业者才能信心满满地认为激烈的竞争不会让LTV/CAC比值下降。在这种情况下，快速发展仍不失为理性之选——但绝对不是被迫做出的选择。

当然，如果对四个问题的答案都是肯定的，形势就一目了然：加大油门往前冲！但是，如果对这一问题的答案是肯定的，而前三个问题中有一个或者多个问题的答案是否定的，那就有些棘手。遇到这种情况，领导者在迫于竞争不得不向前冲的同时，会时时刻刻感受到被多方掣肘。最严重的情形是，"迫于竞争压力"预示着竞争对手已危及企业的生存。一旦如此，即便创业者没有做好准备，不具备能力，也不愿意，他都得竭尽全力突出重围，寻找发展之路。

强大的网络效应、规模经济效应、较高的客户转换成本——某种商业模式中的三个结构性要素——会迫使初创公司与他的竞争对手齐头并进共同发展。

网络效应。[170] 当一个产品能够促进用户之间的交流，且新用户的加入使得其他用户获得更多的交流对象，从而使产品价值在每个用户那里都得到增值时，我们可以说是网络效应在发挥作用。比如 Skype 的第一个用户独木难成林，直到第二个用户出现，他才有了交流的对象。此后每一个新增用户都使得该产品在老用户那里的价值略微增加，因为新增用户使他们又多获得了一个潜在的聊天对象。同样的道理，Skype 的用户数量越庞大，该平台对于非用户而言就越具吸引力，因为这意味着他们将有更大的概率在 Skype 上遇到自己想要与之对话的人。凭借网络效应，老用户会带动新用户，循环往复。此外，用户越是渴望更多的交流对象，网络效应的强度就越大。

网络效应常有两种表现形式：单边效应和双边效应——它取决于所涉及的特定用户群数量。双边效应涉及两个用户群，它们各自扮演固定的角色。比如信用卡公司服务于持卡人和商户，招聘网站服务于求职者和用人单位，而视频游戏运营平台服务于玩家和游戏开发者。尽管 Skype 的每一次通话都由发起者和接听者共同完成，但这两种角色是可以彼此转换的，大多数 Skype 用户有时是发起者，而有时又是接听者。

在双边网络中，双方通常都希望与另一方更多的对象进行互动。我们将这种现象称为积极网络效应。例如信用卡签约商户越多，对于用户的吸引力就越大，反之亦然。但有些时候，我们也会看到消极网络效应，即对方用户越多，产品价值就越低。比如网站上垃圾广告越多，用户就越觉得受干扰。在双边网络中，任一方成员对于自己这一方的用户数量都是有偏好的。例如，游戏玩家可能希望自己和更多玩家在同一运营平台下玩游戏，以便他们在不同游戏间切换或是联网玩游戏：这是一种积极的同侧网络效应。相反，易趣拍卖平台中的竞标者却并不愿意自己这一方人数太多。

为了让那些具备积极网络效应的产品快速增长，创业者可以采取一些强有力的经济措施。鉴于此类产品能通过将当前用户连接至更大的网络而增值，所以公司可以提高其定价——尽管价格上涨有可能滞后——以便支撑企业的发展。此外，由于积极网络效应也会惠及潜在用户，因此以充分发挥网络效应为目标的初创公司还会发现客户获取成本在下降。爱彼迎、美国运通、艾派迪、脸书、领英、微软视窗、纳斯达克、Slack、索尼游戏机、Tinder、Zillow 等公司都有过类似的经历。

创业者应该对自己产品的网络效应强度做出正确评价，因为强度越大，初创公司的发展速度就应越快。幸运的是，借助联合分析法，一种用于开展市场研究的方法，我们有望对网络效应进行定量评价。[171] 联合分析法要求被试者从两种产品中选出他们心仪的那一个——选择多次，每一次都基于产品的不同属性（比如对于正在考虑办信用卡的用户，可供考量的属性包括：信用卡消费额度、应急功能、会员计划、利率、年费等）。然后，通过算法来评估被试者对每一种属性的在意程度。

借助联合分析，根据客户愿意花多大代价接入大型网络，创业者可以评估出客户对于网络规模的偏好强度。但是，开展联合分析之前，创业者需接受一定的培训指导，且受访者有可能因为自己付出了时间而要求得到补偿。鉴于此，采用这一方法的初创公司并不多。评价新产品网络效应的另一种办法是，将产品属性和客户需求与同类型具备网络效应的其他产品作比较，得出基于"高、中、低"三个档次的质性分析结果。

哪一种产品具备最强大的网络效应？首先是有市场的产品，这个市场把有着特定需求的各方（需求方）与提供特色产品的各方（供应方）联系在了一起。交友网站和招聘网站就属于这一类，易趣拍卖网和其他一些将房产挂牌出售的网站也属于此类。假如某个社区的所有潜在购房者和卖房者都加入了同一个网络，那买家购得心仪房产的概率将实现最大化，而卖家以最高价售出房产的可能性也将实现最大化。

当具备以下要素时，产品也能发挥出同样强大的网络效应。一是多样性，为用户提供花样繁多的独特体验，比如流媒体电影和视频游戏。二是流动性，比如信用卡业务与共享单车服务，因为用户渴望这些服务能够不受地域限制，能够走到哪儿用到哪儿。三是连通性，或者称为与众多熟人朋友交流的能力，比如Skype、瓦次普（一款用于智能手机之间通信的应用程序），或者是脸书和推特这样的社交平台。

  Fab.com 早些时候利用了网络效应，但其威力不像上文提到的例子那么强大。此外，随着这家公司的发展壮大，其网络效应逐渐衰微。它的第一批用户乐于将 Fab.com 的特色产品推荐给朋友，这是一种同侧网络效应。但随着后续一拨又一拨推荐热情并不高涨的新用户的加入，同侧网络效应在递减。Fab.com 也同样利用过多边网络相应，至少一开始是这样的。制作稀奇古怪产品的商户被这家公司执迷于设计的、庞大的客户群所吸引，而客户群又被网站上稀奇古怪的商品所吸引。然而，Fab.com 的布展方式本身就制约了网站的吸引力：种类过于繁多的商品削弱了网站在早期铁杆粉丝心目中的影响力。此外，Fab.com 获得的客户并不属于只钟情于某一类商品的客户，所以多边网络效应也就不复存在了。

  在从闪购平台转型后，Fab.com 的商品种类大幅度扩充，它有没有再次发挥多边网络效应的威力？没有。没错，商品种类丰富的平台能够吸引一些客户，亚马逊的经营理念正在于此，它的口号就是：应有尽有。Fab.com 的竞争对手 Wayfair 也声称自己售卖的是"无所不包的家居用品"。但是，多边网络效应的前提是双方均须介入决策。闪购平台满足这一前提，但像亚马逊和 Wayfair 这样包罗万象的零售平台却不然。

  通常情况下，闪购平台售卖的物品只此一家，至少暂时是这样的。所以，制作这些物品的商家必须做出决定，看究竟是选择在 Fab.com 的平台上售卖，还是在其他平台上售卖——至少暂时得如此。相反，无所不包的零售平台提供的商品不具备独一无二的属性，客户在其他渠道也可以买到。商品售卖者旨在服务所有人群，他们不需要做出是否与零售平台打交道的决定，也不关心零售平台的用户基数——借助多边网络效应取得的基数——是大还是小。他们只在乎零售平台肯不肯订购他们的产品，愿不愿支付相应的货款。

所以，当Fab.com拓展商品类别后，它并不需要借助需求侧的庞大用户体量来吸引供给侧。相反，它只需开好支票备好货。但是，在亚马逊和Wayfair面前，Fab.com的胜算并不高。

假如产品具备强大的网络效应，那么创业者在谋求快速发展时该如何决定发展速度？多快才算够快？多快就算太快？在前文中，我曾提出用LTV/CAC比值来确定发展速度。对于具备网络效应的企业而言，这一做法同样适用。首先，具备强大网络效应的初创公司的LTV/CAC目标比值应为1.0——至少在头几年。然而，在"准备好了吗"中，我给出的建议是LTV/CAC比值大于1.0，以便确保初创公司不仅能承担固定费用，还可盈利。但是，在迫于强大的网络效应而谋求做大做强时，我们暂可将固定成本和利润问题放在一边。LTV/CAC比值最终应该达到1.0以上，但前提是网络效应已经波及了极大一部分群体。

其次，凭借网络效应，老客户能带来新客户。在对LTV值的计算中，可以将产品的预估维里系数（v）[172]——每一个新用户吸引来的新增用户数——纳入考量。尤其对创业者而言，应以这种方式计算：用单一客户所带来的毛利润乘以"$1+v$"。假如单一客户毛利润的折现值是100美元，每一个新客户平均能吸引0.5个新增用户，那么LTV就等于100×（$1+v$），即100×1.5=150美元。所以，假如LTV/CAC比值的预定目标是1.0，那么初创公司可以承担的营销投入就是每个客户150美元。

第七章　失败模式四：高速发展，急踩刹车

这与提供软件服务的初创公司情况截然不同。此类公司的最大CAC值恰好等于每个客户带来的100美元毛利润。以"准备好了吗"中提到的LTV/CAC比值预定目标为3.0来测算，则软件服务业在每个新用户身上仅能投入33美元的营销资金。在以上对比中，CAC值的巨大差异也反映了网络效应能够对积极营销产生多大的推动作用。

　　采取这一方法时应注意，对产品的维里系数进行预估时，创业者应该假定自己的初创公司已经让网络效应的飞轮转了起来。一开始，产品的使用者寥寥无几，其维里系数可能低得离谱。羽翼未丰的初创公司必须通过某种方式——可以是有偿营销——在足够多的用户当中建立起网络，以便吸引更多用户。还记得Triangulate公司推出的Wings在线交友平台吧，创始人纳加拉杰预估的维里系数是0.8，但由于缺乏营销资金，网络效应的飞轮转不起来，所以Wings的实际维里系数仅有0.03，几乎可以忽略不计。

　　一旦公司成功地启动了网络效应，下一步就该基于实际情况而非预估情况来推导维里系数、计算LTV了。但是，假如创业者从一开始就根据实际维里系数进行测算，那么他的企业有可能在增长速度和销售规模两方面投入不足。为了避免在预估维里系数时过分自信，创业者可以参考同类型初创公司的历史数据。

　　转换成本。[173]强大的网络效应能激励创业者加快发展步伐，而较高的客户转换成本也会起到相同的作用。正如在前面的章节中所提到的，当客户更换服务商时，转换成本就会出现。这些成本包括所花费的时间、金钱，所承担的风险、不便，以及心理上的不适感。转换成本主要有两种表现形式。

一是预付成本。就像开启一段新的恋情，找到新的服务商并对其加以了解不是短时间内就能完成的事。停用一个老账户有可能麻烦重重，而设置一个新账户也可能令创业者不胜其扰，得输入计费信息，设置使用偏好，诸如此类。假如创业者想另换一家在线股票经纪公司，他就得在新旧账户之间转移资金和证券。有时候，转换产品意味着用户要购置新的设备或软件，对于旧设备或软件，用户要么是一扔了之，要么是，有可能的话，出手转让以挽回一些损失。原来使用 Google Home 而如今改用 Amazon Echo（亚马逊公司研发的智能音箱）的用户必须给每一间使用智能扬声器的屋子添置新设备，因为这两种设备彼此之间不兼容。

通常情况下，当某公司购置了新的信息系统时，工程师一定会把老系统里的数据和软件整合到新系统中，比如将新的工资报表服务与公司的银行账户以及会计分类账簿相连通。转换产品或服务还会让用户因为提前解约而受到惩罚，比如移动电话业务，或是丧失随时间推移而产生的利益。出于这一原因，一些旅行者为了在一家航空公司累积飞行里程，甘愿接受诸多不便。最后一点，在选择新产品后，企业用户得接受培训指导，个人用户也得花时间去学习，否则他们将对新产品无从下手。

二是受扰成本。在一些重要工作中，转换服务商有可能意味着面临巨大的风险。还记得巴鲁公司的情况吗？在推广业务时，巴鲁公司遇到了不小的阻碍，因为那些已经有了可靠的遛狗员的客户不情愿将公寓钥匙交给一个陌生人。同样，在更换服务商和软件系统时，企业用户也会面临风险。以更换云服务为例，假如在数据迁移过程中文档丢失或被破坏，那企业就得承受不小的损失。

如果客户对某一品牌抱有极高的忠诚度，那么转换产品或服务还会导致心理上的不适感。这款染发产品效果不错，为什么还要冒险选择另一种？假如客户已经与某一品牌建立起了强大的情感联结，那么更换品牌会引发一次小小的身份危机。

对于 Fab.com 的客户来说，转换成本极低：他们只须花一点时间输入发货地址和付款信息，然后在 Fab.com 网站上根据索引来操作，仅此而已。对于前文中提到的交友网站 Triangulate 用户和 Quincy 服装公司用户而言，转换成本同样很低。相反，Jibo 公司的用户就得承受较高的转换成本，他们不仅要购置一个全新的社交机器人，而且还得购买并配置第三方应用软件，同时还要花大量时间与他们的新伙伴建立起"社交纽带"。

既然如此，为什么较高的转换成本还能够激励初创公司快速发展？为了争夺客户，公司必须要为客户付出的转换成本提供补偿。这种补偿可以以折扣（买一送一）或是促销激励的形式（签约两年，免费领苹果手机）体现。此类补贴会使客户获取成本上升。理论上讲，为促进利润增长和客户终身价值，当前服务商可以抬高产品的定价，直至客户对于选择当前产品还是其他提供补贴的产品持无所谓态度。

鉴于这些动态变化，高转换成本可以激励企业去积极争夺原生客户。原生客户就像是福利，他们是第一次接触这种产品，尚未与任何现有服务商建立起联系。因此，与从竞争对手那里抢夺客户不同，花在原生客户身上的客户获取成本要低得多。他们在购买中不存在转换成本的问题，因而也不会对补贴做额外要求。较低的客户获取成本意味着企业能从原生客户那里获得更多利润，同时，这些原生客户还能帮初创公司打开市场。尤其值得注意的是，由于客户获取成本较低，初创公司完全可以在某些原生客户 LTV 较低的情况下，仍然将 LTV/CAC 比值保持在可接受的范围内。

好消息是，高转换成本和网络效应一样，能够为企业带来丰厚的经济利益。而获取这些利益的最佳途径，就是在竞争对手行动之前，先声夺人，将原生客户争取到手。但坏消息是，有太多的初创公司想要在快速发展的新市场中争夺原生客户。创业者的竞争对手有着相同的谋划。日益激烈的竞争有可能会使客户获取成本被哄抬。每家公司都会在积极竞标。一旦争取到原生客户——这些人从此将被高转换成本困住——那胜出的公司就可以大胆向他们报出一个高价了。

因此，在客户转换成本居高的新市场中，先发优势会格外重要。某一产品领域中的首发者有机会在对手进入市场前就争取到原生客户。随着对手的跟进，这种优势不复存在，竞争由此开始。Jibo 是社交机器人领域的先驱，这个领域转换成本极高，假如当初 Jibo 能坚持下来，那它就可以在一段时间内充分利用自己的先发优势。

规模经济效应。根据规模经济效应，初创公司产品的单位成本会随交易量的增加而减少。在这一点上，初创公司之间的差别非常大。那些更能从规模经济效应中受益的公司往往是由于创业者迫于压力而快速发展。当公司具备以下两个特征时，规模经济效应往往会变大：一是在当前销售量下，公司的固定管理成本偏高；二是公司面临很多"做中学"的机会。

当固定管理成本均摊在更多产品上时，单位成本会下降。若整体产量小，单位成本会因规模经济效应而大幅降低，若整体产量大，则单位成本的下降空间也会变小。例如公司的年均固定成本是3 000万美元，如果产量从100万件增加到200万件，则单位成本下降15美元（从30美元下降到15美元）；如果产量从1 000万件增加到2 000万件，那么单位成本仅下降了1.5美元（从3美元下降到1.5美元）。假如潜在市场的规模刚好能消化2 000万件产品，那么第一家达到这个产能的公司就在成本控制方面取得了铜墙铁壁般的优势。相反，假如潜在市场能够容纳多家公司同时销售2 000万件产品，那么在规模经济效应的影响下，初创公司就难以在成本控制上占领优势。此外，初创公司最好能和竞争对手保持同步，否则就难免因过高的单位成本而蒙受损失了。

初创公司还可以通过不断优化生产手段来降低单位成本。比如将某些任务分派给专业人员，或是消除瓶颈，均衡流水线各工序的作业负荷。从"学习曲线"视角来看，产量大（做得多）的公司有可能获得更多降低成本的机会（从学习中获得）。最能通过"做中学"促进生产力的途径有：

一是生产流程中的高附加值：当人力和机械在生产过程中发挥重要作用时，比如飞机的组装或者半导体的生产，"学习曲线"往往呈最陡峭的姿态。"学习曲线"以累积产量每翻一番所实现的单位成本减少百分比来衡量。"附加值"是指产品的最终成本减去其原材料成本之后的数值，这一数值主要由人力成本和设备成本组成。"做中学"——比如想办法减少新生产流程所需的安装时间——往往有助于减少人力和设备成本。与此相对，很多原材料——比如铝和电——都得从商品市场中采购，即便是大批采购也无助于单位成本的减少。

二是稳定的技术。当生产技术稳定时，公司最易通过"做中学"获得竞争优势。假如一家小公司凭借全新的生产流程——效能高出一截——惊艳了市场，那它就有可能打败竞争对手中的大型公司，让对方得之不易的成本优势彻底消失。

三是专有权。假如公司不能通过申请专利、执行严格的保密流程来确保专有权，那就有可能因竞争对手模仿其生产工艺而丧失成本优势。

与很多企业一样，Fab.com 也是规模经济效应的受益者，但是，其强度还没有达到促进它们高速发展的地步。在经营初期，它们依靠商家直接发货模式来降低固定成本，避免了仓储管理成本。同样，增加附加值的元素——将原材料加工为成品过程中所需的人力和机械设备——仅占了 Fab.com 总成本的一小部分。除去私人定制家具由它们自行生产外，其他货品都是直接从商家采购。因此，Fab.com 并没有从"学习曲线"中收获多少。

（傻瓜的）淘金记

强大的网络效应，偏高的客户转换成本，强势的规模经济效应，这三者都促使初创公司加速发展。但有些时候，即便不具备上述有利条件，初创公司还是会大力发展。只要它们准备好了，有能力，并且愿意，同时它所处的市场还没有火热到客户获取成本超出他所创造的价值，那就放手去干吧。

尽管没有能力去调控网络效应、规模经济效应和转换成本，但 Fab.com 当初还是一头扎进了一个竞争过热的市场，戈登堡也还是一脚将加速油门踩到了底。这样的例子并不少见，其最大的线上竞争对手 Wayfair 和 One Kings 也做了同样的事情。2013 年 Wayfair 在营销上投入 1.13 亿美元，换来了价值 6.01 亿美元的销售额。闪购平台 Gilt Groupe 和 Rue La La 也在为它们的家居产品大力促销，亚马逊最后也将火力集中到了这个市场。竞争对手压低自己的产品报价，在广告方面大做文章，拼尽全力在抢夺客户的注意力。2012 年和 2013 年，各大商家在这一产品领域掀起了瓜分田地的高潮。为什么？难道所有人都想在这儿挖出金子来？

至少有三个原因可以说明创业者为什么会为了发展而过度投资。其一，他们可能没想到自己会在获取客户这一环节超额支出。在线上家居用品行业，销售投入达到 1 亿美元而员工中却没人负责监控用户表现和 CAC 发展趋势，这样的情况虽不常见，但也确实有所耳闻。其二，创业者有可能知道自己在营销上投入过多，但由于过分自信，叠加一厢情愿的憧憬，他们以为美好结局指日可待。其三，这个原因背后的动机更为险恶：希望有傻瓜来为风险买单。假如创业者既明知自己的行业板块陷入了瓜分田地的局面，又明知投资人高估了自己的公司，他还是希望能借此捉住投机的泡沫。他可以高价将股权出让给新投资人，对方在行业板块日渐看跌的局势下，仍然被其激增的年收益所吸引。原来的投资人乐于看到这一幕，理由是，在抢椅子游戏的音乐停止之前，假如公司能转手或是上市，那他们的回报将极其丰厚。

那么，假如你是深陷淘金热潮的创业者，你担心自己的公司不但挖不出金矿反而自掘了坟墓，你能做什么？放慢脚步。千真万确！要确保你的银行账户里还有余款。也许你一时间筹不到资金，但是你那些投资过度的竞争对手也会被现实纷纷惊醒。当他们某一刻栽了跟头时，投资人会抛弃他们。而你如果能保存实力，靠储备资金挺过动荡时刻，那你的公司就能生存下去。

降低竞争强度等级[174]——说服你的对手放慢脚步——是否可行？在一个竞争对手实力不相上下的新市场中，比如线上家居用品零售业，创业者很有可能说服对手降低竞争强度，让他们相信这是双赢之举。比如说，创业者可以减缓资金支出的速度，通过向商业媒体、行业分析师、供应商、行业规范制定者、投资人、合作伙伴等发表声明，解释为何要减缓速度，并且在此过程中，尝试说服竞争对手，让他们意识到自己在发展中投入太多。当然，伙同他人操控定价是非法行为，所以我们在此不讨论烟雾缭绕的会议室里形成的承诺或契约。我们的目的是，通过例子来引导，希望你的竞争对手能依样效仿。

研究博弈论的学者发现，降低竞争强度等级这一互惠共赢的方式更容易在以下条件中实现：

第一，竞争者少。在一个人数众多的集体中，有些人更易破坏规矩，在别人放松警惕时不惜代价地窃取份额。

第二，竞争者之间打过长期的交道。他们更了解对方，有更多机会建立起互信。

第三，希望继续与你打交道的竞争对手。他们更在意因违背了私下达成的攻守同盟而带来的名誉损失。

第四，对于机遇抱有相同信念。假如竞争对手对于市场规模、市场发展以及其他人的相对实力抱有不同的看法，那么过快向前冲遭遇风险的可能性就更大。

第五，一切举动公开透明。保持透明度，这有助于减少在私下签订攻守同盟之后的"欺诈"（比如偷偷给重要客户降低价格）。

第六，保证决策与行动之间稍有滞后。这可避免出现一方竞争者在尚不知晓竞争对手发出求和信号的情况下，就已经吹响了冲锋号。

上述六条中唯一不适用于初创公司的是第二条。鉴于其本质属性，初创公司之间都没有什么老交情。其他原则均适用。但是，当你示意竞争对手理性投资时，极容易出现两个风险。首先，对方会认为这是一个无力回天的竞争对手做出的无奈之举，反而会坚定了他们的决心。其次，投资人可能会反应过度，认为这是个危险信号，从而压低公司估值。

***

总结一下：Fab.com 没能通过 RAWI 测试。从所掌握的人力资源或有效部署员工的情况来看，这家公司有能力快速发展。但是，Fab.com 没能获得足够多的资金去支持它的高速发展计划。戈登堡自然是愿意看到企业的发展，一如他的投资人。Fab.com 不是迫于网络效应、转换成本、规模经济效应而发展。这不是一场淘汰赛，这仅仅说明他们主动选择了扩张，而非迫于形势这样做。

这家初创公司的致命弱点是，它还没有做好扩张的准备。当 Fab.com 开始关注铁杆用户之外的主流群体时，它的产品与市场的匹配就已经被打破了。拼命想进入主流市场，结果导致 LTV/CAC 比值大幅度降低——尤其是在竞争对手开始不惜代价争取客户后。而进军欧洲市场又给 Fab.com 带来了致命一击。

在下一章中，我们将看到另一家同领域初创公司，它也没有通过 RAWI 测试，只不过形式不同。和 Fab.com 一样，Dot&Bo 的 CEO 以及董事会成员都愿意发展，此外，它也不是迫于形势谋求发展。但二者间的不同在于，Dot&Bo 做好了扩张的准备，在发展过程中，它依然保持着原有的产品与市场的匹配。它的失败，源于没能获取某些重要资源。

第八章

失败模式五：资金、管理者及制度缺位

Dot&Bo[175]是连续创业者安东尼·苏胡的公司。2007年，苏胡将一家名人新闻网站转让给了哥伦比亚广播公司旗下的互动数字信息网，并在那里担任了高级管理人员。几年后，他看到了新的商机：用电视剧讲故事的方法来推动生活类物品销售的电子商务，比如食品、旅行用品、家居装饰品等。由于无法从哥伦比亚广播公司内部获得资金支持，他干脆离职创办了公司。2011年，苏胡成了风险投资公司Trinity Venture的驻场企业家，在那里，他开始着手落实自己的创业理念。

在尚未明确该经营哪一类生活用品之前，苏胡就已经在Trinity Venture主导的A轮融资中以900万美元的估值筹集到了450万美元。半年后，他将经营目标定位在家居装饰上。这是一个巨大的市场，而实体店在这一领域的表现乏善可陈，客户因为产品种类少、销售人员固执己见且不够专业、交货周期长等因素而不满。2013年2月，苏胡及其小型团队创办的Dot&Bo正式投入运营。

Dot&Bo的最大亮点在于它独具特色的家居用品陈列方式。每一单个物品都与房间内的其他物品互为补充。每一个家居系列都可以被想象成电视剧中的某一集（比如"爱因斯坦的办公室"），产品就是电视中的"角色"。苏胡解释说，"通常情况下，当人们想要卖掉一把椅子时，他们会把99%的注意力放在椅子的各种属性上。我们的理念是，把50%的注意力放在椅子上，另外50%的注意力放在屋子里的其他物品上。我们要把零星的物品组合在一起，将整体理念出售给客户——优秀的室内设计师都是这么做的"。公司的产品完全在客户的购买能力之内：价格比宜家公司的同类产品优惠10%，而质量和设计却要更胜一筹。

这种形式得到了那些对设计灵感和设计指导有需求的客户的共鸣。网站的月销售额增长迅猛，从2013年2月的1万美元上升到2013年12月的75万美元。Dot&Bo发送出去的促销电子邮件——最主要的营销手段——的阅读量是同行业平均数的2~3倍。Trinity Venture的合伙人兼董事会成员格斯泰表示，"这是我所见过的发展势头最强劲的线上零售平台"。

为进一步发展，苏胡决定开展B轮融资。两周之内，他收到了两份协约书，同时，一家大型线下零售企业主动提出以4 000万美元的价格收购Dot&Bo。董事会对公司的期待并不止于此，苏胡遵照他们的意愿，谢绝了这一收购邀约，并于2014年3月以5 000万美元的估值完成了1 500万美元的B轮融资。

2014年一整年，在快速拓展客户的同时，Dot&Bo成功地维系住了产品与市场的匹配。重复购买率持续居高，客户口碑也是如此。当年的客户终身价值预计是200美元，而每一个客户的获取成本平均是40美元，LTV/CAC比值要远远高于同行业主要竞争对手。苏胡在一些场合中曾说，"其他公司可能会花400美元去争取一个客户，而这个客户可能只会消费 50 美元"。2014 年，Dot&Bo 的年收益达到 1 500 万美元，比 2013 年几乎增加了 7 倍。尽管收益可观，每月的客户拓展目标都能正常实现，但 Dot&Bo 付出的代价也是显而易见的：公司将 42% 的收益花在营销上，但由于运营环节存在的问题，从中获得的毛利率只有 25%，2014 年公司就出现了 800 万美元的亏损。

爆炸式增长给 Dot&Bo 的供应环节造成了巨大压力。公司的产品采购渠道五花八门。有些供应商在 Dot&Bo 尚未接到派单之前就将大批货物发往公司仓库，另一些供应商则是在一批批派单逐渐到位后将少量货物依次发往公司仓库，还有一些供应商则直接把货物发送到了 Dot&Bo 的客户手中。这种复杂局面导致情况高度可变，使交货时间难以保证，并进一步导致 Dot&Bo 客户的购买后 NPS（41 分）与交付后 NPS（负 17 分）差值惊人。此外，公司的迅猛发展也让供应商对订单应接不暇，由此导致的库存短缺迫使 Dot&Bo 放弃了很多订单。投资人倒是处之泰然，声称"需求量大是件好事"，但其实不然。

2013 年，Dot&Bo 的仓储管理和货运服务是靠朝气蓬勃、干劲充沛的年轻员工来完成的。他们并不具备这些领域的前期经验，但至少在一开始，完成工作是不成问题的。随着情况的日渐复杂，苏胡意识到必须靠经验丰富的经理来管理这些部门。他聘请了一位运营副总监，此人曾在两家大型科技公司担任部门总经理，还曾出任两家初创公司 CEO。然而，他从未负责过与 Dot&Bo 开展的电子商务运营相关的岗位。

新的运营副总监面临的首要任务之一，就是选择一个 ERP（企业资源计划）来管理采购、库存、订单和其他运营事宜。但由于整个部门缺乏前期行业经验，他们做出了一个极不明智的选择。他们选择的 ERP 不适用于 Dot&Bo 在采购中面临的复杂问题，因此，他们无法准确掌握产品的库存情况，导致网站上常常将有货商品误标为缺货，或是把缺货商品误标为有货。一些原本可以成交的业务被白白错过，很多订单延误严重，一拖数月，导致客户服务查询量激增。公司来不及招聘并培训足够多的客服代表，电子邮件的回复甚至会滞后长达 11 天。为加快处理积压订单，公司不得不选择加急运输，毛利润也因此而受损。

苏胡回忆道，由于对 ERP 的选择不当，"我们连'我的货在哪里'这样一个简单的客户质询都回答不了，对于运输成本，我们也无法做出准确估计。这套系统不能让我们进行需求预测、与供应商直接沟通，或是了解客户反馈以便及时找出问题的症结"。他又补充道，"一旦启动了某套 ERP，你就很难再替换它。假如你的公司里信息技术人员寥寥无几且工作负荷超标，就像我的公司那样，那替换 ERP 就尤其困难"。

2014 年下半年，苏胡及其公司团队将工作重心放到了物流和运营上，以期能掌控住局面。他们缩减了营销开支，以此来缓冲不断增长的市场需求——鉴于 Dot&Bo 在社交媒体所营造的热潮，市场需求依然强劲。与此同时，苏胡聘请了新的运营副总监，对方在物流管理方面经验丰富，在网飞的业绩尤为出彩。这位副总监采取了一系列新举措，他重新就公司的货运合同开展了谈判，对交付承诺进行了更为严格的供应商责任管理，并拟定了更换 ERP 系统的方案。截至 2014 年底，订单延误率从当年春季的 40% 下降到 15%。此外，客户的购买后 NPS 与交付后 NPS

也不再出现惊人差距，分别提升到了 54 分和 55 分。

2015 年 3 月，公司的运营重回正轨，年度预估收益有望从 2014 年的 1 500 万美元上升到 4 000 万美元。彼时，苏胡开始为 C 轮融资做准备，希望以 2 亿美元的估值融得 3 000 万美元。然而，就在此前一年，潜在投资人已经对电子商务公司心生防范，因为他们目睹了消费类互联网股票价格以平均 40% 的幅度在下跌，其中尤以 Zulily 最为典型。这是一家面向妈妈们的闪购网站，股价从 2014 年 2 月的 70 美元一落千丈，到 2015 年 5 月已跌到 11 美元。

经过四个月徒劳无功的奔走，融资一事只能作罢，Dot&Bo 董事会决定转让公司。他们收到了几家竞标者的反馈，其中一家是美国线上零售企业中的佼佼者，出价 5 000 万美元。然而，谈判进展缓慢，Dot&Bo 的资金储备却在迅速减少。为了防止资金断供，苏胡裁撤了部分人员，员工总数从最多时的 91 人减少到了 2015 年底时的 71 人。

到了 2016 年春季，Dot&Bo 还没有找到最终的合并伙伴。与此同时，有消息传来，它们的竞争对手 One Kings Lane 同样在线上经营家居装饰用品，曾经获得 2.25 亿美元的风投资金，如今以不到 3 000 万美元的价格被 Bed Bath 收购。[176] 苏胡说，"这个收购声明让电子商务公司彻底掉进了低谷"。所有曾有意收购 Dot&Bo 的企业都撤回了意向。2016 年 9 月，银行提前收回了对 Dot&Bo 的贷款，这家初创公司的唯一出路就是宣布倒闭。库存变现后的收益被用来偿还贷款，以及给员工发放两周的遣散费。公司的剩余资产以不足 100 万美元的价格卖给了阿里巴巴。

财务风险

在上一章里,我介绍过RAWI测试,即用"准备好了吗?有没有能力?愿不愿意?是否迫于竞争压力?"这四个问题来帮助初创公司衡量自己该不该快速发展。其中"有没有能力"这一项关注的是初创公司能否获得发展所需的必要资源,能否有效利用这些资源。Dot&Bo恰恰就败在RAWI测试中的这一环节,沦为"资金、管理者及制度缺位"型失败模式的牺牲品。与那些因"高速发展,急踩刹车"而失败的公司不同,这一类初创公司在发展过程中能够维系产品与市场的匹配,但问题在于,它们无法集结必要的资源来推进后续发展。具体而言,Dot&Bo之所以发展受阻,一是没能招募到称职的资深专家,二是在电子商务类初创公司整体遭遇投资寒冬的背景下筹集不到资金。在人员任用不当和融资时运不济这两重因素的共同作用下,Dot&Bo一败涂地。

每一家发展中的初创公司都会在某种程度上遭遇资金风险。当资本市场条件不佳时,即便经营良好的企业也有可能筹不到资金。有时候,就像Dot&Bo所遇到的,融资失利是源于投资人突然之间对整个行业举起了红牌。当某个行业失宠于投资人之后,其严重后果有可能持续若干年。所以,当一家恰逢融资关口的初创公司遇到这种巨变时,除非投资人回心转意,否则公司很难坚持下去。Trinity Venture公司的合伙人、Dot&Bo董事会成员格斯泰回忆说,"在2015年,电子商务类初创公司已经不可能从外部筹集到资金了。大部分行业都会偶尔面临资金风险,电子商务行业也不例外。但这一次,投资人的翻脸无情来得猝不及防"。

在对公司的失败进行反思时,苏胡说,"假如投资人对这个行业的兴趣高涨不衰，那我们有可能以 3 亿美元的价格被一家大型零售企业收购，其正急于将家居业务拓展到网络世界。或者我们能带领公司实现盈利。假如我们的团队再强大一些，没准还能让公司股票挂牌上市"。格斯泰认同这一说法，他表示，"要在电子商务领域干出一番事业，你必须有上佳的表现。Dot&Bo 在调动市场需求方面做到了，我相信，假如当初它们能掌握更多资金，拥有更多时间，那供给侧的问题也能得到解决"。

风险投资易出现盛衰交替的情况。[177] 典型案例包括 20 世纪 80 年代早期的个人电脑硬件及软件业，20 世纪 90 年代早期的生物科技业；2000 年后期的清洁技术领域；以及所有泡沫经济的鼻祖——20 世纪 90 年代末的互联网经济领域。每一次，风险投资人都先是一窝蜂地给某些热门新生行业投入巨资。紧接着，投资热潮中道而止，那些初创公司只能在捉襟见肘的境况中蹒跚举步。

投资热潮时而强劲，时而衰微，但这种变化并不总能对所有行业产生影响。有时仅仅是某些板块受到波及，比如送餐服务、虚拟现实、宠物看护、比特币/区块链、直营品牌、机器人制造、自动驾驶车辆，诸如此类。

投资泡沫易在以下情况中出现。首先，当创业者和投资人都发现了一个巨大的、全新的商机时，且这些商机往往建立在技术革新的基础之上，比如机器学习、基因编辑、语音识别技术（比如 Jibo）。其次，当创业者发现了多元化的全新商业模式时，比如闪购平台（如 Fab.com）、零工经济（如巴鲁公司）、直营模式（如 Quincy 服装公司）。最后，当快速发展的新销售渠道——比如移动电话或脸书上的应用平台（如 Triangulate）——有可能带来新的机遇时。当第一批实践者发展态势喜人时，效仿者会蜂拥而至。

错过了第一波投资机会的投资人会奋力直追，力求在第二波浪潮中抓住机遇。当创业者和投资人都被"非理性繁荣"所迷惑时，他们会做过头，太多的企业会因此入场。行业板块继而人满为患，为争取竞争优势，初创公司不得不加倍投入。市场震荡随之而来。当创业理念单薄、资金支持不足的竞争对手被淘汰出局后，没有人会觉得意外。但是，假如落败的是行业领军者，那警报就会拉响，投资者就会纷纷向后撤。泡沫就会炸裂。Dot&Bo 所经历的正是这一幕，当它的主要竞争对手 Fab.com 和 One Kings Lane 难掩困境时，Dot&Bo 也被资金枯竭的魔咒所困扰。

哪一类初创公司最容易遭遇资金风险？早期初创公司显然位列其中，但它们有一个优势：它们为谋生存所需要的资金额度要小得多。比如凭借 75 万美元的过桥资金，一个由 6 人组成的团队还能够继续战斗两年以上。当前投资人有能力也有意愿为他们提供这笔钱。

相反，进入后期的初创公司即便调整了发展战略，它们所需的资金额度也要大得多。尽管当前投资人手头掌握着 1 000 万美元可供用于过桥资金，但鉴于这笔投资的重要性，他们会停下脚步反思自己会不会"赔了夫人又折兵"。此外，就像苏胡所感受到的那样，假如当前投资人表现得谨小慎微，那公司就很难吸引到新的投资人。融资之路漫漫无期，而与此同时企业的资金储备却在迅速减少。一些初创公司的发展速度不具备可持续性，对于这些跌入"高速发展，急踩刹车"发展模式的公司而言，资金风险无异于雪上加霜。要想避免破产，它们唯一的选择就是尽快踩刹车。

Dot&Bo 的商品部经理本·帕尔萨得出的结论是，之所以深陷资金危机，是因为公司采纳了 Zulily 曾实施的"快速做大做强"战略。Zulily 是 Trinity Venture 风险投资组合中的另一家电子商务公司。

"Zulily 上市后，Trinity Venture 收获了巨大的回报。Zulily 在短时间内创立起了一个极具影响力的电子商务品牌。很多运营中的企业没有自己的线上品牌，所以乐于收购这样的初创公司。一开始，我们就是照此路径在发展，为了使 Dot&Bo 成为一个理想的收购目标，我们得在规模上做足文章。我们不需要盈利，只需要足够的资金来加速发展。起初，资金不成问题，而且苏胡也很善于筹资。所以，我们把前进的马力开到了最大。我们的产品很受欢迎，管理战略也行之有效。市场上存在大量的潜在需求，而我们的竞争对手满足不了这些需求。我们就像是搭上了一辆全速前进的列车。当资本市场突然间向我们关闭大门时，我们已经来不及收手了。"

创业者该如何防范资金风险，或该如何减少资金风险带来的负面影响？

防范资金风险的第一个应对之策是，创业者得对行业的兴衰交替有所警觉。这并不是说创业者因为起步晚就该回避某个热门领域，或是干脆放弃创业计划。搜索引擎领域的谷歌公司、文档管理领域的多宝箱都是后起之秀。它们都凭借技高一筹的产品占领了属于自己的市场份额。所以，创业者起步时应该问问自己：和那些根深叶茂的大公司相比，我的公司有哪些竞争优势？假如资本市场进入枯竭期，我的早期投资人能不能、愿不愿提供过桥资金？

当初创公司进入发展后期时，假如创业者已预感到资金风险或将来临，那不妨提前采取应对之策。[178] 首先，创业者可以尝试提高融资额度，而非按照财务预算中实现下一个重大发展目标所需的数额去融资。一笔额外的资金有可能让创业者起死回生。亚马逊在完成首次公开募股后，发行了20亿美元的债券。一旦遭遇资本市场的寒冬，这笔资金足以解决它在未来几年内有可能出现的巨额亏空。相反，eToys——一家曾经与亚马逊不相上下的公司——是在互联网泡沫破裂之前刚刚完成首次公开募股，由于无法获得后续资金，最后以破产告终。

要不要筹集额外资金以做缓冲？这是个棘手的问题，因为它会迫使创业者在恐惧与贪欲之间做选择。害怕资金链断裂，这会让他们努力争取更多资金，但这意味着他们的个人股权会被进一步稀释。假如当前的资金需求尚不迫切，何不等到关键时刻再动手，比如一年半之后？如果公司一直在正轨上运营，届时将有可能已经完成重大的阶段性目标，假设资本市场在那一时刻仍保持开放状态，那创业者就可以以更高的股价完成新一轮融资，从而减少管理层人员和现有投资人的股权稀释。

然而，即便创业者想要筹集多于所需金额的缓冲资金，投资人的工作也并不好做。他们也会在恐惧与贪欲之间权衡摇摆。从贪欲层面来分析：假如公司运营正常，那么在B轮融资中一次性投入4 000万美元将会使风险投资企业获得初创公司的更多股份。与之相比，若是在B轮融资中投入1 500万美元，然后在C轮融资中再以更高股价投入2 500万美元，那风险投资企业所获得的初创公司股份就会变少。从恐惧层面来看：假如初创公司在风险投资企业一次性投入4 000万美元之后出了状况，那比起先投入1 500万美元的战略，风险投资企业蒙受的损失就要大得多。

防范资金风险的第二个应对之策是，从那些更有可能也更有意愿提供过桥资金的风险投资人手中去筹集资金。在收益良好的前提下，风险投资人通常每隔三年左右就会开展一轮新的基金筹募，因为他们当前的基金储备在逐月减少。他们一般不会从不同的基金中拿出钱来给初创公司追加投资。因此，假如风险投资人手中最初用来投资某个初创公司的基金已经消耗殆尽，那初创公司就不必指望对方继续投资了。在此期间，风险投资人可能已经完成了新基金的筹募工作，但是，用新基金来追加投资会导致新旧两笔基金有限合伙人的利益相互冲突。

至于原因，我们不妨举个例子。假设风险投资人之前靠三号基金给初创公司投资，如今想要从四号基金中拿出钱来追加投资。在新一轮投资中，对初创公司的估值如果高得离谱，那会导致四号基金有限合伙人的股权被过度稀释，而三号基金有限合伙人却从中受益。为避免此类问题，风险投资人都会在面向初创公司首次投资的基金中留出一定比例的资金，以供后续追加投资时使用。但是，由于很难精确地计算出这个比例，有时风险投资人的投资速度超出了预期，以致预留资金很快就见了底。因此，创业者应该在确定投资人之前，先弄清楚他们当前的资金状况。

同样，在对一个有可能走向失败的投资组合公司追加资金时，那些截至当前靠现有基金仅获得平庸回报的风险投资企业会格外谨慎。原因是，它们需要提高收益，这样才能在新一轮基金筹募中获得有限合伙人的支持。

防范资金风险的第三个应对之策是，在必要时以灵活方式削减成本，尽管这样做会破坏平衡。比如初创公司可以放弃因签订长期租约省下的红利，哪怕支付更高租金，也要保留随时终止短期租约的权利。

缺位的经理

在资金风险之外,其他资源的短缺也会对发展中的初创公司产生危及存亡的影响。尤其当重要职能部门的资深经理缺位时,公司的运营表现会受波及,导致资金消耗的速度超出预期。

Dot&Bo 在聘任资深专业人才的道路上可谓波折重重。公司缺一个运营管理者,于是苏胡招募了一位经验丰富的通用型人才,而非专业型人才,其结果可想而知。苏胡的本意是找个人来担任首席运营官,他认为,首席运营官一职需要的是综合能力,这种想法有合理之处。但遗憾的是,这种通用型人才在处理手头的重要事务时,缺乏必备的经验。副总裁的继任者倒是具备相关职能经验,是他设法稳住了 Dot&Bo 的运营态势。然而,苏胡对于这位副总裁的表现并不满意,最后还是另择他人任用。苏胡的解释是,"他是个典型的大型公司员工,你让他解决的事,他会尽心尽力完成——比如平均成本这一类指标会有所提高——但不一定能以一种对公司有利的方式去完成。他不会像老板那样去思考问题"。Dot&Bo 的联合创始人及商品部经理本·帕尔萨对此深以为然,他补充说,"就像很多大型公司的经理一样,他是混淆视听的高手,能操纵数字,让形势看起来一片繁荣"。

风险投资人本·霍洛维茨的态度与上述观点不谋而合,他提醒说,大机构内盛行的管理风格在初创公司领导者眼中会显得"太讲究政治"。霍洛维茨还指出,许多企业高管很难适应初创公司内的这种节奏:他们必须得主动采取行动,否则将一事无成。而在大型公司里,来自外部的各种要求会让公司经理应接不暇,他们得做出反馈,给出决策。[179]

假如Dot&Bo的管理层早一些聘用到合适的运营副总裁，那他们就有可能储备到足够的现金来挺过电子商务行业的投资寒冬。在专业人员任用问题上，苏胡犯下的另一个错误是，让一个营销领域的资深专业人才取代了年轻的通用型人才。这个年轻人此前一直是Dot&Bo营销团队的带头人，他工作表现上佳，但是在管理方面缺乏前期经验。苏胡说："我原以为外来的专业人才能让我们受益更多，但实际情况是，他只干了四个月，就把一切搞得一团糟。他太有条不紊了，以至于拖慢了我们的整个发展节奏。后来，我们只得请原来的年轻人重返岗位，一切又重回正轨。我从这件事里吸取的教训是，'如果自己人能够胜任，那就应该在引入外部人才时三思而行'。"

就这样，Dot&Bo在聘请专业人才管理职能领域时，一会儿动手太早，一会儿又动手太晚，低估了初创公司发展过程中雇用资深专业人员这一问题的重要性。这其中，部分原因是创始人在某个领域——比如工程技术领域——工作过，对于其他领域的专业技术人员招聘缺乏了解，不知道哪些是关键指标，哪些是必备技能。专业知识与解决问题的能力相比，哪个应占比更大？此外，由于缺乏前期数据的支撑（这是早期初创公司常遇到的问题），那么还可不可以放心地遵照经验来行事？

Moz是一家搜索引擎优化软件供应商，其创始人兼前任CEO兰德·费施金对于招募专业人才之难发表了自己的见解。他说，Moz之所以"在研发高品质软件事宜上从一开始就不顺利"，是因为他本人不了解前沿技术，继而让他的公司很难吸引到优秀的工程技术人员。他还表示，"对于你甚少涉足的职能领域缺乏深入了解，这会使你很难挖掘到这一领域的杰出人才"。[180]

如此说来，该如何应对？[181]有些时候，就像Dot&Bo的营销部门那样，留用尽职并且能胜任的通用型人才不失为理性之选。但如果面临非专业人才不可的局面，那么以下三种做法可供创业者借鉴。

第一种做法，也是低风险做法：通过熟人推介或是猎头公司，聘请资历尚浅的专业人才。这样做的好处是：资历尚浅的专业人才在必要时可以完成一线工作；所需的薪酬不会太高，即便选人失误也不会给公司带来太大损失；初创公司领导团队可以从中积累聘用经验。不足之处是，一旦雇用了资历尚浅的专业人才，其上司会因为缺乏专业知识而无法有效驾驭他。

第二种做法是，创始人可以先雇用一位资深专业人才来为某个职能领域打基础，依靠他来选拔一线人员，将工作机制和工作流程纳入正轨。创始人可能会对这样的高资质人才退避三舍，因为他们对薪金的要求往往很高。苏胡就曾错失一个这样的机会。对方曾任首席运营官，在家具物流运输方面经验丰富，但是他的薪金要求是公司预算的两倍。就算创始人能够找到这样的人才，并且也愿意为其支付高价，随后而至的风险也在所难免。假如对方一直在大型公司工作，那么他首先得适应初创公司的企业文化和工作节奏。此外，他在大型公司中形成的工作风格可能已经根深蒂固，而这种风格与初创公司却格格不入。

第三种做法介于以上两种方法之间：初创公司可以聘用一位锐意进取、职业发展需求强烈、能力中等的专业人才。他能够并且愿意从事一线工作，与此同时，他又迫切渴望在短时间内升至管理岗位。

在重要岗位人员聘用问题上进行决断时，初创公司的CEO

应该广开言路，多方求证，并邀请董事会成员参与候选人的推荐与面试工作中。风险投资人曾帮助很多投资组合公司寻找到合适的管理人才，因此他们对于特定岗位的相关要求也会提出建设性意见——尤其当 CEO 本人缺乏该领域的前期经验时。

一流的人力资源管理者也会对高管聘用工作的成败产生重大影响。随着初创公司步入正轨，人力资源部的工作重心将有所调整，届时，人力资源部的带头人必须具备应对变化的能力。发展迅猛的编程训练营 Flatiron 的首席运营官克里斯廷·里奥丹在这方面的表现堪称典范。在训练营的起步阶段，他的工作重心是招聘人员。"依靠老员工的引荐，初创公司尚能撑过一段为时不短的日子，"里奥丹说，"但最终，你必须靠专门的招聘官才能解决人员聘用问题。而招聘官往往得之不易，因为太多从事这一行业的人都是就事论事，以交易为导向。可我们需要的是认同我们的企业文化和发展愿景，并能基于此帮助我们招贤纳才的这样一个人。"[182]

在进入第二阶段后，Flatiron 的当务之急转移到了人员管理上，或者说是"搭建在职人员和离职人员的管理流程，编制福利计划，设置各级组织岗位职责"。

到了第三阶段，Flatiron 的重心转移到了人才培养上：面向中层经理开展培训，为他们提供职业发展机会。此时，初创公司中的人力资源部长仍然在以下三方面扮演着重要角色：一是组织设计，包括在增设新的岗位后，重新规划上下级汇报关系；二是在维护与加强企业文化一事上给 CEO 提供建议；三是做好 CEO 和其他高层管理人员的顾问，帮助他们提高管理技能，优化管理风格，以应对新的挑战。精于上述任务的人力资源管理者完全有能力就如何选拔经理给出优质建议。

缺位的体系

在初创公司成立伊始，为数不多的成员可以在公司长廊擦肩而过时交流信息，或是在吃比萨的同时做出重大战略决策。然而，随着员工队伍的日益壮大，这种临时起意的交流形式不再适用，每个职能部门都需要搭建起一套新的体系和流程，以便让信息互享更为顺畅，决策制定过程更为严谨。比如说，销售部门应完善流程，以便确立优先业务、监控账户盈利、制定销售代表补偿计划等。而产品部和工程部则需要跟踪团队生产力、制定产品新特色优先级的路线图，诸如此类。

某些流程的运行情况会对初创公司的整体表现产生巨大影响。以Dot&Bo为例，由于选择了不适宜的ERP信息管理系统，公司难以对商品库存状态和订单状态进行及时追踪，最终销售不利，售后服务不到位。相反，Dot&Bo的经理对于不同销售渠道的盈利能力了如指掌，对于一家将40%以上的收益用于客户获取的公司而言，这项能力至关重要。

在初创公司的早期，决策往往产生自非正规的流程。[183] 与之相反，进入稳步发展阶段的初创公司在形成决议时，先要走正规的审核流程，然后再由高管签署同意书。对于常见的重要事宜，高管应明确指定哪些人有责任提出动议，哪些人有义务给出反馈，哪些人有权力做出决策。用正规流程来推进决策制定，尽管这会让人觉得有些官僚主义，尤其对已经习惯自主解决问题、喜欢公开透明的企业文化的第一批员工而言，但是假如不通过正规化的流程来明确责权，那么决策事宜将陷入停顿，责任归属将模糊不清，管理战略也将落实不力。此处的难点在于，如何在官僚主义和混乱无序中寻找到平衡点。

由于需要投入人力与资金，再加上创业者对于官僚主义的本能反感，所以甚少有稳步发展的初创公司在体制建设上未雨绸缪。他们更容易在犯了错误、产生困惑、遭遇变化、承受超负荷工作压力时才意识到管理体系的重要性，因为前述这些情况都源于自动化标准流程的缺位。诚然，有些初创公司的确在管理体系建设上动手早，投入大，特别是当它们的高管拥有大型公司工作经历，或者是 CEO 本人曾连续创业，在之前的公司有过管理体系建设经验时。然而，假如对发展中的初创公司缺乏深入分析，在不了解其特殊需求的情况下就过早搭建管理体系，或是简单地将大型公司的管理体系移植过来，那同样不是明智之举。初创公司的阶段性需求瞬息万变，过早搭建管理体系，这有可能使创业者错失重要的特色，反而在不再重要的特色上浪费大量精力。

令人欣慰的是，与应对"缺位的经理"一样，要解决"缺位的体系"这个难题，创业者只需要聘请一些有过相关从业经历的资深专家，他们在其他初创公司中遇到过相同的挑战，但都在何时搭建以及如何搭建管理体系这个问题上做出了明智的选择。创业者的公司是否能顺利通过 RAWI 测试中"有没有能力"这一关的检验，关键就在于领导层中有没有这样的专业人才。

第九章

失败模式六：勾勒不切实际的蓝图

我们本想要会飞的汽车，最后却只得到 140 个字符。[184]

——彼得·蒂尔，企业家兼投资人

我们可能无法拥有会飞的汽车，但至少在沙伊·阿加西的梦想中，电动汽车的时代终将到来。[185]2007 年，在特斯拉和日产公司尚未推出任何一款电动汽车之前，他就已经怀抱宏伟蓝图创办了 Better Place，他要做的，就是为所有电动汽车搭建一个大规模充电站网络。阿加西和他的父亲都毕业于以色列一流的科技学院，此前两人共同创办的公司最后以 4 亿美元的成交价出售给德国的企业软件巨头 SAP。阿加西加入了 SAP 的执行董事会，出任产品技术集团的总裁，并最终进入 CEO 继任人选之列。[186]2005 年，他参加了达沃斯全球青年领袖论坛，在那里，他获得了新的洞见：人类对石油的依赖造成地缘政治动荡，生态环境被破坏，要缓解上述问题，就必须依靠可再生资源，在全球范围内用电动汽车取代燃油动力汽车。

2006 年，在布鲁金斯学会会议上，阿加西与前以色列总理西蒙·佩雷斯交流了自己的想法。他的雄心壮志让佩雷斯深受触动，对方提出要帮助阿加西与相关政府和商界人士搭建联系，但前提是他先辞去在 SAP 的职务。"眼前的工作更有意义，"他告诉阿加西，"因为你将因此拯救世界。"[187]

2007 年 3 月，阿加西从 SAP 辞职。在佩雷斯的帮助下，他成功说服以色列政府对电动汽车仅征收 8% 的进口税。[188] 这是以色列政府的一次重大让步，因为当时的燃油汽车进口税高达 78%。他与一些汽车制造商的前期会晤也取得了成效：雷诺－日产联盟的 CEO 卡洛斯·戈恩同意生产一款与电池交换站相兼容的电动汽车，作为条件，阿加西的初创公司承诺购买 10 万台这样的车辆。雷诺公司此前有一款燃油驱动的经济型家用轿车 Fluence，新上线的电动汽车将在此基础上进行改版。

接着，阿加西开始把精力转向筹集资金。[189] 2007 年 6 月，坐拥 10 亿美元资产的以色列最大石油公司 CEO 伊坦·奥费尔完成了 1.1 亿美元的 A 轮融资——在当时，这算得上风险投资史上额度最大的 A 轮融资之一。摩根士丹利投资公司和 VantagePoint 投资公司，外加一些知名的天使投资人都参与了本轮融资。后来，由于一家丹麦能源企业和一家澳大利亚风投公司的加盟，这轮融资的数额又增加了 5 000 万美元。

获得了资金保障，阿加西的下一项任务就是组建队伍。兄弟姐妹和他在 SAP 的前同事[190]是主要力量。他的哥哥负责全球范围内基础架构的搭建工作，他的姐姐负责以色列国内的营销工作。SAP 的前同事被分别任命为全球运营主管、汽车生产商联络部主管及财务总监。至于以色列境内 CEO 这一关键职位，阿加西选择了一位以色列国防部的前任少将。在成立之初，公司的高层管理人员对于充电站或是汽车行业的运营情况没有丝毫前期经验。

至于在哪里打开 Better Place 的市场，阿加西选择了自己的故土以色列。[191] 以色列国土面积不大，国民也极少跨过边境去邻国旅行，极其适宜搭建电动汽车充电网络。因为在当时，电动汽车电池的续航能力仅在 100 英里①左右。Better Place 将第二个目标锁定在丹麦。丹麦同样是个紧凑的小国，国民崇尚"健康绿色"的生活方式。

2008 年，阿加西的团队意识到，要想做大规模，他们就必须为每一台 Better Place 的电动汽车提供至少两个充电点。选址可以包括停车场、街道边或是用户的车库里。这些充电点应该能做到在 4~6 小时内为一个零电量的电池充满电。每个充电点的成本连同安装费预计在 200~300 美元。据团队测算，假设以色列境内 200 万车辆中有 20 万辆来自 Better Place，那么设置 40 万个充电点的花费将超过 8 000 万美元。

以色列国境南北横跨 260 英里，对于那些超过 100 英里的行程而言，Better Place 的解决方案是设置电池交换站，借助机器人来完成拆装电池的工作，所需时间在 5 分钟左右，基本上与燃油汽车加油时长相同。2008 年，据团队测算，Better Place 每 2 000 辆电动汽车就需要靠这样一个电池交换站来保障长距离行驶。每个交换站的造价在 30 万~50 万美元，因此，假如 Better Place 能够占领以色列汽车市场中 10% 的份额，那么建造 100 个电池交换站所需的投资将超过 3 000 万美元。

作为 Better Place 的首发市场，以色列还具有另外一个优势：

---

① 1 英里 ≈ 1.61 千米。——译者注

以色列国内 70% 的家用轿车实际上都是被作为福利提供给员工的企业车队的车辆。[192] 阿加西和他的团队推测，只要能说服车队管理者接受 Better Place，那么电动汽车的推广会加速实现。最后，他们成功地与 400 家以色列企业签订了意向书——虽然不具备法律约束力。对方承诺，只要充电网络就位，它们就改用 Better Place 的电动汽车。[193]

2008 年，能够反映消费者对于纯电动汽车需求情况的数据还十分有限。市场上唯一在售的电动汽车是特斯拉公司的两座跑车，售价高达 11 万美元。于是，Better Place 委托他人开展了一次市场调研，[194] 结果显示，20% 的以色列家庭会考虑它们的电动汽车，并且愿意以高出同级别燃油汽车 10% 的价格购买电动汽车。但是，调研结果还显示，用户渴望更多类型的电动汽车，而不仅仅是雷诺中型家用车的改版。同时，他们更倾向于按月分期支付，而不是一次性付清全款。

尽管阿加西承诺自己的电动汽车将在定价和使用成本上大大低于燃油动力汽车，但实际情况是，无论是车辆成本，还是充电网络基础设施建设，所需的花费都远超预算。[195]Better Place 的管理者计划给面向以色列用户的电动汽车 Fluence 定价 3.5 万美元——这个价格与同级别燃油动力汽车售价相仿。而且，电池另计费。用户需要从 Better Place 那里订购电池租用年度计划，其中包括使用配套充电网络产生的费用以及充电所需的电费。订购费用因里程而异：每年行驶 1.2 万英里，则年度费用为 3 600 美元。与之相比，以色列用户使用燃油动力汽车行驶 1.2 万英里的话，燃油费用为 3 000 美元。1 加仑①汽油能让汽车跑 30 英里——所谓的使用成本更低廉也就仅此而已。

要购进一台不配电池的 Fluence，Better Place 得给雷诺 – 日产联盟公司支付 3.1 万美元（其中包括 8% 的进口税和 16% 的增值税）。电池成本一开始将达到 1.5 万美元——远远超出了团队成员在 2008 年预估的 8 000~11 000 美元的标准。[196] 除去车辆造价 [197] 和电池成本外，Better Place 起初估算的每车每年使用充电网络所需成本为 1 000 美元，其中包括电费、维护费、充电点和电池交换站的更新成本（以 2008 年的估算为基准）。凭借这样的商业模式，Better Place 以色列分部有望在四年后收回成本，继而实现微薄盈利。假如电池成本能降下来，或是公司能在谈判中把车价压低些——也许可以和其他汽车生产商做上几笔交易，那就有望随着时间的推移而获取利润。

在进入以色列市场之前，Better Place 已经在全世界范围内快速布好了局。其总部设在帕洛阿托，[198] 分公司遍及以色列、丹麦、法国、西班牙、奥地利、澳大利亚等地。公司也已向外界宣布了在澳大利亚、夏威夷、加拿大安大略省、美国加利福尼亚州、荷兰、中国以及日本开展的试点项目及正式项目的总体规划。与此同时，公司管理者已经和生产各种配件的厂家建立起了合作关系。充电站的设计奉行定制化原则，坚固耐用，能够通过无线调制解调器跟踪用户的充电情况。研发电动车内置软件 [199]——别名奥斯卡（车辆的操作系统）——并不轻松。除其

---

① 加仑：容（体）积单位。1 加仑（美）=3.785 412 升，1 加仑（英）= 4.546 092 升。——译者注

他功能外，奥斯卡操作系统还得对能耗与电池寿命进行监控，向司机发出预警信号，在电量不足时引导司机前往最近的充电站，同时，控制充电的速度以便将电池受损程度降到最低，此外，为防范不期而至的大规模停电，Better Place 还得有选择地、暂时性地限制某些车辆在夜间充电，以免出现用户集体用电导致的电力供应不足。

科技新闻记者布莱恩·勃鲁姆所著的《报废》（Totaled）一书完整记录了 Better Place 的创业经历，据他所言，这家公司在奥斯卡操作系统上总共花费了 6 000 万美元。[200] 用于跟踪使用情况并进行账单管理的 CRM（客户关系管理软件）同样成本高昂，技术复杂，因为 CRM 面向的是几百万用户。随着 Better Place 资金消耗速度的不断攀升，形势越发清晰起来：公司需要更多资金。2010 年 1 月，阿加西轻轻松松地就以 11 亿美元的估值拿到了 3.5 亿美元的 B 轮融资。

尽管市场需求和所需成本具有极大的不确定性，但阿加西在融资环节一直顺风顺水，这在很大程度上取决于他的个人魅力，以及他那善于将振奋人心的美好愿景传播出去的能力。他成了商界名人，这倒不无益处。2009 年，阿加西入选《时代》杂志评选的"最具影响力的 100 人"之列，他的 TED（美国一家私有非营利机构）演讲观看人次高达 130 万。[201] 在这次演讲中，他大胆宣称"在道德层面，电动汽车革命的意义不亚于废除奴隶制"。

Better Place 的公关及政策主管乔·帕卢斯卡这样评价自己的老板，"他对自己所讲的一切深信不疑，那种信心会让人觉得不可思议"。[202] SAP 的高管尼米什·梅塔说，"我从来没见过像他这样善于兜售抽象概念的人"。[203]《纽约时报》科技专栏记者克里夫·汤普逊眼中的阿加西是一个"销售天才，他能看穿别人的心思并且与之建立起联系"。[204] 但是，汤普逊也看到了阿加西性格中的另一面。他补充说，"他身上还有一种冥顽不化的劲儿，我在很多热爱电脑编程和逻辑思考的人身上见到过这股劲儿。一旦他认定某个方案是最优方案，那就会以一种近乎病态的执拗坚持下去"。

公司原计划在雷诺－日产联盟之外，另与几家汽车生产商进行合作。这些厂家需要设计出一款电池可更换、能够与 Better Place 的电池交换网络相兼容的车辆。尽管很多厂商都考虑了阿加西的提议，但最终并没有任何一家前来签约。更糟的是，阿加西还和其中几家闹僵了。在 2008 年的一次会议上，[205] 通用公司高管提议与 Better Place 合作，为他们的雪佛兰插电式混合动力汽车搭建充电站。阿加西对此提议不屑一顾，"它有排气管，笨头笨脑。我们不接受这种半土半洋的东西，有排气管的汽车我们不要。就这样"。后来，阿加西还向同事自信地宣称，"下一次会议要在我们自己的总部召开，届时，我们的市场资本总值将超过他们"。

同一时期，Better Place 与雷诺－日产联盟的关系 [206] 也开始恶化，因为在对方公司的领头人物离职后，取而代之的继任者并不看好 Better Place。雷诺－日产电动汽车分部的这位新任经理推崇快速充电技术，他认为，用 30~40 分钟的时间给电池充满 80% 的电，这对于有着"续航焦虑"的用户（他们总担心在赶到充电站之前就耗尽了电量）而言是更优方案，因为部署快速充电站所需的成本仅仅是 Better Place 电池交换站投资总额的一小部分。这位新经理未曾与阿加西谋过面，此外，他还是日产聆风（NISSAN LEAF）坚定的支持者。这是一款不配备可更换电池的纯电动小型轿车,于2010年底正式面世,未计算税收优惠之前的售价是3.3万美元。[207]

为了避免Fluence电动汽车可能造成的亏损,雷诺公司经理与Better Place的管理人员在设计方案上相持不下。据布鲁姆所言,其中一个分歧是,要不要在车内配备"智能螺丝",它可在收到指令后自动将电池卸下,落入电池交换站内的可伸缩金属盘内。雷诺公司倾向于另一个对它们而言成本较低的方案:靠交换站内的机器人手动拆装传统螺丝。Better Place最后做出了让步,尽管这让电池交换站的硬件建设成本又增加了不少。此外,这样的设计也无法确保电池交换站能够与其他品牌的电动汽车相兼容,因为不是所有电动汽车都配有可拆卸电池,也不是所有可拆卸电池都是用相同规格的螺丝安装到位的。

随着Better Place在以色列正式投入运营,大家才意识到最重要的硬件成本已经远远超出了最初的估计。单个充电站的造价达到了2 500美元,几乎是2008年预估值200~300美元的10倍。[208]不过,这个造价与当前行情是相一致的。2011年,通用电气公司推出的家用充电站标价是1 000美元,配件外加安装费另需1 000美元左右,都得由客户买单。[209]因此,在以色列部署40万个充电点总共需要10亿美元,而不是2008年预估的8 000万美元。

同样,原打算用单价30万~50万美元在以色列境内打造的21个电池交换站最终也以单价超过200万美元收场。[210]实际上,研发早期受雇于Better Place的一位顾问曾估计,鉴于建设过程中的复杂性,每个电池交换站的耗资有可能高达300万美元。[211]但是,公司管理层对他的观点未置可否,理由是,每个电池交换站只需50万美元的结论是通过欧洲两大工程巨头西门子和ABB的数据得来的。

由于设备成本高昂，Better Place 短期内不太可能在以色列获得盈利。如果将来能实现规模经济效应——提高在以色列、丹麦以及其他国家或地区的销量，那么成本有可能被降下来，可谁也不能保证这一点。不管怎么说，阿加西锐意向前的决心并没有丝毫动摇。

随着外部压力的不断升级，公司内部的紧张氛围也在暗流涌动。在2010年6月的一次会议上，董事会质疑阿加西在挥霍浪费。[212] 当阿加西辩解时，董事会主席奥弗扬言要解雇他，但最终还是作罢了。阿加西与高管的关系也开始恶化。他会因为员工表现不佳而大发雷霆。[213] 据《快公司》杂志报道，他还逼走了公司的全球运营主管，原因是怀疑对方越过他直接向某个董事会成员汇报工作。

与此同时，雷诺-日产联盟的 Fluence 迟迟不能问世，[214] 在以色列国内官僚主义主导下的审批体制也使得充电站和电池交换站的建设工作进展缓慢。据布鲁姆记载，它们很难拿到建设许可证，因为政府要确保它们的选址不会危及文物保护。[215] 在街边安装充电站一事也未获许可，但对于没有车库和车道的车主而言，马路边是唯一的可行之选。此外，现有的加油站原本是安装充电站和电池交换站的理想之所，但根据有关规定，加油站的占地面积不得超过200平方米，加油桩和其他设施都须局限于这个范围内。[216] 很多加油站经营者已经利用多余空间开起了盈利可观的便利店，所以，Better Place 只能被迫到远处去选址。另外，雷诺公司在以色列的经销商不愿意经手电动汽车，原因倒是可以

第九章 失败模式六：勾勒不切实际的蓝图 249

理解：他们对阿加西的宏伟目标心有疑虑。[217] 于是，Better Place 只能从现金储备中拿出更多的钱来设置专门机构，亲自负责车辆的进口及销售。

鉴于上述阻碍，公司未能兑现 2011 年上半年在以色列正式推出电动汽车业务的承诺。2011 年下半年，资金再次告急。阿加西以 22.5 亿美元的估值完成了 2.5 亿美元的 C 轮融资——主要是从当前投资人手中筹集资金。然而，他原本的融资目标是 3.5 亿美元，资金压力并没有得到充分的缓解。[218]

2012 年 1 月，Better Place 终于在以色列启动了电动汽车销售，[220] 彼时，公司的现金消耗已经到了每天 50 万美元的程度，而销量却并不理想。普通的公司职员对其购买热情并不高，因为他们得时不时给车充电，还得操心当前电量能续航多远。假如他们租用并使用自己公司的车辆（无论是燃油汽车还是电动汽车），老板会承担由此产生的费用——例如燃油汽车所需的燃油费，或者是 Better Place 电动汽车所需的充电费。职员唯一的花费则是他们因公司的这份额外补贴而支付的使用税。购买及使用 Better Place 电动汽车所需费用与使用燃油动力汽车不相上下，而且更换为电动汽车也并不能使他们免交使用税。换言之，更换车型并不省钱，只会给用户带来更多不便：一个几乎没有吸引力的提案。

另外，考虑到 Better Place 的定价，普通公司也无法因激励员工改用电动汽车而节省开支——尽管这些公司当初都曾签下推广电动汽车的意向书。与此同时，由于对 Better Place 电动汽车的市场潜力并不确定，租赁公司也不愿意推动企业车队去购置它们。[220] 为了得到租赁公司的支持。Better Place 承诺，假如上市后车价不够高，它们将负责回购，以确保租赁公司利益不受损——这个承诺进一步增加了公司的财务风险。

在不温不火地完成新品发布后，公司内部的紧张情绪终于爆发了。据布鲁姆记载，在2012年初的一次高管会议上，阿加西对九个管理层人员说，"在一个公司里，信任是最重要的东西。但信任不会凭空产生。在这个屋子里，只有两个人值得我信任"。[221] 阿加西的朋友，董事会成员安德烈·扎鲁尔做出了回应，他让在场的大多数人意识到，这种感受是相互的。扎鲁尔曾在达沃斯帮助阿加西一起构想出 Better Place 的发展蓝图，他提醒阿加西，公司的现金只够撑到 10 月份，阿加西对此大为光火，他在推特上写道，"有些人要么是真朋友，要么什么也不是"。

通常情况下，发出资金预警信号的应该是公司的财务总监，[222] 但是，自从 2011 年原财务总监离职后，Better Place 的这个位子一直处在空缺状态。这个人选本来就很难确定，更何况阿加西迟迟不愿找人来填补这个空缺，原因是，董事会提出新任财务总监必须同时向他们和阿加西汇报工作，这一安排让阿加西心灰意懒。

到了 8 月下旬，阿加西开始尝试寻找新的投资人，但无果而终。他确实从欧洲投资银行——欧盟名下的贷款分支结构，归政府所有——争取到了 5 000 万美元的贷款，但依然不够。于是，当 Better Place 进入 9 月资金耗尽时，他向已经给公司投入 7.5 亿美元的投资人申请了过桥贷款。奥弗的耐心终于在这一刻消失殆尽，他拒绝了阿加西的请求，建议对方卸任 CEO，改做董事会主席。阿加西断然谢绝，辞职而去。[223] 在奥弗的主导下，公司实现了最后一轮 1 亿美元的融资，并且在很短的时间内连续

第九章 失败模式六：勾勒不切实际的蓝图

招募了两位 CEO。第一位曾负责 Better Place 在澳大利亚的业务，他在任仅四个月就让奥弗失去了信心——四个月，足以让公司解雇 500 名员工并且说服雷诺公司终止 Fluence 的上线生产。第二位 CEO 认为，公司还需要再新增 5 亿美元才能达到收支平衡——这个目标简直就像天边的星辰一样遥不可及。就这样，2013 年 5 月，Better Place 宣告破产，截至当时，公司在以色列和丹麦总计售出的电动汽车不足 1 500 辆。

勾勒不切实际的蓝图

Better Place 以 9 亿美元为代价换来的教训是因为理念不佳？一开始就注定失败？不一定，但可以肯定的是，它的想法无异于上九天揽月：如此宏伟的抱负，势必要靠一系列措施来保障，否则只会一败涂地。当方方面面的挑战与困难纷至沓来时，创业者很难将它们悉数解决。

简单而言，Better Place 落入了进入发展后期的初创公司的另一类失败模式：勾勒不切实际的蓝图。在这种模式中，追求极致革新的初创公司面临很多项重大挑战——对其中任何一项的应对不当都足以将公司置于死地。因此，只有当奇迹成串发生时，公司才能成功。让我们来看看阿加西的宏伟蓝图需要建立在哪些条件之上。

1. 用户对电动汽车有强烈需求。 若要让阿加西的理想变为现实，那就得有大批消费者毫无保留地支持纯电动汽车，无论电动汽车是否存在续航里程短、充电不便捷等缺点。尽管一小部分环保意识强的用户愿意选择这样一种绿色出行工具，但是在主流市场中，大部分用户只有在电动汽车的购买及使用成本低于同级别燃油动力汽车时才会选择前者。在一些燃油税居高不下的地区，比如以色列和欧洲，电动汽车充电所需的成本要比相同里程消耗的燃油费用低得多。但是，购置电动汽车所需不菲，两相抵消，用户并不能省下多少钱。

在 Better Place 发布新品时，一台配有电池的电动汽车售价——减免税收优惠之前——比同级别燃油动力汽车高出 50%。所以，电动汽车究竟能不能成为普通用户买得起的商品，这在很大程度上取决于政府补贴的力度够不够大。

2. 用户对可拆卸电池有强烈需求。假如用户不在乎高价而选择了电动汽车，但却对 Better Place 在解决续航问题上的做法不尽满意，那该怎么办？从理论上讲，用户可以尽量将行程控制在较短距离内，只将电动汽车用于上下班或是短途出行。但如何解决长途旅行的问题？从实际情况看，只有家境富裕的用户才有可能另外购置一辆燃油动力汽车来满足这一需求，如此一来，只适用于短途出行并且不配备可拆卸电池的电动汽车就很难获得强大的市场需求了。

另一个办法是依靠直流电快充技术。频繁使用快速充电有损电池寿命，但该项技术的支持者预计，大多数用户一年内只会使用为数不多的几次快速充电，多是在进行长途旅行时。在此期间，他们会愿意每隔几小时停下来歇一歇，用 30~40 分钟的时间给车充满电。在平日的使用中，他们会在速度慢却有益于延长电池寿命的交流电充电站花上一夜时间去充电。然而，与预计情况相反，Better Place 电动车的早期接纳者恰恰经常驾车远行，他们几乎平均每周都需要使用一次电池换电站（可拆卸电池）。[224] 鉴于用户行为和喜好存在不确定性，在 Better Place 电动车上市时，快充技术的优势丝毫没有显现出来。

与 Better Place 不同，特斯拉在产品上市前就检验了所有可能性。它的 Model S 小轿车于 2012 年面世，主要针对经济条件宽裕的群体，续航能力达到 160 英里或 300 英里的车型售价分别是 5.74 万美元和 7.74 万美元。对于这一类车，车身越大，电池越大，续航能力也就越强。与 Better Place 的 Fluence 一样，特斯拉的 Model S 车型也配有可拆卸电池。2015 年，特斯拉公司在旧金山和洛杉矶之间建造了一个电池交换站，[225] 但其使用频率很低。用户更愿意使用特斯拉的"闪充服务"：公司早在 2012 年就在各大城市间的重要地点布设了快速充电站。

3. 与多个汽车制造商建立合作关系。只有当 Better Place 掌控了最基本的市场份额，它才有实力在多个地区密集设置充电站和电池交换站，否则就只能减少充电站和电池交换站的数量，继而使 Better Place 用户感受到更多的不便，并且使他们在行驶途中耗尽电池电量的风险进一步增加。

要想掌控最基本的市场份额，Better Place 有必要与多家汽车制造商建立合作关系。但前提是，这些厂商都愿意接受 Better Place 的电池可拆卸设计理念，这样才能使用它们的电池交换站。对于一心想在车辆设计上既保持成本不变又希望别具一格的制造商而言，这是一个不小的挑战。此外，它们也会密切关注与 Better Place 网络相兼容的车辆是否受欢迎，而这反过来又取决于公司是否同步渗透到了多个市场（条件4）。

Better Place 在进入发展后期时，其管理者的确想要改造充电站，以便适用于所有不带可拆卸电池的电动汽车。通用电气的高管早在2008年就向他们提过这个建议。但当时已是2012年7月，当通用电气澳大利亚分公司宣布Better Place将成为雪佛兰车型充电设备的首选供应商时，已经为时太晚。

4. **同步渗透至多个市场**。设计一款新车型成本不菲，只有通过大批量生产才能推动规模经济效应，鉴于此，汽车制造商会力求打开尽可能大的市场。所以，除非Better Place承诺在一定时间内将与其充电网络相匹配的汽车推广到世界各地，否则它们是不太可能与之合作的。而要达到制造商的这个期望值，Better Place必将面临巨大的运营压力和资金压力。

5. **来自投资人的有力支持**。Better Place的商业模式意味着运营前期的资金消耗量会非常惊人，这就需要投资人对尚不明朗的发展前景抱有极大的信心。公司在尚未卖出任何一台车之前，就得布设好一大批充电站和电池交换站；在依靠用户按月支付的充电费分期回收现金的同时，还得预付车辆和电池的全款。而且，这样的举措得在多个地区同步开展。

6. **有效的管理**。即便上述条件都能得到保障，Better Place的高管还得有效管理好各大职能部门，比如工程技术部、市场营销部、客户服务部等。同样，他们得在多个国家同时做好上述工作。这无疑是个苛刻的要求，在初创公司历史上，Better Place管理层制订的新品启动计划绝对是最复杂、操作要求最高的计划之一。

简言之，阿加西若想将计划变为现实，那就得祈祷奇迹能成串发生。有些奇迹确实出现了，比如，2012年前后，消费者的确开始关注纯电动汽车（条件1）。Better Place在以色列和丹麦同时发布新品，并且还与其他多个地区签订了协议（条件4）。

另外，在很大程度上靠着阿加西的巧舌雄辩，Better Place 总计融资额高达 9 亿美元（条件 5）。

但奇迹也就仅限于此。Better Place 与雷诺 - 日产联盟建立了伙伴关系——后来关系日益恶化，但并没有与其他汽车制造商开展合作（条件 3）。管理过程问题频发（条件 6），团队在以色列遭遇了许多原本可以靠审慎规划清除掉的障碍；交付期限一再拖延；成本控制情况严峻，尤其是当财务总监在 2012 年离职后。然而，最核心的问题是，用户对于配有可拆卸电池纯电动汽车的需求并不强烈（条件 2）。当充电站和电池交换站的建设成本远超预期后，Better Place 完全不可能通过降低车价来吸引用户了。最后一点，可拆卸电池并不是解决用户续航焦虑的最佳办法。特斯拉推行"车型越大，续航越久"的设计理念，辅以偶尔为之的快速充电服务。事实证明，这种思路大受欢迎。从本质上看，Better Place 是冒险将赌注压在了"可拆卸电池要优于快速充电"这个理念上，至于这个理念是否行得通，则取决于用户行为：他们多久有一次长途出行？他们是否在乎充电时间是五分钟还是三四十分钟？

当 Better Place 打定主意要使用可拆卸电池时，是不是预示着公司气数将尽？这倒不一定。原本的理念模式不尽完善，初创公司大可以调整战略。Better Place 公司内外建议管理层改变策略的声音不绝于耳。例如公司本可以与通用汽车和其他一些汽车制造商建立合作关系，成为它们的充电站及快速充电站的首选供应商。或者，在意识到以色列境内的个人用户与企业用户态度不温不火，地方法规禁令又导致建设成本增加时，建议公司立即放弃以色列市场，另辟蹊径。

然而，登月火箭一旦发射，势能强劲，人力很难再让其改道前行。当初创公司花出去数亿美元之后，沉没成本也在上升。当个人魅力十足的领导者——尤其像阿加西这种对信念的坚守近乎偏执的领导者——多年来一直在兜售美好愿景时，即便越来越多的证据表明他做错了，但出于自我防御，他还是会用社会学家巴里·斯托所说的"承诺升级"策略来解决问题。[226]

这一类初创公司极易落入"勾勒不切实际的蓝图"失败模式。原因是，但凡是登月火箭式的初创公司，必然要么在技术上，要么在商业模式上——要么是二者兼而有之——引领风潮，走在最前沿。这就意味着在客户需求和产品开发周期等方面存在极大的不确定性。就商业模式而言，很多同类企业都借助了强大的网络效应、较高的客户转换成本，以及/或者规模经济效应。这些要素有助于在产品问世后推动公司快速扩张。较长的产品开发周期和较快的扩张进程还离不开巨额资金的支持。此外，登月火箭式的初创公司一般会寻求根基稳固的大型公司作为战略伙伴，而这些企业的当务之急与初创公司的想法也许并不能保持一致。当遇到一些在法理界定上模棱两可的难题时，它们还需要政府的支持。要让上述奇迹悉数发生，一位个人魅力突出、拥有天赋异禀的创始人是必不可少的——他能偏执地专注于自己的宏伟蓝图。

图9.1将呈现上述各条件如何发生交互关系，以及"勾勒不切实际的蓝图"失败模式是如何形成的。失败的大部分原因通常是双重打击：客户对于产品的需求很弱，投资人在斥巨资之后不愿再追加投资。但是在这些致命一击发生之前，多个因素间的交锋已经上演多次了。

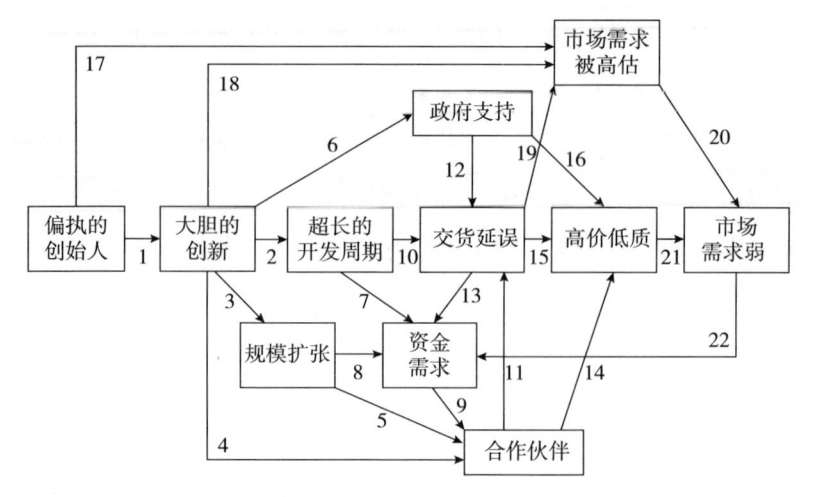

图 9.1 "勾勒不切实际的蓝图"模式中各要素是如何相互作用的

图 9.1 中各要素间关系复杂,足以说明登月火箭式的企业要走向成功是多么困难。从左侧开始,宏伟的创业计划始于一个刚愎自用、偏执好胜的创业者,比如阿加西(1号线)。创新程度之深使得产品开发周期被延长(2号线),所构想的商业模式具备一些常见的结构性特征,尤其是网络效应和强大的规模经济效应,以及 Better Place 着力建设的充电网络。一旦产品推向市场,上述特征都会推动企业加速扩张(3号线)。

要创新,就要寻找战略合作伙伴(4号线),以便获取关键技术或重要部件(例如雷诺公司的 Fluency 这款车);合作伙伴有可能提供分销网点以促进企业壮大规模(5号线)。如果这次创新在法律法规方面引发了问题,那还得争取政府的许可或是应对官僚机构的牵制,比如 Better Place 在以色列的遭遇(6号线)。在产品开发周期长、规模扩张的局面下,创始人必须筹集巨额资金(7号线及8号线)。鉴于此,企业愿意将某些业务外包给第三方合作伙伴，所以内部解决这些问题意味着追加投资（9号线）。

导致产品迟迟不能面世的原因不止一个。事实证明，开发一款科技前沿产品远比想象中困难（10号线）。合作伙伴有可能没有按时兑现承诺（11号线），与监管机构的谈判进展缓慢（12号线）。由此造成的拖延进一步增加了资金压力（13号线），并且使当前投资人和潜在投资人开始怀疑企业的前景。

随着产品临近上市，在若干因素的叠加作用下，产品造价上升，质量下降，与最初的计划相去甚远。合作伙伴有可能很失望，就像雷诺公司的Fluence，定价高出了原定计划，而续航里程却低于预期（14号线）。产品开发过程中的种种阻碍和意外还导致某些配件的成本超过了预算，比如Better Place的电池交换站。同样，在最后期限将至的压力下，团队被迫放弃了原计划中的某些功能，比如可用于卸下Fluence电池的"智能螺丝"（15号线）。政府法令也会导致成本上升，比如Better Place在以色列必须先从考古部门办理好挖掘许可证，然后才有权动工建设电池交换站（16号线）。

与此同时，管理层也有可能对市场需求做出了过于乐观的估计。创始人对于创业计划抱有近乎偏执的热情，这使他盲目自信，既高估了用户的积极性，又低估了创业路上的艰难险阻，比如阿加西，他坚信Better Place一定能有效控制成本并取得辉煌的业绩（17号线）。此外，创新复杂性之高还会导致用户需求这一要素充满不确定性。这样的产品前所未有，所以你无法从其他企业那里获得借鉴（18号线）。延迟发布产品，这意味着客户需求将演变成一个动态变化的目标，尤其是当你的竞争对手迫不及待出手时。竞争对手的优秀表现将会使客户期望值上升，企业因而将更难实现最初预估的销售目标（19号线）。

对客户需求抱有不切实际的过高期待（20号线），外加产品造价远超预算而产品性能达不到预期（21号线），这二者共同造成了产品问世后的爆冷局面。当企业陷入捉襟见肘的境地时，投资人会认定这桩事业难以为继，他们将拒绝再掏一分钱（22号线）。

在前面的章节里，我已经对于这一类创业者有可能遇到的挑战进行了部分分析。比如雄心勃勃的企业具备的某些商业模式属性往往会迫使它们快速扩张（第六章），在采取快速增长策略时，它们又会遇到第七章中描述的难题。此外，对于这种登月火箭式的创业模式，第八章所提到的资金风险会格外严峻，因为它们发布新产品所需的时间实在是太长了。鉴于此，它们更容易遭遇波及整个行业的投资低潮期。Better Place最大的问题，在于不幸赶上了始自2010年的新能源技术领域的投资低谷。

在接下来的内容中，我将对"勾勒不切实际的蓝图"这一失败模式所涉及的另外三个问题加以分析，同时，对创业者该如何从中全身而退展开讨论。它们分别是：评估需求；应对延期；约束偏执狂创始人。

评估需求

对于心怀壮志想要改变世界的创业者而言，摆在面前的一大风险是，他们渴望实现的重大变革有可能过于激进，以至于会吓跑客户。于是，最关键的问题在于搞清楚什么样的创新算得上过度创新。市场调研在此并不适用，原因如下。

首先，鉴于此类公司的产品研发周期很长，所以不可能在早期借助产品雏形来获取客户反馈。实际上,很多创业者一开始进行了客户调研,但后来又都悔不当初。前文提到过,2008 年,Better Place 面向 1 000 个以色列有车一族开展了调研,结果显示 20% 的开车人士有意购买电动汽车,这就预示着当地有可能共有 40 万用户会选择电动汽车。但是,截至 Better Place 关门歇业,该地区的成交用户只有 1 000 人。

铱星是另一个对市场需求做出误判的公司。[227] 该公司成立于 1998 年,旨在为世界各地用户提供卫星电话服务。其主要支持者摩托罗拉开展的多年研发成果奠定了铱星的基础。在铱星向太空发射 66 颗卫星之前,摩托罗拉公司花钱请咨询公司开展调研,了解市场对卫星电话业务的需求情况。调研结果显示,约有 4 200 万热衷于无线通信的专业人士,他们常年奔波在旅行途中,据说其中大多数都渴望拥有一部卫星电话。于是,大家认定在短时间内签下 1 000 万用户以实现收支平衡将不费吹灰之力。然而,截至公司在 1999 年宣告破产时,其筹集到的股权和债券已高达 64 亿美元——当时的初创公司融资最高纪录,但是获得的客户却仅有 2 万个,距离最初设想的数百万简直是天壤之别。

从事市场调研的专业人士表示,调研对象常会对自己的购买意向言过其实,而研究者也提供了一些"向下"整合的方法来抵消调研结果的不客观性。但是,在创新性极强的产品身上,这种方法就不太奏效了,因为在面对之前从未接触过的东西时,调研对象会发现自己很难表达好恶。用亨利·福特的话来解释这一点再清楚不过:"假如我问人们他们想要什么,回答可能是想要马儿跑得更快。"[228]

那么,既然仅凭"你是否会购买这款全新的产品"无法获得可靠的客户反馈，创业者该如何做？他们可以使用第四章里提到的技巧，例如冒烟测试，要求客户根据详细的产品描述，来决定是否要为尚未成型的产品预付定金。特斯拉就曾使用这个方法，通过要求客户为 Model 3 预付定金 1 000 美元，来掌握市场需求。Jibo 公司也是通过众筹平台，了解到市场对于智能机器人的需求情况，尽管这种众筹活动更多反映出的是早期接纳者而非主流用户的态度。此外，如第四章所提到的，在冒烟测试的基础上，创业者还可以通过"产品雏形"了解用户反馈，比如 Jibo 公司就曾用"弗兰肯伯特"这一产品雏形，通过隐藏在幕后的工作人员手动操控，来观察用户如何与社交机器人互动。

在评价用户需求时，创业者的偏执自负也是一个干扰因素。有些创业者坚持要关起门来悄悄干，以免自己的创意被竞争对手所剽窃。史蒂夫·乔布斯就是这类领导者，他坚持对产品的研发过程严格保密，直至研发完成后用新品一鸣惊人。赛格威（两轮自平衡代步工具，2001 年末问世）的发明者兼创始人迪安·卡门[229]就曾担心本田公司和索尼公司剽窃他的创意，为此，他几年内都不让营销团队去进行客户调研。赛格威确实聘请 ADL（里特咨询公司）做过市场需求评估，但这些顾问不得向任何客户描述任何产品详情。根据 ADL 的评估，赛格威有望在 10~15 年内售出 3 100 万辆代步工具，其中大部分销往海外市场，因为在欧洲大部分和亚洲部分城市，汽车的购买及使用成本之高会让用户望而却步。2000 年末，赛格威的营销人员终于获准让部分用户在产品雏形上体验了一番，结果发现，有兴趣购买的用户不足参与者的 1/4。尴尬的是，这一结果准确地预估出了主流用户的态度。在问世的前六年内，成交量只有 3 万辆，[231] 投入了9 000万美元的早期投资人亏损严重。后来，公司独辟蹊径，将代步车推向了新的领域[231]——比如邮件配送、车间配货，以及像电影《百货战警》里描述的那种场景。2020年6月，这款旗舰产品被正式停产。

有关客户调研的最后一个问题在第四章中提到过：创业者常常依靠客户调研数据来打动投资人。鉴于登月火箭式的创业模式需要巨额的资金支持，所以创业者很容易对客户需求夸大其词。

应对延期

在前文中提到的所有初创公司都在产品研发事宜上出现过严重的滞后。GO Corp 也是如此。[232]1987年，该公司着手设计并生产一款使用手写笔的平板电脑，搭载配套操作系统。可当工程师发现平板电脑硬件与软件的组成部分必须专门定制时，问题来了。市面上现成的显示器无法处理用笔写字的压力，而用于管理输入和输出的操作系统软件运行太慢，导致在用笔输入和屏幕显示结果之间出现了严重的延时。

与此同时，随着业界对基于手写输入技术的热情不断升温，微软、苹果、IBM，以及AT&T都开始涉足这一领域。因此，尽管工程技术人员已经投入了大量时间，但GO Corp 的领导者最终还是把它的硬件部门拆分了出去，理由是平板和个人电脑一样，都将是低利润商品。同一时期，名为PenPoint的GO Corp 操作系统研发团队中途改用了另一种微处理器——一种适宜在移动环境下使用的低功耗芯片，有助于完善PenPoint的手写识别技术。此外，研发团队还努力降低了PenPoint的内存要求，以免平板成本过高。解决上述技术问题使得新品发布的日期推迟了一年多。1992年，当GO Corp研发的PenPoint操作系统终于面世时，市场反响十分冷淡。在耗尽7 500万美元的风投资金之后，GO Corp被AT&T收购，后者于1994年叫停了这一项目。

GO Corp的变局折射出了大胆创新的企业在研发周期一再延长时所遭遇的一个常见难题：工程技术团队所追逐的目标越追越远。所需的研发周期越长，目标后移得越远，继而进一步拖延了工期。

首先，在研发过程中，有可能出现新的技术（比如GO Corp遇到的低功耗芯片，Jibo遇到的通过云服务实现设备外处理），届时，团队必须权衡轻重；究竟是多花些时间来将新技术整合进产品，还是干脆置之不理？

其次，同一领域的竞争对手会宣布他们的计划，团队被迫在多花时间赶超对手和冒险维持自己的产品特色之间做出选择。铱星公司最早是在20世纪80年代末提出了卫星电话的构想，当时，地面蜂窝电话服务费用高昂，地域覆盖范围也极其有限。[233]但是，待到1998年铱星推出卫星电话时，地面移动电话业务已经大范围布网，而铱星的目标客户极少会前往移动漫游网以外的区域。另一个麻烦是，铱星的卫星电话只有在与环轨道运行的卫星对接畅通无阻时，才能发送并接收信号。这意味着，与蜂窝电话不同，它将不能在建筑物内使用，在被高楼大厦所环绕的城市"峡谷"的街道上，它也不能稳定地工作。为了解决这个弊端，铱星团队重新进行了设计，将它们的卫星电话频率切换到和地面蜂窝电话保持一致。这次改良既消耗了时间，又在原本就造价不菲的基础上进一步增加了成本。

当产品开发迟迟不能完工时，渴望大胆创新的企业家能做些什么？以下四个选择可供参考。

1. 接受工期延迟这一事实，继续坚持下去。假如初创公司有坚实的基础，开局顺利——比如 Better Place 和赛格威，并且坚信被竞争对手赶超的风险极低，那么这将不失为理性之选。

2. 避免新增技术人员。即便公司花得起钱聘用新人，但给工程技术团队大批量增加人员却并不是明智之举。弗雷德·布鲁克斯的理论是，给工期延误的技术团队增加人员，这只能让工期延误得更厉害。原因在于，新来的技术员要努力适应原来团队的工作节奏，统筹管理一支人数众多的队伍耗时也将更多，且很多技术工作是不可分工的。为说明这一点，弗雷德·布鲁克斯在他那本谈论软件开发项目管理的经典著作《人月神话》(*The Mythical Man Month*) 中就做过这样的比喻："九个女人合力也不可能在一个月内生出一个孩子。"[234]

3. 避免在过多的新功能上浪费时间。工程人员热衷于打磨产品，比如为所有他们能想到的极端情况设计解决方案。在工程技术型企业内，创业者很难让研发人员停下添加新功能的步伐。但是，据赛格威的工程部负责人道格·菲尔德所言，"在每一个项目的实施过程中，总有那么一个时刻：你只有干掉这些技术人员才能进入生产环节"。[235]

4. 抄近道。假如当务之急是按时发布新品——无论是出于竞争因素还是资金压力，那么正确的做法是删除某些功能，或者是在解决所有的产品漏洞之前先让产品上市。Jibo 的团队在和"难缠"的众筹平台支持者周旋时，就采用了这种手段，所承诺的机器人真正上市的时间实则在两年后。正如 CEO 钱伯斯所坦言的，机器人的应用程序在发布之初"少得令人震惊"。铱星公司也是如此,在软件尚未就绪前就推出了卫星电话,在问世头几周,用户反映使用过程中存在信号干扰、通话中断、没有拨号音等严重问题。[236]

然而,该不该以牺牲初版产品的性能为代价尽快上市?在权衡这一问题时,创业者应该认识到,不良的第一印象会影响产品在早期接纳者心中的形象。抱有改变世界这一宏大目标的企业往往会成为炒作的对象,所以,假如一个万众瞩目的产品让人们大失所望,那新闻记者和社交媒体的使用者一定会毫不留情地抨击它。Jibo 就有过这样的经历,批评家说它是"价值 900 美元的派对把戏",同样的情况也发生在赛格威("代步车使用者看起来傻透了,不像驾驶员,倒像是现代的原始人"),铱星("电话的体积比砖头还大"),Better Place("言而无信:一点不比燃油动力汽车便宜")。

约束偏执狂创始人

在起步阶段,一个带有偏执狂倾向的创始人——对宏伟愿景满腔热血,不遗余力要将愿景变为现实——对于登月火箭式的创业公司无疑是一笔巨大的财富。但是,如果梦想没有变为现实,那这样的创始人也将成为企业最大的负累。

假如创始人在狂热之余还极具个人魅力,那公司在调集多方资源时就将占尽优势。偏执与魅力不一定如影随形,但如果领导者兼具这两点,那他就有可能化腐朽为神奇。

"现实扭曲力场"这个词原本出现在 20 世纪 60 年代风靡一

时的电视连续剧《星际迷航》中，但后来被人们挪作他处，用于描述史蒂夫·乔布斯那令人费解的蛊惑力。开发初版麦金塔电脑时，团队技术人员在他的带领下连续数月以每周工作 80 小时的高强度攻坚克难。乔布斯的名言是，"我们得给这个世界留下些什么，否则真是枉活一生"。[237] 在"现实扭曲力场"的魔力下，潜在员工、投资人以及战略合作伙伴都觉得，即便困难重重，他们也定要全力以赴，与创始人一道将梦想变为现实。

在营造"现实扭曲力场"这个问题上，沙伊·阿加西的能力与乔布斯不相上下。赛格威的创始人迪安·卡门也是如此。与阿加西一样，卡门坚信自己能拯救世界，电动代步车有朝一日定会全面取代汽车。此外，就像阿加西曾预言自己公司的市场资本总额很快将超过通用汽车那样，卡门也对赛格威的发展潜力心怀执念，认为公司定能成为全球范围内增长最快的那一个，因为"代步车对于汽车的冲击不亚于个人电脑对大型计算机的冲击"。凭借"有趣且魅力难挡"这样的宣传口号，卡门挖到了宝藏：一群技术天才为了有机会和这个极具号召力的发明家并肩奋斗，不仅加入了他的团队，而且还欣然接受了低于市场行情的薪水。[238] 投资人也没能抵挡住他的魅力，Kleiner Perkins 的超级投资人约翰·多尔、瑞士信贷第一波士顿银行（瑞士信贷集团投行部），以及一群天使投资人，纷纷如飞蛾扑火一般把钱投向他。

然而，驱动"现实扭曲力场"的个人魅力往往——当然并不尽然——是自恋的诸多表现形式之一。自恋者常能给人留下上佳的第一印象，因为他们口才好，魅力强，善于看穿别人的心思，知道如何打动对方。但是，自恋的负面作用也不容忽视。

自恋者常常过高看待自我价值，一心想要通过各种方式去强化它。他们渴慕权力和名望，控制欲强，对自己的想法和能力坚信不疑，并由此形成了一种强烈的权力意识。对于批评与质疑，他们格外敏感，对于与自己的世界观相冲突的东西，他们纯粹不予理睬。为了保护过于膨胀但又脆弱不堪的自我，他们拒绝认错，并在错误的道路上变本加厉。鉴于此，自恋者不仅让人觉得倨傲不恭，浮夸过度，而且还格外容易犯前文中提过的"承诺升级"的错误。

极端自恋的人会缺乏同理心，当把别人的成就归功于自己或是把自己的错误归咎于他人时，他们不会产生丝毫内疚。他们要求别人无条件地忠诚于自己，但在对待他人时，他们只求通过操控对方来达成自己的目的。一旦对方失去利用价值，他们就会弃如敝屣。

自恋是一种人格特质，每个人或多或少都会有一点。若以光谱来比喻，那么我们都处在自恋光谱的某个点上。本章引用的有关 Better Place 和赛格威的案例表明，其创始人阿加西和卡门都属于自恋水平高的群体。

很多大人物也同阿加西和卡门一样，自恋水平甚高。心理分析学家迈克尔·麦科比在《哈佛商业评论》发表过一篇经典文章：《自恋型领导者：难以置信的优势，难以避免的缺点》。[239] 在文中，他将比尔·盖茨、史蒂夫·乔布斯、拉里·埃里森、安迪·格鲁夫等人都归入了这个行列。研究表明，创业者的自恋程度平均而言要高于普通人。但是，麦科比对于自恋型领导者进行了类型区分。一类是"高产型自恋者"，他们能利用自己的宏大愿景、强大动机，以及个人魅力来实现突破。另一类是以失败告终的"低产型自恋者"，他们不允许不同政见者的存在，身边围绕的只有亦步亦趋仅会点头称是的应声虫。

尽管各类初创公司都难免受到"高产型"或"低产型"自恋领导者的影响，但登月火箭式的初创公司在这一问题上的体会将尤为深刻。[240] 从本质上看，这类企业面临着更大的不确定性，因此对于资源的需求也更为迫切。要想打动投资人，吸引员工和合作伙伴，那么一位个人魅力突出并且具备顽强斗志的创业者将是再合适不过的人选。但是，这样的企业同样也需要花很长时间来实现"蓝图"。在此过程中，很多事情会偏离预定的轨道，出现这种情况时，创始人/CEO就有必要重新审视企业的发展战略。假如他们要面子，凡事以自我为中心，不愿承认自己做错了，并且不愿接受其他任何人的建议，那发展战略就不可能得到修正。

假如这种公司的领导者是麦科比笔下那种"低产型"创业者——或者他们正朝着这个方向发展，那么不妨试一试以下两种方法。首先，说服创始人与管理大师合作。其次，参考初创公司在组织架构和管理体系方面的最佳范例。

管理大师。 在专业培训师的帮助下，创始人有望认识到自己的管理风格及不足之处，并继而采取改正措施。问题在于，自恋型领导者往往不需要别人的反馈。他们坚信自己就走在正轨上，不需要任何改变。所以，如果他们不愿向外界征求建议，那其他人必须主动出击。这个人可以是他所信任的顾问，但似乎自恋型领导者不太容易与顾问建立起密切联系。董事会成员也可以主动出击，但有可能引起对方的防御和排斥。在上述情况下，尽量不伤害对方的自尊，对其雄心壮志表达认可，这将有助于减少其抵触情绪。

要想达到最佳效果，管理大师的作用还应同步发挥在仍然在位的联合创始人、高管人员、董事会成员身上，帮助他们认清那些促使自恋型 CEO 犯错的动因。婚姻顾问都知道，闹离婚的当事人往往并不知道导致他们关系破裂的关键因素究竟何在，但专家却能一目了然。当然，在开展培训前，管理大师必须首先获得创始人的信任。

董事会管理最佳范例。组织架构合理且运行良好的董事会能够对初创公司的表现产生巨大影响。在由自恋型领导者创办的登月火箭式企业中，董事会的作用尤为重要。当创始人 /CEO 不慎沦为"低产型"自恋者时，他会赶走管理层中的不同政见者，如此一来，公司里没人能够就战略事宜和他争论。伊丽莎白·霍姆斯就是这样，在 Theranos 内部，但凡有人提出异议，她就会解雇对方。[241] 当管理团队成员所剩无几，集体智慧难成气候时，董事会就成了最后一道防线。

董事会应由适合的人选构成，这一点至关重要。有些新踏入投资领域的投资人在主导某一轮融资时，提出的交换条件就是在对方公司董事会获取一席之地。不过，令人感到庆幸的是，大多数风险投资合伙人都能够在董事会席位上发挥应有的作用——这也是他们为自己的投资组合公司尽绵薄之力的重要途径。通常情况下，风险投资合伙人在同一时期内会入驻多达十家公司的董事会，而且之前也在其他公司服务过，因此在公司发展壮大期遇到的战略问题、不同创始人的领导风格、初创公司董事会的最佳管理方式等问题上具备丰富的经验。赛格威的董事会中就有一位风险投资合伙人；Better Place 有两位，一位是本公司的投资人，另一位是阿加西的朋友，在达沃斯为他出谋划策的安德雷·扎鲁。扎鲁虽不是 Better Place 的投资人，但他做过风险投资人、联合创始人、CEO，以及三家生物科技初创公司的董事会成员，经验不可谓不丰富。

在选择董事会成员时，应多以扎鲁这一类独立董事为参考标准。也就是说，他们既不是公司的投资人，也不是管理团队中的全职成员。曾经在进入发展后期的初创公司做过 CEO 的独立董事是较理想的人选。这个人最好知道该如何对付一个自恋狂创始人 /CEO——要么是他曾经处理过同类情况，要么他本人就是自恋狂，并已经从过去的经历中悟出了道理。对于 Better Place 而言，扎鲁是一个上佳人选。作为阿加西的朋友，他能从一个独特的视角看清对方的优点和缺点，且至少在刚开始得到过对方的信任。赛格威的董事会内部没有独立董事，只有两个专业投资人，外加两个天使投资人，他们之前在大型公司担任过 CEO，但是对进入发展后期的初创公司的管理却缺乏经验。

在董事会管理方式上参考最佳做法，这有助于雄心勃勃锐意拓展的初创公司应对挑战，尤其是当公司领导者是一个偏执自负但具有个人魅力的自恋狂时。一个重要的举措是，将封闭式讨论（只有外部董事参加，CEO 和其他高管都须离场）定为每一次董事会中的常规环节。2010 年 6 月，阿加西对于封闭式讨论的激烈反应差点让他被炒鱿鱼。假如 Better Place 早些把封闭式讨论纳入每一次董事会的议程之中，也许阿加西的猜忌就会有所收敛了。

另有两条做法堪称最佳范例。一是董事会对创始人 /CEO 的表现进行年度审核，借此平台，他们之间可以开展对话，就做出变革的必要性以及具体的变革措施提出建设性意见。二是董事会应该设置一个审查程序，以便对自己作为审议机构的有效性展开审核——可以是一年一次。董事们也需要达成一致，因为他们不仅要共同调教一个难缠的 CEO，而且还要对公司应承担多大风险取得共识。在登月火箭式的企业中，鉴于产品开发周期长，且须开展多轮融资，所以与近期投资人相比，一些早期投资人所拥有的股票价格要低得多。此外，在权衡战略调整将带来的风险和潜在回报时，投资人极易把注意力放在自己风险投资企业的得失上，忘记了作为董事会成员的使命责任，即兼顾所有持股人的利益。假如狭隘利益占了上风，董事会将无法在战略方向上达成一致。为了帮大家直面这个问题，[242]Return Path 的创始人/CEO 马特·布隆伯格给他的董事们一人发了两顶棒球帽，一顶是黑色，另一顶是白色，分别代表他们作为投资人和受托人的两种身份。在讨论战略决策时，布隆伯格会让他们隔一段时间就换一顶帽子，从另一个立场去表达自己的想法。

＊＊＊

这一章重点介绍了登月火箭式企业在发展中所面临的风险，以及该如何减少这样的风险。但是，我并不想给大家造成这样一个印象：这类企业失败概率极高，所以创业者应该彻底放弃大无畏式的革新。诚然，奇迹很少会成串发生，很多想要登上月球的企业确实都摔得粉身碎骨。这样的例子伸手可得，因为我们常常被这些企业宏伟梦想的炫目远景所迷惑，被它们撞击地面后留下的巨大的、冒着热气的裂口所吸引。

但也有一些登月火箭式企业真的顺利地抵达了目的地。联邦快递就是如此，早在 20 世纪 70 年代弗雷德·史密斯创立公司时，它就已经在风险资金筹募上创下了历史最高纪录。[243] 较为近期的例子有埃隆·马斯克创办的特斯拉和 Space X，在我创作本书的过程中，这两家公司的估值在一路飙升。

所以，我们期待更多的登月火箭式企业。坦率地说，我们需要此类企业来解决诸如气候变化这样的重大问题。世界各地有远见的创业者都在使用磁悬浮列车、自动驾驶汽车、基因编辑技术，以及量子计算方法。希望有朝一日，我们可以和 Jibo 第三代智能机器人聊天，甚至还能发明出会飞的汽车。

第三部分

创业者如何应对失败

第十章

关停公司

> 最糟糕的不是失败，而是连续数年毫无目标的奋斗。[244]
>
> ——安德鲁·李，Esper 联合创始人

在创办 Quincy 服装公司时，纳尔逊和华莱士曾约定，绝不让工作中的分歧影响她们的友情。这并不是说她们在公司的战略决策问题上始终保持观点一致，事实上，她们针锋相对的时刻并不少。但是，分歧之余，她们的友情并未受损，但最后，因为在是否关停公司的问题上意见不一，她们之间爆发了激烈的争吵。自此之后，二人形同陌路。

这些年来，几十个创业者曾就纳尔逊和华莱士遇到的相同问题来征求我的建议：该不该关停公司？尽管我能够帮他们分析利弊，至于这些利与弊何以成立，我却从未抱有过十足的把握。为什么这个决定如此难做？创始人该如何解决这个难题？

在和更多创业失败的人交流时，我对于他们如何以及为何做出关停公司的决定有了更多的了解。我听到的声音大体有两类。一类是这个决定背后包含着强烈的情感成分——就像我从

Quincy 服装公司联合创始人身上所看到的。这并不令人意外，因为创业者与公司是休戚相关的共同体，关停公司在一定程度上意味着否定他这个人，也意味着他的人生中出现了一块不可清除的污渍。另一类是很多人已经觉得等待太久，他们巴不得早些去应对这个艰难抉择。

事实证明，这两种反应是相互关联的：花时间纠结于因公司发展失利而产生的强烈情绪——或是花时间避免这类情绪——会导致创业者贻误关停公司的最佳时机。徒劳无功的等待对任何一方都没有助益。等待越久，员工在一项难有起色的事业上浪费的时间就越多，而原本他们可以早些去奔赴下一项事业。此外，创始人越是徒劳地期待新的投资人或慷慨的收购方帮他们起死回生，浪费的时间就越多，消耗的资金也就越多。而原本他们可以将更多余留资金还给投资人。

前面的章节主要在分析初创公司失败的原因，而本章和下一章的重点将分别转至初创公司的失败过程，以及失败的后遗症。在此，我先重点介绍如何应对关停公司这件事儿本身：创业者如何做出关停的决定；一旦做出决定，创业者可以使用哪些策略；逐步关停的最佳方式有哪些。在下一章中，我还将谈谈创业者该如何应对由此而生的情绪困境。

失败的前奏

对于创业者而言，失败很少会骤然降临。在最后一击来临之前，往往已有一连串计划未能顺利实施——其中一些就像万福玛利亚传球（美式橄榄球术语，指远距离传球）一击未中一样。大家不妨把这些看作失败的前奏。在通往终点的路上，创始人可能或多或少做过以下这些事：

一是向新的商业模式转型；

二是从新的投资人手中融资；

三是卖掉公司；

四是从当前投资人手中获取过桥资金；

五是裁撤人员。

有些时候，创始人能够在最后一搏中打个翻身仗，至少能让公司起死回生。但多数时候，他们是无功而返。更糟糕的是，当某一次行动失败后，后续行动也相继失败。例如当创始人将公司挂牌出售，但并没有获得令他们满意的收购意向时，当前投资人会对追加资金一事更为谨慎。

当然，有权利采取上述措施，这意味着创始人仍然在董事会中拥有一席之地。如前所述，[245] 中后期初创公司在经过几轮融资后，董事会将形成以投资人为主导的格局。在公司经营陷入困境时，董事会往往会认为是创始人能力欠佳，继而会推举新的CEO。但是，无论由谁来出任CEO，他都一定会从以上几种方式中选择一二来谋求出路。

转型。假如公司发展不畅，脱离了正轨，那领导者会考虑是否有必要实施商业模式转型。转型本身并不是失败的前兆。事实上，很多知名企业都曾实施转型。贝宝一开始是用于在PalmPilot之间实现资金迁移。但在发现该市场体量狭小之后，团队及时地调整为通过电子邮件实现资金迁移——恰逢易趣起步之时。[246] 同样，优兔最初的功能仅仅是为线上交友用户提供上传视频的服务。[247]

第十章 关停公司　　279

此类转型成功的案例有一个共性，那就是转型发生在公司创办之初。本书中提到的若干失败个案也曾在创业早期实施转型。例如 Triangulate 的早期定位是，注册匹配引擎，提供交友服务。巴鲁公司最初是针对企业员工提供日间宠物看护，Fab.com 是 Fabulis 的衍生品。但遗憾的是，这些公司即便完成了转型，最后还是没能躲开失败的魔咒。

进入企业生命周期的后半段才调整商业模式——因为意识到原有的模式并没达到预期——有几个好处。首先，公司的团队已经开展了为期不短的实践，他们应该十分清楚客户需求中哪些方面尚未得到解决。在经过数月或者数年的企业运营之后，他们实质上已经完成了一次全面而深入的客户调研，因此在考虑新的发展模式时，不太容易落入"错误的起步"或"误导性积极反馈"的陷阱里。其次，处在发展中后期的公司通常已经积累了完成转型所需的丰富资源，比如有经验的工程师、营销专家以及充裕的资金。相比而言，在创业早期开展转型的企业往往在探寻新商业模式的同时还得忙着集结各项资源。

但是，进入发展后期才开始转型也存在两个弊端。第一，对于一个已经发展得较为成熟的企业来说，转型需要花费更多精力。管理层必须协调好一支规模更为庞大的员工队伍，必须向现有的供应商和客户解释当前的变局。客户尤其会对这种变局产生不解，感到陌生。在这样的情况下实施转型不亚于让一只大型货船掉转方向——只有先开出去几英里才能改变航道。

Fab.com 的发展就遭遇了这样的问题。当年，杰森·戈登堡带领 Fab.com 实施转型，放弃了最初由供应商发货的闪购模式，转而由公司依靠自有库存，为客户提供品类更全的商品。这次转型战略意义重大：次年，Fab.com 的竞争对手 Wayfair 凭借相同的商业模式，成功完成了首次公开募股。但是，完成这次转型用了 Fab.com 几个月的时间。工程人员得重新设计网站，运营部得安排专人来处理产品打包及运输事宜，商品部得和新老供应商协商合作细则，等等。假如戈登堡与此同时能放慢公司的发展脚步，给他的团队更多时间去完善商品筛选及营销方案，也许这次转型能帮公司打个漂亮的翻身仗。可惜的是，在这次转型的过程中以及转型后，为了保住原有的高速发展态势，他在客户获取领域投入了太多资金。结果是，公司的 LTV/CAC 比值严重下降，资金很快就所剩无几了。

第二，公司也许缺少足够长的跑道来顺利完成转型。[248] 让我们复习一下埃里克·莱斯对于"跑道"的定义：初创公司在耗尽现金之前所能开展的转型的次数。假如公司刚好有足够的钱来发起转型，但鉴于没有新资金注入，所以也就坚持不到转型的成效有望显现的那一天。这种情况下，我们可以说转型次数为零。

Quincy 服装公司经历的恰好就是这种情况。创始人纳尔逊在担任 CEO 之后，为降低运营复杂性和库存压力，删除了定制服装中部分尺寸的定做服务。这也许是个明智之举，但我们却无从检验。因为这次转型发生得太晚了。同样，当 Triangulate 资金告急时，纳加拉杰放弃了机翼网，推出了约会热站。这次转型同样是有意义的：当用户给其他用户的某个"片段化"资料投票后，才能获准展示个人照片。这使交友用户的注意力得到了"重新分配"的机会，而且也满足了客户未曾被满足的需求。遗憾的是，Triangulate 缺乏资金来宣传这个创新举措，纳加拉杰的筹资之路也难续新篇。

第十章 关停公司

总而言之，在企业发展后期开展转型更为耗时。此外，由于这一时期员工数量更多，资金消耗也更快。所以，要想见证公司转型后扭亏为盈的那一幕，创始人就得争取新的资金。投资人——尤其是新投资人——在掏钱之前可能会对你说"等一等再看"。

寻找新投资人。本书中出现的所有失败个案都不曾顺利地从新投资人手中筹到资金。Jibo、Quincy、Triangulate、巴鲁公司、Fab.com、Dot&Bo 以及 Better Place 莫不如此。当创始人出面寻找新投资人时，公司都正处在一个转折点上——此时，距离上一轮融资收益彻底耗尽只剩几个月时间。在与新投资人接洽时，这些创始人可以提一提公司已经取得的成绩，却无法有力地说服对方，让对方相信自己宏伟的长期盈利规划。心态乐观的投资人可能会看到水杯中装了半杯水，而怀疑主义者和只看得见杯中没装满水的悲观主义者占大多数。

依靠新投资人而非当前投资人展开下一轮融资，这在创业群体中是常见做法。新投资人能够带来新的专业知识和人脉资源。此外，在与其他风险投资人竞标时，新投资人必须报出足够高的股价，才有可能获得融资主导权。高股价意味着包括创始人在内的当前持股者的股份不会被过多稀释。同时，鉴于新一轮融资常常在额度上会大大超过上一轮，所以即便当前投资人愿意，他们也往往提供不了本轮所需的全部资金。

当初创公司的业绩未能达到预期，团队内部因改进措施而争执不休时，当前投资人就会出于其他考虑来鼓动 CEO 去寻找新投资人。公司的发展前景充满着不确定性，因此，当前投资人会重新审视他们已经做出的投资决策。或者，当前投资人已将自己的职业声誉置于险境，出于因自我防御而形成的偏见（"公司当然没问题,我只给赢家投资"),他们对企业前景的判断可能会被蒙上一层阴云。无论是哪一种情况,假如 CEO 能够说服一位不带偏见的新投资人认可公司的前途并拿出资金,那么当前投资人会欣然接受。

从另一方面看,这样的做法也会适得其反。当潜在的新投资人完成履职调查之后,他们想要知道:当前投资人是否会接受在新一轮投资中按比例配额?[249] 上一轮融资的条款通常规定,投资人有权利(并非义务)在下一轮融资中补充一定的资金,以确保他们的最初持股份额不变。假如初创公司发展顺利,那这项权利就能带来十分可观的利益,因此,风险投资人通常都会接受按比例配额——前提是他们现有的基金中还有充足的余额。所以说,令潜在投资人苦恼的一个问题是,当被问及是否按比例配额时,当前投资人选择对冲风险("我们还在考虑中")。林赛·海德遇到的那位天使投资人更是让她苦不堪言。此人在履职调查中批评巴鲁公司管理不善,结果把潜在投资人给吓跑了。

将公司挂牌出售。[250] 在未能找到新投资人的情况下,尝试卖掉公司往往是下一个选择。董事会中的投资人深知,卖掉公司意味着他们还得投入更多资本,因此更愿意走并购的路子。

一般说来,要找到一个愿意出价的买主并不难。竞争对手或者同一行业的大型公司都是符合常理的选择。即便他们并不是真心想要收购公司,但为了更多了解这家公司的战略规划、财务状况、知识产权、员工福利等情况,他们也会表现出很感兴趣的样子。

本书提到的初创公司大多数都经历过这一幕。例如 Dot&Bo 的安东尼·苏胡就曾请一家投资银行代为运作出售事宜,但后来苏胡发现这家机构达不到他对于行业引入标准的要求。苏胡还敏锐地意识到，潜在收购者通过履职调查了解到 Dot&Bo 的现金状况之后，开始在谈判中耍起手腕，"他们在故意拖延时间，想把我们拖垮"[251]。Dot&Bo 后来又接到了几个收购意向，其中一个开价 5 000 万美元——假如能成交，那倒不失为一个理想的结局，因为截至当时，公司获得的总投资仅有 1 950 万美元。可惜的是，在竞争对手 One Kings Lane 以令人失望的低价被收购后，曾经看好 Dot&Bo 的潜在收购者也杳无踪影了。

林赛·海德同样也为转让巴鲁公司费尽了心思。她收到了两份意向书。董事会选择了其中一家，但在约定的为期 30 天的履职调查结束之后，对方未作解释就放弃了。当海德转过头去接洽另一家公司时，该公司的 CEO 只说了一句："不必了，谢谢。当初我冒着风险才取得董事会的认可，如今不会再这样做了。"[252]后来，第三家公司提出以 100 万美元的价格收购巴鲁公司——还是要先开展为期 30 天的履职调查。假如能成交，那曾给巴鲁公司投入 450 万美元的投资人会蒙受损失，但他们至少能收回来一部分。但这次谈判同样是无果而终。

如海德的经历所反映的，当艰难求生的初创企业把转让公司当作一条逃生路径时，它们会遇到这样一个挑战：企业收购不是一朝一夕间就能完成的事，履职调查、完善收购方案、完成收购手续，这些都需要时间。据海德估计，第三家有意收购的公司可能在 30 天的履职调查之余，还需要花 90 天的时间来走完法律程序并完成交易。

另一个潜在问题是，创始人对于企业合并之后的日子抱有矛盾心理。[253]出售公司有利于投资人和员工，前者能从中挽回一些损失，而后者能保住饭碗。但是，通常情况下，部分公司高管在企业被收购之后有义务继续在新公司效力——一般有18~24个月的"锁定期"。假如创始人从这次收购中获得的个人财务收益极少甚至为零——就像海德有可能陷入的局面，那么这种只能给别人打工而不能另立门户的前景会让他们更为沮丧。对于一心只想自己当老板的人而言，情况尤其如此。

还有一个问题：也许压根就没有买家。我在第二章曾提及 Poppy 公司，一家按需服务的幼儿托管机构。其创始人阿芙妮·帕特尔·汤普森就有过类似经历。她回忆说，在尝试把 Poppy 转让给竞争对手之后，"我才发现其他人也在为利润苦苦挣扎。没人能拿出大把资金来完成收购。即便是有诚意的公司，也很难加快进度在半年内完成收购，而在这半年内，我们得顶着巨大的压力才能确保核心业务不至于垮掉"[254]。

此外，就像风险投资人弗雷德·德斯汀所说的，假如并购未能成功，那初创公司就会变成"残次商品"。他描述了这样一番场景："并购事宜不紧不慢地推进着。也许出价很低，也许收购方会拖着你走向祭坛然后再甩了你。你听到很多人说'现在转让为时太早，你应该先这样，再那样'（你早就清楚）。你的'资产'在市场上已经所值无几，你得等上一两年后才能将它重新挂牌出售。你还记得那句'上赶着的买卖做不成'吗？说的就是这种情况。"[255]

拆借过桥资金。[256] 如果 CEO 筹不到新的资金，也找不到合适的收购方，那下一个选择就是从当前投资人手中拆借过桥资金了。有时候，当前投资人要么没有这个实力，要么没有这个意愿。例如当年 Quincy 服装公司的创始人提出这个要求时，被投资人婉言拒绝。对方引荐了有可能对此感兴趣的天使投资人，但数次讨论都无果而终。

围绕过桥资金的谈判十分棘手，因为这涉及"强制执行"，那些未参加谈判的当前投资人的股权会因过桥资金而被大幅稀释。谈判条款各有不同，但从根本上看，只有在公司股价极低的情况下，才会有人愿意站出来为陷入困境的企业提供资金。如果交易达成，那过桥资金会派发出大量新的股份，之后，在前序融资中得到优先股的投资人所掌握的股份比例会大大减少。同样的情况也会发生在持有普通股的创始人和员工身上。为了避免管理者在股权被稀释之后丧失积极性，重组计划中会列入一些向管理层发行新股和期权的条款。任何新一轮融资都要经董事会投票表决，所以，假如某些投资人拒绝追加资金，且又不接受"强制执行"，那董事会内部的讨论就可能陷入僵局。

海德就经历了上述这一幕。她向董事会提出，在100万美元收购计划（前文提到的）落实之前，先给巴鲁公司提供50万美元的过桥资金。这一提议在投资人中间一石激起千层浪。一位董事会成员同意这一方案，条件是在得到6倍于新追加资金的收益之前，他——以及乐意与他站在同一阵营的其他投资人——有权享有100%的退出收益。在实际条款中，这就意味着假如公司顺利被收购，那么100万美元的并购收益将全部归过桥投资者所有。相对于他们投入的50万美元过桥资金，这应该是一笔很划算的买卖。其他持股人争执不下，他们不想冒这个险，也不愿点头认可这个提案。

裁撤人员。[257]假如公司业绩令人失望，那创业者就会通过裁撤人员来节省开支，以便为后续融资、并购或是检验转型成效争取更多时间。在裁员过程中，他们会面临四个问题。

一是对于公司当前状况，我们是否应对员工做到开诚布公？这一问题是最先需要解决的。主营搜索引擎最优化软件的 Moz 创始人兰德·费施金在他的《创业者的败局》（*Lost and Founder*）一书中，对于未能在大规模裁员之前对员工坦言相告表示深深的遗憾。他的公司在之前数年里花费重金拓展产品线，目的是将数字市场所需的全套工具悉数纳入（比如社交媒体跟踪技术、博客内容监控技术）。当这些新产品研发陷入停滞后，为了控制现金外流，Moz 解雇了 219 名员工中的 59 人。费施金在书中记录了此次裁员的后果。

"有人哭泣，有人愤怒，有人在博客、评论网站以及社交媒体上对公司破口大骂。友情不复存在，信任荡然无存，声誉也备受诋毁。最糟糕的是，对我们团队中的大多数人而言，这件事也完全出乎他们的意料。在犯过的诸多错误中，我最后悔的是，领导层，包括我自己，在此前几个月里始终没有向员工做到公开透明。假如真的决定要投资到多个产品领域，且明知会因此而做出裁员的决定，那就应该提前说。……当我们以这种做法失去他们的信任时，就别再指望能赢回信任了。"[258]

二是裁撤多少人？一般认为，CEO 裁员时应该一次到位，以避免开展第二轮裁员。第二轮裁员会损伤士气，导致公司重用的人才另谋高就，因为他们会对管理层丧失信任，或是对公司的发展前景失去信心。然而，一次性裁撤大批人员也存在弊端。在事后分析 Fab.com 公司的失败原因时，杰森·戈登堡表示，他不该在欧洲进行大规模裁员，不该在那么短的时间里把 Fab.com 在美国的工作团队从 400 人减少到 85 人。

他回忆说："说实话，这就像是一个死亡螺旋。得到的唯一好处是，我们的资金消耗速度降了下来，但生意本身却进展缓慢，辉煌不再。我无疑是想踩下刹车让一艘高速飞奔的太空船停下来，但显然我做不到，输得一败涂地。我没能多想想该如何削减成本，缩小规模，而是仓促地向后撤退，与董事会一道设计了一个以保护股东利益为主的方案。所有人都说，裁员时'要够快够狠'。如今的我不认同这个观点。正确的做法应该是，'明智地裁员，有计划地裁员，在有帮助的情况下裁员'。"[259]

三是裁撤哪些人？资深经理应该是理想的裁撤目标，因为他们属于高薪阶层。但是，让资深经理走人，这容易招致外界不必要的关注，让他们意识到公司已陷入困境。比如当戈登堡决定裁撤直接向他汇报工作的下属时，商业媒体就出现了一丝骚动。

他回忆道："媒体对高管的离开大做文章。言下之意是，他们是因为受不了我的管理方式才离开的。但是，媒体只说对了一半，因为当时的我已经打定主意不去因 Fab.com 公司的问题归罪任何人，除了我自己。我从不后悔裁撤了那些人：拿着高薪却不做贡献的人实在是太多了。我裁撤了他们当中的大多数，转而让他们的副手来负责具体事务。这个决定得到了董事会的支持。副手们一直都在做具体工作，他们有能力做得更好。"[260]

有些 CEO 选择让资深经理留任，而非离职，但条件是降低其薪资标准。这可使公司避免在一线岗位上裁员过多。海德就这样做了，而且她的巴鲁公司团队也能够接受延期领工资。但是，海德的法律顾问后来提醒她，在马萨诸塞州，CEO 个人得为拖欠工资承担法律责任，通常要接受强制执行的三倍罚款，而大多数公司为董事和高管购买的保险中不包含这一类责任。巴鲁公司只得立即付清拖欠的总计 25 万美元的员工工资——海德的除外，而这几乎榨干了公司的账户，把公司朝死胡同又逼近了一步。

四是该给被裁撤的员工支付多少遣散费？Moz 公司的裁员计划即将实施之前，费施金为遣散费一事跟董事会相持不下。他认为，假如公司能给履职四年以上的员工提供六周的遣散费，那留任员工的忠诚度和士气会得到极大的鼓舞。董事会中的一位风险投资人表示反对，在他看来，大多数科技公司只提供两周的遣散费，六周遣散费这样的高标准闻所未闻，难道公司要拿出余留资金的 20% 来支付遣散费？最后的结果是，费施金占了上风。但他说，在此过程中，他"毁掉了与董事会成员经营数年的关系"[261]。

按下停止键

如果上述策略无一可行，那创业者就将面临一个无情的选择：我该放弃了吗？通过与创业者和投资人的交流，我终于明白为什么如此多的创始人在即便公司只剩一个空壳时还会选择坚持，而此时，出现转机的可能性已经微乎其微了。

在初创公司早期，创始人是唯一有权决定要不要将公司继续办下去的人。因为仅有在这一时期，他能在董事会中说了算——假如存在董事会的话。当然，即便他在董事会中掌握着绝对的主导权，也仍然有义务向所有董事会成员告知公司的经营状况，并且就后续发展听取大家的意见。然而，当初创公司进入发展的后期时，外部人员占据了董事会中的大多数席位，关停与否的决定得由整个董事会来做。

在董事们左右权衡，商讨是否有必要让公司继续坚持的同时，创始人会想要抓紧时间开展一系列前文提到过的补救措施：转型，寻找新投资人，等等。有过创业失败经历的创始人安德鲁·李曾对这种心态做这样的评价："我发现，创业者面对奄奄一息的企业时，就像普通人面对生命垂危的亲人，我们常常做出的是'延长生命'的决定。"[262]

除了不想放过所有可能拯救公司于危难之际的机会外，还有另外几条原因导致创业者即便知道成功的概率越来越渺茫，也仍然迟迟不愿关停公司。[263] 这些原因包括：

第一，一般来说，失败是一个缓慢发生的事件。企业增长陷入停滞，潜在投资人闪烁其词，说"我们需要一些时间来考虑"。这种模棱两可的态度在创始人心中燃起一丝希望（但常常会落空），让他很难断定形势是否真的已到了无可挽救的地步。

第二，企业仍能勉强为生。早期初创公司尤其如此，为了节省开支，由三五个人组成的团队可以中止办公场所的租约，转而到创始人的公寓里去办公。从一开始就立志献身于企业使命的忠诚员工也会愿意在"成功完成下一轮融资"之前少拿点薪水。

第三，创业者一直被这样一种思想洗脑：伟大的企业家都是坚定不移的。这种思想导致了一种思维定式，即轻言放弃的人成不了大事。为了维护个人形象，创始人常常选择继续战斗。并且，在世俗观点的影响下，他们认为付出终会有回报，相信自己定会绝处逢生。而且，由于对企业投入了心血和感情，他们看问题时更容易关注到他们乐见的结果。

迈克·高佐当初在他的匿名博客"我的公司仅剩 30 天"上，发表了一系列读来令人心痛的博文，我们能从中清楚地感受到这样的心路历程。在记录公司最后时刻的文字里，高佐承认："我确实看到了不祥之兆，也将我的担忧汇报给了'董事会'（不管对于种子轮融资期的公司而言算不算董事会）和投资人。但是，当回过头来再看那些报告时，我发现自己使用了太多积极的、充满希望的字眼，以至于在本该坦然面对败局时，我还是靠着自己编织的美梦在继续往前走。我总是差那么一点点就能完成上个月设定的目标。我一心只想着别从轨道上摔下来，可就是没想到这条铁轨竟通向悬崖。"[264]

第四，很多创始人缺乏董事会的有效建议。用高佐的话说，在企业面临生存危机时，创始人常常是"孤军作战"。[265] 为了让企业继续运转，创业者必须要有绝不动摇的信心。在团队成员、合作伙伴以及客户询问公司业务进展时，创始人无一例外会强调成绩，因为他知道，客观坦诚地告知真相会打击员工士气，导致人员流失，并继而加速企业的衰亡。在着力筹集新资金的过程中，创始人尤其谨慎，绝不肯把负面消息透露给最有可能提供建议的人：当前投资人。因此，充分掌握情况并能在是否以及何时关停公司的事宜上给创业者提供建设性意见的人少之又少。

尽管创业者很容易出于冲动而掩盖事实真相，可假如伸手求救，他们会发现自己很快就能得到帮助。Esper 的创始人安德鲁·李在书中写道："所有人（不仅仅是投资人）都乐于伸出援手。虽然有些内疚和难为情，可一旦出声求援，我才发现自己的处境是多么普遍，其他人又是多么具有同理心。真希望自己当初能早一些征求他们的建议。"[266]

第五，尽管已经认清了现实，但创始人依然觉得自己在道义上有义务坚持，为了那些靠这份工作谋生的员工，为了那些信赖产品的顾客，也为了支持创业者创业梦想的投资人。已经倒闭的金融科技初创公司 Cake Financial 创始人史蒂夫·卡朋特对我的学生说过这样的话："拿了别人的钱，你就不能逃跑。"[267]

针对这种情况，高佐说："让我在午夜梦醒时心绪难平的，就是这种责任感。我觉得应该对那些支持我的梦想并与我共同为梦想而战的人负起责任。失败对他们意味着什么？在为追逐这份梦想做出牺牲后，他们的职业生涯是否能有新的起色？生意上的失败会不会像宣读遗嘱会导致家庭成员心生嫌隙那样，让曾经的朋友和熟人变成陌路？"[268]

当高佐后来向他的团队坦率告知公司的困境时，大家的反应让他深受鼓舞："在会上，我向所有人详细地说明了公司的财务状况。我是唯一一个讲话时悲情难抑的人。其他人都挺身而出，再次表达了他们众志成城的决心，并且甘愿做出一系列牺牲以确保公司能继续运营。精英之所以成为精英，靠的就是这种激情。"

在参与我面向 MBA 开设的企业家失败案例分析课时，初创公司培训师杰里·科隆纳提醒说，尽管忠诚于团队的人值得钦佩，但出于责任感而固守执念，不肯放弃，这有可能对别人"带来毒害。领导者大权在握，当他们憎恨别人或者厌弃自己时，权力就会成为一个有可能被滥用的危险品"[269]。

第六，如果公司倒闭，那创业者的自尊心将受到重创，假如在他所处的圈子里失败是件丢脸的事，那由此带来的痛苦更会加倍。假如失败已在所难免，那创始人就得做出抉择：让自尊心现在就遭受打击，还是将这一刻尽可能推迟？明知公司的瓦解已成定局时，创业者所感受到的痛苦是难以掩饰的。

正如高佐所言,"常听别人说,一个人在生命之光即将熄灭时,过往经历的一幕幕就会闪现在眼前。在公司的最后 24 天中,我觉得自己好像已经把一辈子的尝试、失败、成功以及因不得不接受命运安排而产生的情绪都体验完了。这是一段情感波动不休的时期,一次又一次的低谷,一次比一次低。我缩进了自己的壳中,无视身体健康,只想抓住唯一一个战略收购的机会(其实,收购方只想让我的团队继续给他们'打工')。最后,对方在 Skype 聊天中告知,我们不够优秀,不能和像他这样的成功的硅谷企业一同工作"[270]。

尽管有诸多因素促使早期初创公司领导人迟迟不采取行动,但另外一些因素却迫使他们不得不行动。尤其是,当投资人认定转机已不可能出现时,他们会强迫创始人尽早收手。他们宁愿在尚未耗尽资金前解散公司,以便能挽回部分损失。另外,身兼公司董事会成员的投资人把时间看作一种拥有高机会成本的投入。由于早期初创公司的董事们通常情况下一年至少要会晤十次,而且占用的是常规会议之外的时间,对于风险投资人而言,他们能发掘其他投资对象并占据其董事会席位的可能性就受到了现实条件的制约。假如他们手头的"邀舞卡"被一个前景晦暗的企业所占据,那他们获取巨额收益的总体概率就会降低。

对于纠结于这个问题的初创企业家,曾亲手关停公司的创业者给出了如下建议。一是明确哪些是必须完成的阶段性目标,并为每个目标设立一个最后期限。二是征求他人的意见,看看他是否觉得有必要继续坚持,这个人应该是你所信赖的人,他了解你,了解你的公司,也知道创业者的成功要素有哪些。三是多进行自我反思,并思考以下问题。

第一，是否已经无路可走？具体而言，你是否已经将本章开篇时提到的方法悉数尝试了一遍，比如转型，寻找新投资人，寻找收购方？正是在思考过这一问题后，高佐才最终做出了关停公司的决定："不是因为转型失败，不是因为竞争失利，不是因为天降横祸，也不是因为盲从了错误建议。事实上，很难说得清我为什么会做出这个决定，从自我欺骗的错觉中走出来。我就是知道无路可走了。我意识到，就算再给我一些时间，就算有人把救命钱摆在桌子上，我也不能心安理得地接受它。"[271]

第二，你痛苦吗？你痛恨这份工作，痛恨联合创始人、团队员工以及投资人吗？你是如何对待家人的？这样的状况是否已持续了好几个星期？正如已倒闭的运动营养初创公司联合创始人贾斯伯·戴蒙德·纳撒尼尔所言，在即将关停公司的那段日子里，"我的生理、心理以及情感状态都糟糕得要死。几乎整夜整夜睡不着觉。情绪不稳定到了极点，每一次投资人会议、每一次销量变化都让我觉得到了生死关头。我对家人和朋友漠不关心，亲密关系也在走下坡路。此外，我还觉得无比孤单。我认为自己有必要保持强势的姿态，于是把自己封闭了起来，不让员工和投资人发现我内心的焦虑，也不愿和工作圈子之外的其他人谈论我的烦恼，因为我觉得这样做毫无意义。我一直告诉自己一切都很正常，这是创业之路的必经阶段，但就在一瞬间，我突然清醒了。我曾想尽办法，希望能继续战斗，但最终一无所获。曾经的激情已经枯竭了"[272]。

第三，你仍然对最初激励你前行的梦想心怀热爱吗？在巴鲁公司的资金即将见底的同时，林赛·海德联系上了另一家风险投资公司，希望能筹到新的资金。就在那时，她被告知客人家中一只患有糖尿病的老年猫在巴鲁公司员工的看护下死去了,这是公司第一次出现宠物死亡的事件。海德心烦意乱地离开了风险投资公司的会议室。尽管兽医后来证明巴鲁公司的员工并没有责任,但这件事动摇了海德的信心,与风险投资公司的谈判也因此无疾而终。投资人事后对她说:"我清楚你的为人,也相信你。但我不认为你自己仍然相信你的梦想。"她反省:"在那一刻,我真的感到对未来失去了信心。一个创业者一旦失去了热情——失去了能让你说出'等着瞧,两年后一切都会不一样'的那股疯狂劲儿——那他就完了。"[273]

第四,还有没有机会"体面离场"?我所谓的体面,是指在关闭公司时,你是否履行了对顾客的承诺;是否给供应商付清了全部货款;是否能给员工付清工资,并附带一笔遣散费;是否能让投资人至少收回一部分资金。虽然企业倒闭在一定程度上会有损创始人的个人声誉,但"体面离场"多少能挽回些不良影响。然而,此处也存在取舍之难:错过了"体面离场"的时机而继续运营公司,这也有可能让创始人获得更多时间去寻求新资金或是收购方。

为了准确判断何时是最佳时机,创始人必须对企业的义务和现金流的消耗速度做到心中有数。华莱士在向董事会提议关停 Quincy 服装公司时,心里很清楚这一点。在她的搭档纳尔逊最终关停公司时,余留资金尚能保证为员工支付为数不多的遣散费,给债主还清欠款,并且使投资人收回了一小部分资金。[274]相比而言,海德就错过了最佳时机,没能让巴鲁公司履行好应尽的财务义务。尽管公司付清了全部的员工工资,但最终没能还清拖欠供应商的 10 万美元货款。[275]

在做出关停公司的决定并且和团队成员沟通过这个决定后，很多创始人会产生一种如释重负的感觉——情绪上的巨大压力终被释放的感觉。海德说："结束为过桥贷款而忙成一团的混乱局面，这让我松了一口气，那一刻我十分清楚，我们已经为投资人尽力了。为了把他们的钱赢回来，我们已用尽了心血和精力。"[276]

在认定公司将无法作为独立实体继续存在下去时，创始人还面临着新的抉择。比如该不该辞职让其他人来接管？要不要寻找一个"收购方"（这个收购方愿意留用原来的人员，但不打算继续经营原有的业务）？

辞职或下台。只有在极个别的情况下，创始人/CEO才会把车钥匙扔在桌子上，对董事会或联合创始人宣布自己要离开公司："我已经干够了，你来干吧。"考虑到创始人一直以来承受的压力，以及公司进入末期后大同小异的前景——股票不会再升值，这样的冲动不难理解。另一种情况是，假如上述罗列的因素削弱了创始人继续担任领头羊的决心，那他会选择从CEO的位子上撤下来，但继续以全职身份在其他岗位效力。

不辞职的好处有两点。第一，见证企业一步步走向痛苦的终点，这对创业者而言是一个难得的学习过程。第二，不会因此而背负恶名，当一个弃船而逃的船长。风险投资人艾琳·李曾告诉我，有个创始人径自离开了苦苦挣扎的公司，声称那里已经没有实现转机的可能，不值得再耗下去了。董事会和投资人勃然大怒：这个人蛊惑大家来为他的梦想买单，最后却一走了之，把一个烂摊子留给了投资人。他们一致决定今后绝不再同此人合作。[277]

收购。对于靠风险资本支持的失败的初创公司而言，被收购是较为常见的退出路径。[278] 其优点是，投资人常常能从中挽回一小部分损失，部分员工也能保住一份工作。缺点是，创始人可能在收购谈判过程中不得不应对高佐曾经应对的局面："向我们示爱的那些人似乎忘记了自己当初奋斗时的艰难，一心想要将猎物戏弄一番。那些主动找上门或者我们主动去找他的收购方都是一个样，围着我们滴血的身体看热闹，像施虐狂一样玩弄我们。尽管他们有可能真的想收购，但在出手之前，他们要看着我们一点点被榨干耗尽。"[279]

对出资收购的公司而言，收购行为背后是一个"自己做还是花钱买"的问题，这一点主要涉及工程人才和创业人才。顺便提一句，收购方并没有兴趣全盘接收所有人，他们会通过面试来挑选幸运者。他们实质上是想知道，接手一支完整的、已证明有能力共同完成任务的团队，是不是比从零雇用并培训一批新人要更划算？之所以会算这笔账，是因为收购价一般情况都不会是企业总融资额的整数倍。所以，与靠传统方式聘用并搭建团队相比，花钱收购人才的代价过于高昂。

由于风险投资人拥有协定好的优先清算权，所以投资人可以从收购中优先获得退出收益，直至他们收回当初的全部投资。鉴于收购收益十分有限，待到拥有优先权的持股人（也就是风险投资人）收回了自己的成本，那所剩不多的收益——如果还能剩下的话——将由普通持股人，即拥有股票或期权的创始人和员工，共同分配。

创始人和团队成员从股权收益中所得无几，这会让事态复杂化。原因是，收购方的收购前提是重要团队成员能继续留任。对他们而言，最简单的解决办法是与这些成员私下达成交易，比如签约奖励，或是在一段时间内持有收购方的股票。从收购方的视角来看，只要收购成本没有出现大幅度上升，那么这种私底下的交易是有吸引力的。当然，初创公司的投资人会十分反感以牺牲他们的利益为代价的私下交易。要解决这个问题对创始人而言并不容易。他既得保证团队的完整性，让交易正常进行，又得让董事会满意——董事会点头认可后收购才能进行。

当目睹自己一手打造的团队不得不接受铁面无私的履职调查，并且最终不得不走的走、散的散时，与公司和同事已建立起深情厚谊的创始人会悲从中来。因此，安德鲁·李建议创始人在进入收购谈判环节之前，问问自己的团队究竟希望怎样。据他回忆："收购过程让我的团队在面试——或者说是拷问——的过程中溃不成军，把我们带上了一辆充满着不确定性的情感过山车，在车停后，留下的只剩满口的酸涩。"[280]

走近终点

行至道路尽头，你发现并没有一位白衣骑士拿着救命稻草来拯救你。事已至此，你该如何负责任地缓慢止步关停公司？

顾问。假如你尚未采取过这个措施，那第一步就是请一位律师、一位会计，由他们指导你逐步关停公司。这些人应该是具备丰富经验的、处理过复杂的法律事务和税务事宜、参与过企业关停业务的资深顾问。他们应知道，在优先清算资金不足时，应该先保证谁的利益；如何利用托管账户储备资金，等待最后时刻的清算；如何与员工解约才能让他们享受到失业补贴。顾问还能帮你准备好关停公司时应向政府提交的文件，比如撤销营业执照，领取解散证明。

此前你与之合作的法律机构能帮你处理日常公司法务，拟定聘用合约，与供货商签订合同，解决监管问题及专利权等事宜。他们的员工中不一定有人参与过企业关停工作。如果没有，那可以请他们给你推荐合适的人选。从目前来看，这样的律师一般会收取一笔固定费用。要及时支付这笔费用，因为你的律师有理由担心你的支付能力，而你并不希望他中途撒手不管。假如你无力负担请律师的费用，也可以从 NOLO.com 和 Rocket Lawyer 这样的网站上征集好的建议。[281]

方法。第二步，在顾问的帮助下，你得做出决定，看看以哪种方式清算资产并偿还欠款。[282] 在启动这一环节之前，你需要把所有能出售的资产和需支付的钱款逐一列在清单里。此外，你和你的顾问还得对与索赔相关的合同进行核查，看看有哪些条款给索赔人赋予了优先获得赔付的权利。

无论选择哪种方法，你面对索赔人时的赔付顺序在很大程度上都要受国家法律和法规的约束。在受司法管辖的大多数地区，你必须缴清所有税款；给员工付清工资和福利；退还所有的客户定金，然后再解决有担保的索赔，比如基于应收账目或者库存抵押而获得的贷款。假如你无力偿还贷款，那银行将在你还清贷款之前收回应收账款，出售库存商品，保留所有收益。务必要弄清楚你的资产中是否有被用作担保的抵押品。如果你在未征得索赔人同意的情况下出售了这些资产，那就会面临被起诉的风险。

排在下一位的是未担保的索赔。根据所选择的关停方法，你可以自行决定要对哪些索赔进行赔付。假如在处理完全部索赔后尚有余留资金，那可以将它们分配给持有优先股的股东。排在最后的，就是像你——创始人——这样的普通持股人。

以下就是关停公司时可供你选择的三种方案。

第一，申请破产。提交破产申请后，企业面临的所有索赔将一笔勾销。由破产法院指定的受托人将会负责清算资产，解决债权。与自行处理（下文将提到）相比，这一方案能减少创始人的工作负担。但是，它的弊端也很明显。申请破产要走公开程序，耗时长，且资产清算后的所得要低于其他方案——尤其是受托人要从中提取一笔佣金。此外，创始人将无法自主决定未担保债权的赔付。

第二，ABC（债权人利益转让）。在ABC流程中，初创公司可以给第三方赋予资产清算和处理索赔的合法权利。作为交换条件，公司须向第三方支付一笔费用。ABC流程有如下几个好处：第一，比起自行处理，这种方法耗时较少；第二，比起申请破产，这一流程推进得更快；第三，鉴于大多数推出ABC服务的公司在资产清算及索赔谈判中都具备行业特定的专业知识，因而与自行解决或申请破产相比，这种方法能让债务人挽回更多的损失。此外，在购买巨额资产时，老练的买家更愿意选择ABC流程或与申请破产的公司合作，靠自己打理清算事宜的公司绝不是他们的首选。因为他们不希望因购买的资产另有担保记录而被卷入法律纠纷中。ABC流程和申请破产能有效避免这类问题，以确保资产不会受到牵累。

然而，ABC流程也存在弊端。其一，提供ABC业务的公司更愿意和大型初创公司合作，因为从中收取的费用会更高。其二，这类公司在优先事项上可能与初创公司创始人或持股人的不一致。例如Dot&Bo向一家银行名下的ABC机构支付了25万美元的费用，而该银行借给Dot&Bo的贷款绝大部分却都是以Dot&Bo的公司资产做担保。安东尼·苏胡对这一结果非常失望。

他说："负责 ABC 流程的这家机构根本不在乎它们在偿还了银行贷款后会发生什么。它们不关心欠供应商的钱是否已还清，也不在意持股人还能不能收回一些资金。"[283]

第三，自行处理。对于小规模公司而言，这种方式更受推崇，因为它不会涉及以上两种方式所需的费用和佣金。所谓自行处理，是指创始人亲自处理资产出售事宜，亲自与债权人协商和解，减免债务。这一过程虽然耗时较长，但创始人将因此在偿还谁的钱以及偿还多少的问题上拥有更多回旋余地。据在线法律资源平台 NOLO 的观点，在创始人破产后，债权人都清楚他们将很难收回欠款，所以，假如债务人能够偿还 30%~70% 的应还款项，那对方一般都会同意和解。在展开此类谈判之前，务必要向无担保的债权人告知（以确认函的形式）创始人即将关停公司，希望他们在法律规定的时间内提出索赔申请。被告知方在超出规定时间后提交的申请将被视为无效。但未被告知的债权人的索赔申请可以延后提交。在与债权人达成和解后，创始人应确保拿到对方签字认可的豁免书，确认他们今后将不再追究未付欠款。[284]

沟通。在做出关停公司的决定后，创始人必须想好该怎么跟持股人开口。他可以借由上述提到的某种方法联系上债权人。其他的主要持股人包括：客户、董事会成员之外的投资人、员工。

面对客户时，聪明的做法是先收回应收账款，然后再宣布关停决议，否则欠款很有可能收不回来。客户最关心的，莫过于服务什么时候终结。要做到真正"体面的离场"，公司就一定要帮助客户在新旧服务之间实现平稳过渡。在关停巴鲁公司之前，海德就与她的竞争对手 Rover 谈好了对接事宜，将巴鲁的所有宠物看护者以及用户移交给了 Rover。新用户使用 Rover 的服务之前将获得 40 美元的代金券。[285]

在向非董事会成员的投资人告知关停决议时，有些创业者做得更好一些。当公司陷入困境后，官网上的新闻更新率会下降——宣传坏消息毕竟让人愉快不起来，所以对这些投资人而言，这个决议可能会让他们大吃一惊。那些同时在多家初创公司注资的投资人会把这次失利看作"风水轮流转"，因而不会过于痛苦。但即便如此，你也有义务向他们详细汇报缘由，并对他们的支持表达感谢。

向员工宣布这个决议时，创始人应该处理好以下几个问题。第一，该付给员工多少遣散费（如果有的话）？第二，他们该如何申请失业？第三，他们是否可以继续享受医疗保障，比如说，由个人负担的 COBRA 计划（综合预算和解法计划，指被解雇的员工可以在限定的时间内，做出是否为自己或家人继续购买团体保健计划的选择）？第四，创始人应向员工保证，他将逐步采取措施解决员工的新工作，比如向其他公司推荐，请其他公司在出现人员缺口时告知他们。此外，创始人和公司高管应向员工表示感谢，让员工知道，公司的失败错不在他们，他们应该为共同付出的心血感到自豪。

***

本章对于公司在走向终点时所面临的繁杂事务做了一番梳理。但在此过程中，创始人也将承受情感上的考验。在第一阶段——失败的前奏中，他会拼尽全力拯救企业，情绪会大起大落。当产品转型开局良好，但紧接着又陷入停滞时；当投资人伸出了橄榄枝，但紧接着又撤回时；当并购合作伙伴一会儿热情洋溢，一会儿又冷若冰霜时，创始人的情绪就像坐上了过山车，忽高忽低。

进入第二阶段，他会——有可能是孤身作战——纠结于企业的生存问题：是时候收手了吗？这一困惑会让他产生强烈而复杂的情绪：因为有负众望而产生的负罪感，因为被承诺伸出援手的人中途抛弃而产生的愤怒感，因为对自己的领导能力失去信心而产生的自我怀疑，以及因为改造世界的梦想终成泡影而产生的无限伤感。

最后一个阶段，宣泄情绪，告诉大家一切都结束了。然后，在接下来的几周里，创始人可能会忙于处理关停事宜，无暇多想。但等到喧哗散尽，人去楼空，与债权人的谈判画上了句号，解散公司的文件也已备案，这个时候，他将有大把的时间来致哀过往，试着厘清发生的一切，以及假如有机会重来，他会如何应对。此外，他将开始思考下一步要何去何从。在下一章中，我将对创始人应如何挺过最后这个阶段提出建议。

第十一章

重整旗鼓再出发

在公司危亡之际被迫离职，这让克里斯蒂娜·华莱士心灰意冷。[286] 连续三周，她独自待在公寓里闭门不出，饿了就订外卖，闷了就看电视，把《白宫风云》的全七季通通看了一遍。华莱士不敢向朋友们解释 Quincy 服装公司内部究竟发生了什么，因为尽管与曾经的密友兼联合创始人亚历山德拉·纳尔逊已经断了交情，但她对两人一手办起来的这个公司仍怀有基本的责任感。在纽约市初创公司抬头不见低头见的熟人圈子里，华莱士一直对"怎么会这样"这个问题避而不答。假如因此惹出有关 Quincy 服装公司的闲话，那么纳尔逊就更难再出奇招儿等到资金了。所以，在公司已陷入奄奄一息的最后关头时，华莱士只出过一次门。她参加了一场假日慈善舞会，其间与他人并无交集，只是在照片墙上发了几张自拍，一切看起来并无异常。

纯粹是由于客观需要，华莱士才不得不打起精神从抑郁的情绪里走出来，因为个人金融危机已经迫在眉睫。她的全部存款都投给了 Quincy 服装公司，日常开支主要依靠预支信用卡，如今，她的学生贷款已经到期。至于失业补助，她还没有资格申领；身边没有能依靠的朋友，家人也没钱借给她。当务之急，她得尽快找到新工作。在 Quincy 服装公司关停之后的 30 天的时间里，她和 70 位朋友及职场熟人一起喝过咖啡。每一次她都会问对方："你觉得我擅长什么？"从这些谈话中，华莱士得出一个结论，那就是她善于讲故事，善于将企业的使命抱负兜售给别人，有能力从零起步开创事业。这个结论带她找到了新的方向：在纽约市为创业学院开设拓展课堂，向那些想要转行的人士提供沉浸式培训。

华莱士选择的这条路可以说是创业失败者想要重振雄风时必经的一条康复之路，一条分三阶段走完的路，只不过这个沉浸式培训是个加速版的三阶段。第一阶段，从公司倒闭造成的情感打击中康复过来。创始人必须处理好因个人遭受的重大挫折而产生的悲伤、抑郁、愤怒、内疚等情绪——通常时候，就像华莱士一样，还会与此同时陷入捉襟见肘的经济困境。第二阶段，反思。理想情况是，创始人已经不再把失败归咎于他人或是不可控的外部事件。通过反思内省，他会对发生的一切产生深刻的认识，会看清楚究竟哪里出了错，他本人对此有何责任，假如从头再来，他又会怎么做，等等。在此过程中，他还能重新审视自己作为创业者、经理以及领导者的动机、优势和劣势。第三阶段，再度启程。结合反思结果，创始人可以做出决定，看今后是另立门户，还是彻底转行。

本章将对这三个阶段做深入介绍，以期帮助创业者在创业失败后自我疗愈，总结经验，再度启程。

康复期

初创公司的失败会对创业者产生三重严重影响。第一重影响，其个人财务会陷入混乱。与华莱士一样，很多创始人都把存款尽数投给了公司。为了维持运营，一些人的信用卡透支已达极限。为了让公司能多坚持一些时日，大多数创始人给自己只发极少甚至不发薪水，或者，像巴鲁公司的林赛·海德那样，一再拖欠自己的工资。

第二重影响，创业者私人生活中的各类关系会陷入风雨飘摇之境，因为在连续几个月每周工作 80 小时的过程中，他没有时间去打理与朋友、家人以及爱人的关系。"很抱歉，但是我需要你的情感支持"这样的说辞不一定会即刻博得别人的同情。由于害怕被拒绝，且对于已发生的矛盾感到尴尬，所以他们很少会去主动修复关系。尤其在初期，他们的常见反应就是把自己"隔绝"起来。

开发商服务公司 BrightWork（已倒闭）的创始人乔西·卡特这样描述了那段痛苦的经历："满脑子想的都是假如从头再来，我们该如何做得更好，完全不知道早间新闻在讲什么……坐在家里，那种深切的失败感就像病毒一样侵蚀着我，包围着我。当我茫然地盯着屏幕，试图寻找某种目标感时，感觉自己就像是一个瘫痪的病人。我辜负了那些信赖我的人，不得不想方设法在家人朋友面前装作若无其事。今天，我再也装不下去了。"[287]

第三重影响，创业失败后，在与内疚、羞愧、懊恼、失望等一系列负面情绪纠缠的过程中，创始人会陷入悲伤并难以自拔。遗憾的是，伴随着内疚感和羞愧心而来的，常常是想要离群索居逃离众人的一种本能，而这是一个危险信号。假如他在社交生活中处于孤立，那这些情绪将会占据中心，并自此将他带入一个恶性的下行螺旋。"我的第一反应就是道歉，向我的联合创始人马辛,向我的团队、投资人,以及忠实的客户群,说一声'对不起'。"妮基·杜尔金回忆说。2014年,她关停了自己创立的99dresses。"我感到羞愧、内疚、难堪,觉得自己就像牧羊人将羊群领下了悬崖,而我本该是它们的守护者。从道理上来讲,我也知道自己不该有这样的情绪。但实际上,我真的不知道应该有什么样的情绪。自高中毕业后,我就把心血花在公司身上,它是我的全部。我就是99dresses女孩。没有了公司,我是谁?我不知道。"[288]

伊丽莎白·库伯勒-罗斯的"悲伤五阶段"框架可以帮我们了解创始人在这一时期有可能出现的情绪问题,以及这些情绪问题随着时间推移会如何发展。库伯勒-罗斯为人熟知的这项研究结论指出,个体在遭遇重大损失时,常会逐一做出五种反应——虽然出现五种反应的先后顺序有所差异,且有些反应可能根本不出现。[289]

一是拒绝接受。在惊遇变故后,人们的第一反应往往是"这不可能"。[290]在Dot&Bo被正式关停后,安东尼·苏胡的第一反应是:"这不是真的。"

二是愤怒。在这一阶段,人们的感觉是"这不公平""谁干的",面对工作失职的联合创始人、催着企业加速发展的投资人、没能如期发货的合作商,创始人会愤怒地咆哮。心理治疗师建议,悲伤的病患应该将愤怒充分地发泄出来,因为这种本能反应有助于他们重返现实。这一策略对创业者同样适用。

三是讨价还价。为了应对无助感和脆弱感,这一阶段的人们会想要通过重构叙事来为损失做出解释,以此重新获得掌控权。因此,创始人会反复思考"假如"一类的问题:"假如我们早一些转型?假如我们当前放慢发展速度?假如我们不曾进入欧洲市场?"

四是沮丧。在某种程度上,深陷悲伤的人会被无力感和空虚感所包围,会不想与他人共处。在这一阶段,由于自我价值感的衰退,创始人可能会想:"再创业有什么意义?我显然不具备成功的条件。"

五是接受。这是康复期最终要实现的目标。创始人能够坦然看待发生的一切,心想:"会好起来的。"

康复期是一个渐进的过程,时间的确能疗伤,但这个过程有时很漫长。治疗师鼓励悲伤的病患承认内心的痛苦——写日记是个不错的方法。同时,让他们做好思想准备:在伤愈的过程中病情有可能出现反复,偶尔还会更严重。形成固定的每日习惯有助于重获控制感。同样,进行体育锻炼也能起到治疗作用。在Dot&Bo倒闭之后的头两周,安东尼·苏胡待在朋友的家中,每天只做冥想和健身。[291] 当然,与他人讲述自己的感受也有助于创始人重新振作起来。这个人可以是心理咨询师,但问题是,在公司倒闭后,创始人可能无法继续享受医疗保障,也承担不起咨询费。

重拾过去的嗜好或是活动,培养新的爱好,这可以让创始人从毫无成效的苦思中抽身而出,并重新树立自信心。在职业领域迈出第一步,比如开始找工作,担任咨询工作,把新的创业灵感记录下来——这样做有助于激励创业者,使他们对未来重获希望。诺特丹大学教授迪恩·谢泼德曾对失败创业者的心理状况开展过研究,据他说,转移注意力到新事物上,偶尔再反思失败,这种思维切换有助于创业者恢复元气。[292]

阿芙妮·帕特尔·汤普森对于这一点深有体会。作为已经失败的个性化儿童看护公司创始人，她说："我和其他创始人，和我的丈夫，都谈起了 Poppy 公司的失败。这样的交流让我受益很多。"她回忆："在某种程度上，我感到自我好像消失了。但回顾过去，实际上已经发生了很多事。我的家搬去了温哥华，整个夏天我都在全职学习如何编程，而且还常常与家长们交流——多达几十个。我仍然着迷于家庭生活中的那些挑战，以及不成比例地落在女性肩膀上的'看不见的负担'。创业之光似乎又亮了起来。"[293]

阿迪·希勒尔是已倒闭的初创公司 Hubitus 的创始人，该公司主要为自由职业者提供一个线上交流的平台。他给出了几条明智的建议："不要对抗，顺其自然。允许自己失败，别评判。什么也不用做。去看看电影，你也许已有半年没看过电影了。见见朋友。如果被问起今后的打算，你就说'不知道'……善待自己。记住，一切都是暂时的，你的沮丧也是暂时的。很多时候，阻碍我们前进的，不是消极情绪本身，而是我们对待消极情绪时采取的那种消极倾向。慢慢接受这个事实。相信自己会再次强大起来。"[294]

反思期

在经历了因失败而产生的强烈的情感波动后，创业者会进入到下一阶段：反思发生的一切，从失败中汲取经验教训。[295] 要从自己的创业经历中总结经验教训并不容易。原因有二。首先，在出现问题时，人类惯有的自我防御机制常会使我们将罪责归于其他人或是外部条件，很少能看见自己的错误。其次，悲伤会妨碍思考，创业者因失败而心绪难平，学习能力也会下降。

鉴于以上原因，有些人干脆彻底跳过了反思期，或者几乎没有从中收获任何经验。这些创业者很容易成为"该怪谁"这个问题上走极端的两个群体。在这一端，创业者会认为自己犯了一连串严重的错误，导致公司最后走上末路，因为他自己无能到无可救药的地步——过去是如此，将来也永远如此，完全不适合做初创公司的领导者。对于那些在公司倒闭后感到沮丧失望的创业者而言，这种表现是伴随沮丧而来的自我价值感丧失殆尽后的一种自然反应。

在另一端，创业者——尤其是自恋型创业者——会坚信自己没有做错：这种表现无疑有助于疗愈受损的自我。[296] 在他看来，企业的失败要么是因为其他人的不负责任或是恶意破坏——一些难以被预见的行为，要么是因为他力所不能及的时运问题，比如监管条例突然出现了变化，或是资本市场的熔断使健康的初创公司失去了资金保障。

如今，有些创业者的确不适合领导初创公司，他们应该另寻出路。而且，正如我们看到的，初创公司的失败有时候就是运气问题，并不是创业者做错了什么，也并不是因为坏运气和错误兼而有之。所以，尽管有些创始人理所当然归于以上这两类，但大多数创业者是基于不合理的自我分析而将自己置于这种极端群体。在出现这种情况时，他们本人以及社会都是输家。当原本能力与天赋俱佳的创业者因为认定自己"条件不够"而退出赛场时，整个社会也将错失他们有可能创造出的奇迹。至于另一种极端，当那些过分自信的创业者还要冒着再次犯同样错误的风险重上战场时，他们本人，连同新的队友及投资人，有可能又在其他地方狠狠摔一跤。

如何避免这些极端情况，并从企业的失败中吸取应有的教训？首先，你应耐心等待，时间是疗愈伤口的良药。在公司倒闭后，随着时间的推移，情感上的创痛会消失，你会更容易看清真相：究竟是哪里出错了？你犯了哪些错？假如还有机会，你能怎么做？其次，你应该动手写下事后分析，这有助于你从中厘清线索，因为在写的过程中，你不得不提出某个观点，缺口或逻辑漏洞会暴露无遗。最后，你应从了解你及你的创业经历的人那里求证你的结论，问问他们："这些教训听起来是不是实情？"

本书中提到的所有经历过创业失败的人都曾有过这样的过程，而且也都从中收获了很多。当然，这种基于深刻的自我反思得出的结论会因创业者的个体差异而存在极大不同。杰森·戈登堡在 Fab.com 倒闭后所做的事后分析可供创业失败者参考。[297]他在博客中写道：

每个创业者在失败后都应对灵魂做一番拷问。他们应该问问自己：

能不能避免这次失败？我能不能/该不该多想想办法来创造价值或是保住价值？（在接下来的几年里，你应不断问自己这个问题，在脑海中不断思考它，在与他人的谈话中常常谈论它。）

初创之路真的适合我吗？

假如有机会重新再来，我会接受吗？

我从这次经历中收获了什么？

从这次经历中，我对自己的个人优势和不足取得了怎样的认识？

还会有人愿意跟我一起奋斗吗？他们应该如此吗？

还会有人再给我投资吗？他们应该如此吗？

克里斯蒂娜·华莱士曾向 70 个朋友及同事问过这个问题："我擅长什么？"与她一样，戈登堡也同联合创始人、董事、团队成员、培训教练、投资人及家人深入交流过此类问题，从中得出的自我评价是："我很适合担任初创公司的创始人及 CEO，但是，为了避免今后再次失利，我应该多学学如何更专业地拓展公司业务，或者应学着赋权于其他人。"

最后，重整旗鼓的戈登堡与别人再度联手，创立了 Moxie，一个面向健身教练、瑜伽教练及其客户的服务平台。他给失败创业者提出了几条建议："要找准自己真正擅长的领域，然后从最基础做起。向自己和他人证明，你仍然拥有了不起的能力，无论是在其他大型公司或初创公司，无论是写作、教学、做志愿服务，你都能够发挥重要的积极作用。总而言之，在失败之后，你得找到新的起点，并提醒自己：你依然能出色地完成某些有价值的事情。"

再度启程

经历过反思，创业者可以更坦然地面对这个问题："接下来怎么办？"令人惊讶的是，在失败的创业者中，相当多的人都选择了再次创业。在对 50 名创业人士开展的随机抽样调查中，我试图探寻他们的职业轨迹。这些人靠风险资金的支持创办了公司，但都在 2015 年被迫关停。他们当中，52% 的连续创业者（在 2015 年公司倒闭之前曾至少创办过一家公司的创业者）再度创办了公司，48% 的初次创业者在 2015 年公司倒闭后于 5 年内再次创业。[298]

对于那些想在新的初创企业里再展身手但又担心失败的耻辱难以磨灭的人而言，好消息也是有的：大多数创始人，尤其是那些因"体面地"关停公司而仍然与其他人保持良好关系的创始人，会发现这个问题并不像他们想象中那般严重。兰开斯特大学的已故教授杰森·科普曾访谈过一些创业者，[299] 据反馈，他们都在创业失败后再次找到了具有吸引力的商机，且并没有像他们预计的那样，感受到明显的被歧视或是被拒绝。本书中提到的创业者也有着同样的反馈（见后文"后来的路"）。

要想避免因失败而被钉上耻辱柱，最佳的办法是对企业的失败负起责任来，同时，向外界清楚地解释你从失败中吸取了哪些经验教训，以及这些经验教训将如何影响你今后的管理工作。林赛·海德认为，承认巴鲁公司的失败，而非粉饰太平闪烁其词，这一点非常重要。"我们最终其实是卖掉了全部资产。原本我们也可以说自己是主动退出，是以胜利者的姿态离场。很多倒闭的初创公司创始人就是这么干的。但我想大大方方地承担起责任，由我自己来引导舆论。"

在提出新的创业方案时，假如创始人能够说清楚上一次的失败对新方案有何启发，那他将更容易被认可。例如 Moz 公司（主推营销软件的初创公司，其产品线扩张的失败给公司带来了致命打击，引发大规模裁员）的兰德·费施金对于风险投资人逼迫创业者"击出全垒打"的做法表示不满。因此，他坚决表示在今后再度创业时，"绝不再依靠风险资金。对我而言，风险投资企业的要求太多了。它们眼中只看到两种结果：要么精彩胜出（罕见的情况），要么一败涂地（常见的情况）。对那些一心只想把企业做大做强的人来说，风投资本无疑是他们的恰当选择，但是，我只想按照自己的节奏来从容规划，稳步发展，也许盈利不多，仅能维持正常开支，但足以为员工提供一个谋生之计，为用户提供可靠的、高质量的产品"。

林赛·海德则持相反的观点。在反思巴鲁公司的失败时，她说自己为再度创业做好了"百分之百的准备"。"根据我对自己的了解，我是那种喜欢快速行进的人。我很享受把事业做大做强时的那种感觉。"海德承认，要想实现这样的目标，给"火上再浇一把油"，筹集风险资金是在所难免的。[301]

假如在经过一段时间的内省后，你已经想清楚了"反思期"中杰森·戈登堡提出的那几个问题，那么对于该不该重新创业你也一定会有一个客观的结论。对于成功创业需要哪些技能，应抱有哪种心态，你现在应该也获得了更全面的认识。结合之前的经历，你应该已经积累了大量有关"该做什么""不该做什么"的经验——比如该不该依靠风险资金。另外，你也已经对自己的动机做了深入的探究。尤其是，你愿意承担多大程度的风险？保持独立——自己做老板——有多重要？你是为了赚钱吗？是想要感受带领团队的挑战吗？是希望给这个世界带来一些积极变化吗？

带着这些新的发现，带着对自我更深刻的认识，带着更强大的自我意识，你将能对要不要再次迈上创业之路做出理性之选。

后来的路

本书中提及的创业者在失败之后又开启了新的人生篇章。

在 Jibo 公司倒闭后,史蒂夫·钱伯斯出任了绿色科技公司 Sense Labs 的首席营销官,并取得了南加利福尼亚大学应用心理学硕士学位、GSE(哈佛大学教育研究生院)教育技术学硕士学位,目前在 GSE 攻读博士学位。

在走完了 Quincy 服装公司的创业路之后,克里斯蒂娜·华莱士在纽约做起了创业导师。之后,创办了附属于美国自然历史博物馆的 BridgeUp,为年轻女性和少数族裔接受 STEM(科学、技术、工程、数学等领域)教育及职业能力训练提供服务。随后,她出任 Bionic 公司增长部副总裁,这家机构专为《财富》100 强企业推出的创业项目提供咨询服务。2020 年,她成为哈佛商学院教师队伍的一员,在那里讲授创业学。

在 Quincy 服装公司倒闭后,其联合创始人亚历山德拉·纳尔逊加入谷歌公司,成了那里的一位产品经理。后来,她跳槽去了全球最大的啤酒制造企业百威英博,负责创业项目。

在关停 Triangulate 之后,苏尼尔·纳加拉杰在 Bessemer Venture Partner(一家投资机构)做了六年风险投资人。此后,他创立了属于自己的种子孵化公司 Ubiquity Ventures。

在巴鲁公司解散后,林塞·海德在 Moderne Ventures 做了两年投资合伙人,然后加入了野花基金会,主要负责搭建由创业人士运营的、跨社区的蒙特梭利"微型学校"网络。

在 Fab.com 和 Hem 被转让后,杰森·戈登堡与他人联手,陆续创办了四家以柏林为总部的初创公司，最近创办的一家是Moxie，一个供健身爱好者和健身及瑜伽教练互通有无的平台。

在Dot&Bo倒闭后，安东尼·苏胡去了沃尔玛集团，担任家居分部的执行副总裁。这是一个年收益以数十亿美元计的领域。

沙伊·阿加西在Better Place失败后，成立了一家新能源科技公司Newrgy。尽管没有大张旗鼓地做宣传，但据外界推测，该公司关注的焦点将是公共交通领域的革新。[302]

写给初次创业的你

亲爱的创业者：

　　祝贺你为自己一直追逐的创业梦想迈出了勇敢一步。应你的要求，我根据对创业失败者的研究工作，给你提供了一些建议。希望本书中的内容对你有所助益。下面，我想就经营早期初创公司时面临的挑战再和你多说几句。没错，带领进入发展后期的初创公司将使你遇到截然不同的棘手困境，但在那之前，你先得在创业之初披荆斩棘。等你安然走完这段路，我会再为你奉上第二封信！

　　作为一个初次创业者，你可能已经听到了很多过来人关于如何成就伟业的建议。但是，尽管这些经验之谈不无道理，但盲目跟从却未必明智，反而会增加你失败的概率。假如你在书籍中或是博客文章里找寻，你会发现在送给如你这般的初创企业家的忠告里，以下6条是被反复强调的。

　　1. 行动起来！ 杰出的企业家都有极强的行动力。他们会将计划付诸实施，然后快速出击捕获目标。他们坚信自己的本能，不会对形势过度研判。这些素质都很重要。与同行业大集团相比，创业者缺乏资源，但果敢坚毅、思维敏锐这样的优点却具有不可估量的价值。

但是，强大的行动力也会带来负面影响。思考调研的过程会被缩短（什么样的方案能有效解决顾客的迫切需求），推进发展的脚步会被加快（研发某个产品并将其推向市场）。而正如我们所了解的，思考调研过程至关重要，只有这样，你才能找准客户需求，制订针对性的解决方案来吸引他们。假如你迫不及待地动手开发了产品并推向了市场，却跳过了调研这一重要步骤，你会发现自己被一个有缺陷的方案早早绊住了手脚，继而落入"错误的起步"失败模式。

2. 坚持下去！摆在创业者面前的阻碍一重又一重。产品研发出现问题，迟迟不能交付。竞争对手和监管机构常常让你猝不及防。潜在客户、投资人、员工一再对你说"不"。一个真正的创业者能够掸去尘埃无畏前进，能做到坚持不懈、义无反顾。

但是，假如你的义无反顾达到了冥顽不化的地步，那也许会妨碍你及早认清一个事实：开局也许是错的！当原方案运行不畅时，你还会因为固执己见而拒绝转型。转型不及时会让你无谓消耗得之不易的资金，让企业发展之路难以长久。

3. 抱有激情！激情——想要改变世界的一种强烈愿望——与坚韧一样，都是帮助创业者战胜艰难挑战时的强大武器。你的激情还能感染员工、投资人、合作伙伴，让大家心甘情愿地帮助你实现梦想。

但是，若激情走向极端，就会变成过度自信，你会认为自己已经寻找到了重大问题的解决之策，因此放弃了前端调研。这会让你更易落入"错误的起步"。同样，过度的激情还会遮蔽你的双眼，让你无视产品满足不了客户需求这个事实，继而错过了最佳的转型时机。最后一点，产品的早期接纳者可能是你创业理念的忠实粉丝，他们认可并支持你的产品。假如你将他们的需求等同于主流客户的需求，那就有可能落入"误导性积极反馈"的失败模式。

4. 加速发展！ Y Combinator 的保罗·格雷厄姆曾说："初创公司的属性决定了它必须加速发展。只有加速发展，其他一切才会按部就班地推进。这就意味着在做任何一个决策时，你都可以将'加速发展'视作行动的指南针。"[303] 例如在市场营销上投入多少资金，应雇用哪些人员。对于投资人和专业人才而言，"加速发展"就像一块吸铁石，吸引了他们，也极大地增长了团队士气。

但是，持续不断的发展压力会让你无暇去深入开展客户调研，继而过早推出产品，落入"错误的起步"失败模式。另外，在快速发展的紧迫形势下，团队成员和合作伙伴也面临更高的要求。假如他们达不到这样的高要求，那快速发展就会引发产品质量不佳、利润空间下降等一系列问题。

5. 瞄准目标！ 初创公司在早期会遇到资源不足的问题，你作为创业者已经尽力了。所以，你必须锁定最重要的目标。明确目标客户群，打造让他们心驰神往的产品。任何与这一首要目标相冲突的事项都应让道，比如叫停其他小项目，跳过会议讨论环节。

但是，过分聚焦也存在风险。假如你将所有心思都放在某单一客群身上，那从逻辑上推断，你的目标群体就是早期接纳者。

可如果只关注他们的需求，却忽略了主流客户的想法，那又会让你落入"误导性积极反馈"的失败模式。同理，假如你未曾尝试向其他客户群开展服务，或是只选用了某种单一的营销手段，那么在必须开展转型时，你可能很难想出合适的转型方案。

6. 精打细算！ 鉴于资源有限，创业者必须学会精打细算，周密规划，靠有限的资源完成无限的可能。

诚然如此。但是，假如你的团队成员缺乏重要技能导致公司始终无法按照其价值主张运营时，你就得做出决定，看看要不要聘请合适的人才加盟。如果对方提出的薪金要求高出了预期，那么率直且节俭的创始人可能会想："离了他我们照样干！"若如此，你很有可能落入"创意一流，配置三流"失败模式。

所以说，你应该听取这些经验之谈——大部分时候。你应该精打细算，热情似火，坚持不懈——大部分时候。你应该果断前行，精准聚焦，把精力花在包括加速发展在内的优先事项上——大部分时候。

换言之，你不应把这些经验之谈当作圣谕。相反，它们更像是工具。当你面临低风险决策时，或者，在极个别情况下，当你没有时间权衡轻重，只能在短时间内做出高风险决策时，这些工具对你是有利的。

而复杂的决策——一旦搞砸就会危及企业生存——却不应依靠简单的原则来应对。例如何时从探索期转向拓展期；如何平衡早期接纳者与主流客户的需求；何时以及如何转型；该不该雇用专家级人才；等等。面对复杂决策，你应有意识地权衡利弊。尤其要提防这样一种错误倾向：创业者应该相信自己的本能，听从内心的声音。这类决策常常是将公司作为赌注，在此压力下，你的本能会受到情绪的影响，会让你看不清正确的前进方向。别急着做决定，也许可以推迟个两三天。然后，将你的可行对策及利弊分析写在纸上，与团队成员和投资人一起商讨。我完全认同诺贝尔经济学奖得主丹尼尔·卡尼曼提出的"慢思考"理念，[304]在做出重大决策时，"慢思考"会让你的企业生存概率提高。

你已经全身心地投入过创业生涯，很清楚创业失败的高发率，因此我想，你一定能坦然面对创业失败的可能性。你会发现，尽管失败本身不无痛苦，但在很多人眼中，创业之路却充满难以抗拒的吸引力——这是他们职业生涯中的使命召唤。你也会是其中一员。

几年前，初创公司的市场估值渐有起色，我担心我现在的这拨学生——20世纪90年代末互联网泡沫破裂时，他们还在上中学——会在创办公司时不去考虑其他行业亦有可能崩盘。我害怕他们冒冒失失一窝蜂似的闯入创业领域，最后却失望而归。我曾经的几个学生在1999—2000年创办了公司——几乎都在"核冬天"开启后倒闭。我曾写信问他们：你后悔创办公司吗？

让我意外的是，除一人外，哈佛校友中的其他所有创业者都表示丝毫不感到后悔。不仅如此，他们还因为自己开发过产品，打造过团队，经营过公司而深感自豪。他们谈到了自己经历的点点滴滴，谈到了作为一个总经理而体验到的不可思议的一切：负责企业的方方面面，责任心之强达到了作为普通员工时完全想象不到的程度。有两三人还补充说："让我高兴的是，将来我能骄傲地告诉自己的子孙，在互联网起飞的时代里，我没有只在投资银行里做一个看客。"[305]

所以，亲爱的创业者，希望你在读完本书后，也能做好从看客变成主角的准备。创业之路将是一段奇妙的旅程，你将收获从无到有的奇迹。为此，你要快思慢想。此外，不要忽视那些让你在一开始就居于下风的因素。这个世界需要靠像你这样的创业者来提供更多的就业岗位，提供更多帮我们解决社会问题的革新之举。出发吧，朋友，去实现你的伟业！

祝一切安好！
汤姆·艾森曼

致　谢

　　创办企业需要团队，完成著作也同样需要团队。在这本书背后，有着一支蔚为壮观的队伍。数百人曾与我分享他们的珍贵见解，曾为我的研究工作施以援手，在此，我要向他们表达最真挚的谢意。

　　首先要感谢的，是那些创业领域的先行者。他们对于初创公司管理问题的见解极具开拓性，其富于智慧的理念对我的思考产生了深刻且深远的影响。我特别要感谢史蒂夫·布兰克、保罗·格雷厄姆、雷德·霍夫曼、本·霍洛维茨、杰弗里·莫里、埃里克·莱斯、彼得·蒂尔和弗雷德·威尔逊。

　　同样要感谢的，是在本书中出现的、与我分享了人生经历的众位创业者：史蒂夫·钱伯斯、杰森·戈登堡、林塞·海德、苏尼尔·纳加拉杰、亚历山德拉·纳尔逊、安东尼·苏胡，以及克里斯蒂娜·华莱士。不仅如此，他们还向我在哈佛商学院的MBA学生们坦诚回顾并讲述了自己的创业经历。做出过相同贡献的还有卡地亚·比彻姆、史蒂夫·卡朋特、杰里·科隆纳、兰德·费施金、迈克·高佐、贾斯汀·杰夫、切特·卡诺嘉，以及阿芙妮·帕特尔·汤普森。在课堂上介绍成功经验并不难，难的是如何在大庭广众之下回顾自己的失败。这些勇敢的创业者借由这种分享，为下一批创业者提供了宝贵的经验财富。他们的勇气，他们给予我的信任，以及他们带给我的思维碰撞，我表示由衷的感谢。

在完成研究的过程中，我采访了一大批企业家和投资人。在此，我首先向詹姆斯·科利尔、阿比·法立克、亚当·坎纳、萨米尔·考尔、艾琳·李、迈克·迈普勒斯以及迪比式·拉埃表示感谢，他们就初创公司的失败提出了自己的独到见解。我还要感谢保罗·贝尔、爱伦·奇萨、凯西·韩，他们对本书初稿提供了宝贵的建议。此外，有几百位创业者参与了我的调研，对早期初创公司的市场表现受哪些因素驱动提供了珍贵的反馈数据。他们与四位创业者——凯西·韩、林塞·海德、迈克尔·施拉德、阿芙妮·帕特尔·汤普森一道，帮我解决了调查问卷中的不足之处。

在过去的27年间，HBS（哈佛商学院）一直是我职业生涯的归属，对于众多同伴的帮助与鼓励，以及HBS研究部门给予这项持续多年的研究项目的慷慨资助，我深表感谢。

最令我感到激动和欣慰的，还有我在哈佛商学院教过的那几千名出色的学生。我有幸成为他们的老师，并且在他们毕业后仍然保持着联系。无论是过去还是现在，我都能从学生身上汲取源源不断的力量。特别要感谢我开设的MBA选修课"创业者的失败"的第一批学生。正是由于课堂上火花四射的热烈讨论，我才充分检验并建构了这本书中提到的核心理念。

在课程建设及初创公司案例撰写等事宜上，我得到了许多新老同事的协助。他们教会我很多，而我也十分享受与他们共事的时光。在本书概念框架——比如"菱形－方形"框架、"6S"框架，以及 RAWI 测试——的搭建及完善的过程中，这些同事也是我忠实的合作者。对于他们的深刻见地及宝贵建议，我深表感谢。他们是：茱莉亚·奥斯汀、乔·福勒、锡卡·戈什、菲尔达·哈迪蒙、斯哥特·卡米尼尔斯、乔什·克里格、乔·拉西特、斯蒂格·莱斯利、阿兰·迈科马克、吉姆·马希森、拉玛纳·南达、杰弗里·瑞波特、马克·罗博吉、托比·斯图尔特、诺姆·沃塞曼、鲁斯·威尔考克斯。此外，特别要感谢杰夫·巴斯冈、弗兰克·塞斯佩德斯以及米奇·韦斯。我不仅有幸与他们合作多年，而且还承蒙他们对本书的初稿做出了中肯的评价，并在本书付梓出版的过程中提供了建议。

两位资深导师对我的研究和教学产生了巨大影响：比尔·萨尔曼和霍华德·史蒂文森。他们二人共同创建了哈佛商学院创业管理部。比尔面向 MBA 开设的选修课"创业金融"已有 30 余年的历史。此外，他还面向一年级 MBA 开设必修课"企业家型经理人"。承蒙霍华德的提名，我有幸获得讲席教授的殊荣。我们在哈佛商学院探讨数十年的"创业"一词就是以霍华德的定义为基础：所谓创业，是指凭借有限的资源去抓住机会。在比尔和霍华德的启发与影响下，无数哈佛学生开启了创业生涯。此外，两人还招募并培训了几十位创业学领域的学者和教育工作者。

过去几年里，我还得到了哈佛商学院众多研究人员的支持。针对以失败告终的初创企业，他们收集并分析了大量数据，与我合作撰写了教学案例。这些数据及案例在本书以及我的课堂教学中都发挥了重要的作用。他们是：哈莱·阿加塔尼、沙拉·迪拉德、亚历克斯·戈登、奥利维亚·格雷厄姆、大卫·奇隆、安·利蒙、苏西·马、丽沙·马赞蒂、克里斯·培顿、贾斯伯·罗曼、斯蒂芬·罗曼、杰西·塔夫托、迈克尔·扎里安。在编写案例以及安排采访等事宜上，哈佛商学院加利福尼亚研究中心的新老同事也给予了极大帮助，包括：劳伦·巴利、艾里森·切哈诺沃、乔治·冈萨雷斯、杰夫·赫伊津哈、妮科尔·凯勒、利兹·坎德、艾里森·韦根菲尔德。此处要特别感谢米尔托斯·斯特凡尼蒂斯，本书提及的针对早期初创公司的调研就是由他统筹安排，调研数据的分析工作也有他一份功劳。

  我还要感谢本书的出版代理人雷夫·萨加林，他在前期就对我的创作计划给予了热情而富有感染力的支持，在成书过程中的每一步，他都给出了十分睿智的建议。

  遇上一位好编辑不失为幸运之事。而我遇上了三位！首先，要特别感谢我这位杰出的编辑兼顾问菲利斯·斯特朗，她见解独到，眼光犀利，天生是个讲故事的高手。还要感谢皇冠出版集团的编辑塔利亚·克罗恩，她的建议可谓视角独到，思虑周全。在打磨文字、调整文稿架构、填补证据中的逻辑漏洞等方面，塔利亚堪称大师。同时，她还能在完善书稿质量的同时，悉心体谅写作者的自信心，是一个令人愉快的合作对象。最后，我还要感谢罗杰·斯格尔，他是我在皇冠出版集团的另一位编辑，中途因为到龄退休而离开。他对我最初的创作雏形给予了充分信心，并且负责了出版计划的前期工作。罗杰对书名的拟定给出了建议，鼓励我在创业者中开展调研，与我共同讨论过章节主题，还帮我筛选过案例。

截至成书这一刻，我尚未与皇冠出版集团即将负责本书宣传与公关的团队谋面。塔利亚说他们定会带给我惊喜，我已经等不及要见到他们了。

最重要的留在最后：感谢我的家人！我的儿子杰克是一家进入发展后期的初创公司的软件工程师，在我们二人一起遛狗的途中，他曾听我讲述本书中提到的案例，并给出完善建议。女儿卡洛琳是我的秘密武器：她是一位出版代理人，因此，在本书的出版过程中，她在关键事项上都给出了建设性意见。最后，我要对我的妻子吉尔表达最深切的谢意，她的耐心和鼓励让我最终完成了写作重任。早在2014年，我就已开始构思全书框架。在很长的一段时间里，书名都暂定为《错误的开端》，吉尔说，我一再写了又停，停了又写，可能是因为书名具有讽刺意味。到了2018年，她说："够了，写完它吧！"正是在这句话的激励之下，我才终于全情投入，用半年的专心致志换来了眼前这部成稿。杰克、卡洛琳、吉尔，谨以我全部的爱，将本书献给你们！

附 录

早期初创公司调研报告

　　为探寻初创公司的成败根源，我于 2020 年春季开展了一项针对早期初创公司的调研。基于 PitchBook 平台提供的数据，我将调研目标锁定在 2013 年及以后成立、总部在美国、已在 2015 年 1 月 1 日至 2018 年 4 月 30 日完成首轮重大融资、融资金额在 50 万 ~300 万美元（且本轮融资之前资金不超过 25 万美元）的所有初创公司。做出这样的时间限制，是为了保证所有参研企业在完成首轮融资后至少已有两年的运营周期，可以产生可观测的业绩记录。生物科技类、能源类、材料科学类初创公司没有被包含在内，因为这些行业的业绩驱动因素不具有普遍性。根据上述标准，我共筛选出 3 263 家公司。其中，有 2 822 家在 PitchBook 上留有当初完成首轮重大融资时 CEO 任职者的联系方式。我将问卷发放给了所有联系人，其中有 470 位创始人 /CEO 配合完成了调研，反馈率达 17%。

　　在 470 人当中，89% 的反馈者在当时仍然担任着正常运转的、独立经营的初创公司领导人，8% 的反馈者已转让了原有企业，3% 的反馈者已经彻底关门歇业。与这一组数据相比，2 822 家在 PitchBook 上留有联系人资料的公司里，转让公司的比例是 8%，关门歇业的公司占比是 7%。因此，在参与调研的 470 家公司里，倒闭企业的占比并不充分，但也足以让我们从中推导出一些具有统计学效度的结论，这些结论将使我们看清楚赢家和输家之间究竟有着怎样的差距。

业绩评价标准

我对于业绩的评价标准是，公司在第一轮重大融资之后股权价值的变化情况：是增加了？基本保持不变？还是减少了？甚至，在极端情况下，化为乌有？具体而言，仍带领初创公司开展业务的创始人/CEO 须回答：截至 2019 年 12 月 31 日，在新冠病毒引发全球性传染病的消息曝光之前，别人会出价多少来购买你的首轮股票/可兑换票据？提供给他们的选项包括：按原投资额的 150% 出资；按原投资额的 50%~100% 出资；按低于原投资额 50% 的标准出资。此外，我们还告诉研究对象：我们知道首轮股票和可兑换票据通常不用于出售，你们只需假设它们可出售。想一想，在 2019 年 12 月 31 日这一时间点，为了接管你的首轮融资中领投人的位子，一个经验丰富、善于分散风险的投资人会出多少钱？假设股票或票据在转让过程中不受任何损失（比如清算优先权、折扣、上限等等）。

转让或关停公司的反馈者也须回答相同的问题：价值收益（如果有的话）中有多少能被分配到早期投资人手中。特别是，与早期投资额相比，投资人的收益所得是大于 150%？居于

50%~100%？还是小于50%？

在下面的分析中，大于150%的属于高估值公司，而小于50%的属于低估值公司。结果显示，68%的公司是高估值公司。低估值公司总体占比是10%，其中，倒闭的高估值公司占比为64%，而仍在运营的企业里高估值公司只占7%。

为探究初创公司失败的原因，我决定对高估值和低估值导致的后果做对比分析，而非通过调查那些已经倒闭的初创公司，再将其与成功的企业做对比来得出结论。之所以这样做有两个原因。首先，如果要满足统计分析对于样本量的要求，我还得将已倒闭的初创公司的采样范围扩大至更久远的过去。时间跨度的增加有可能影响反馈数据的可信度。其次，也是更重要的原因，与本书对失败一词的定义有关：所谓失败，是指公司的早期投资人过去未曾——将来也不会——收回高于当初投资额的资金。根据这个定义，一些仍在运营，但当前股票价值未达到种子期股票价值一半的公司也都属于失败的公司。但是，这些低估值公司很有可能柳暗花明取得最后的胜利。相反，很多高估值公司最后却以失败收场。鉴于我们无法准确预测一个公司最终的结局，因而在本次调研中，结合书中对"失败"的定义，我们要对这样两类早期初创公司展开对比：易于失败的公司与易于成功的公司。

由于估值结果来源于反馈者的自我报告，所以难免存在误差。尽管我已承诺是匿名调研，但出于对自尊心的保护，一些反馈者可能会对自己公司的业绩夸大其词。但即便这样，以下调研结果也依然经得住检验。原因在于，假如反馈者过高地评价了公司业绩，那么最终我所观测到的高估值将是由两组数据混合而成：一组是业绩真正出众的公司，另一组是业绩被高估的公司。

假如某个因素与初创公司的估值真的存在显著的正相关，那么这种混合而成的数据有助于降低不实之词的影响力。因此，如果调研结果显示某个因素与估值显著相关，那我们可以认定，若将不实反馈排除在外，那该因素的实际影响力还要更强些。

数据分析

以下我将结合双变量分析和多变量分析，来对估值结果与各影响因素之间的关系做一探讨。

双变量分析用于检验两个变量之间——比如 A 和 B——是否存在显著相关性，对其他变量的影响不做考量。

但是，假如一个或多个其他变量与 A 和 B 同时相关，那我们就应保持谨慎，看看是否要用 A 来预测 B 的变化。

举例来说，以下双变量分析显示，创始人的年龄、创始人在相关行业的从业时间这两项因素都与估值结果存在显著的正相关：年纪越大、经验越丰富，初创公司的估值就会越高。但是，年龄和工作经验彼此之间也呈正相关：工作经验越丰富的人，年龄往往越大。因此，我们无法靠双变量分析准确预测出年龄或者经验会对估值结果产生怎样的影响。借助多变量分析，我们可以对其协同影响一探究竟。

多变量分析解决的是：假如有的话，哪一个自变量能够准确预测因变量的变化。通过对多个自变量（也称预测变量）整体影响力的检验，该分析方法能够展示特定自变量与因变量之间在多大程度上存在显著关系，也就是说，在不考虑其他自变量的情况下。

在后续内容中，我将首先探讨初创公司的生存年限、地理位置、行业领域等因素与估值结果之间的关系。接着，针对第二章"菱形－方形"框架中的各要素（比如客户价值主张、市场营销、创始人、投资人等），我将逐一报告双变量分析结果；多变量分析中具有显著预测作用的分析结果；创始人对调研问题的相关回答："假如时光倒流，你在管理和带领公司的过程中会做出哪一个最为重要的改变？"

附表1呈现的是双变量分析结果，其中包括低估值公司创始人/CEO在给定的多项选择题中的选项占比情况，以及高估值公司与低估值公司在这一维度上的对比结果。为便于阐述，我删去了居于中间区域的估值结果（50%~150%）。估值结果以及大多数影响因素都属于分类变量，即按照明确的类别划分（比如就估值结果而言，划分为高、中、低三类）。因此，我选用卡方分析来衡量特定因素与估值结果之间的相关性强度。在附表1中，加粗标注的数据说明有95%以上的置信区间，且具有统计显著性。

在多变量分析中，我采用了多项逻辑回归分析。[306] 对于分项因变量而言，多项回归分析可分别预估出每一类结果中一组自变量将如何影响对结果的判断。在下文中，结合回归分析显示能在90%以上的情况下有效预测低估值结果的那些变量，我将对以低估值结果作为核心变量的预测概率做加粗呈现，该组概率包括反馈结果中的极低值和极高值，与此同时，将其他自变量维持在各自的均值水平上。在检验这些变量的影响力时请注意，低估值结果的预测概率（以所有变量的均值计算）的最低标准为10%。

分析上述结果时，请记住一点：相关并不代表存在因果关系。假如某个因素，比如强大的企业文化，更多与高估值而非低估值公司相关联，那有可能是因为，强大的企业文化催生了杰出的业界表现；反之亦然。我在这里使用的统计方法无法确定哪个是因，哪个是果。

生存年限，地理位置，行业领域

平均而言，调研样本中的低估值公司与高估值初创公司分别创办于 5.1 年前和 4.9 年前。这一差异在统计上不具备显著性。就所处位置而言，加利福尼亚州的公司占比为 32%，在某种程度上，该地域更容易出现低估值公司（在加利福尼亚州的参研公司中占 13%，其他地域的对应数值是 9%）和高估值公司（在加利福尼亚州的参研公司中占 65%，其他地域的对应数值是 62%）兼而有之的局面。尽管差异同样不够显著，但数值分布情况表明，加利福尼亚州的创业者有可能在硅谷文化标准的影响下，更容易"击出全垒打"，因而管理方式既有可能加速企业的失败，也有可能成就企业的辉煌。

就行业领域而言，基于多变量分析，信息技术领域初创公司（占总样本量的 53%）的低估值预测概率是 8%，其他领域的对应数值是 12%，二者之间差距虽小，但已具备统计意义上的显著性差异。

客户价值主张

与高估值公司相比，低估值公司的创始人/CEO 在发布新产品之前，进行用户调研的次数要少得多。同样，在深入开展最小化可行性产品测试、全面了解用户需求和竞争对手等方面，他们也无法与高估值公司相比。低估值公司的创始人/CEO表示，他们在转型问题上走了极端，要么不及时转型，要么过分频繁地转型。多变量分析显示，过分频繁的转型会带来极大影响，导致对低估值的预测概率上升至19%（而在适度转型中的公司，该数值为6%）。与之类似，不及时转型也会使低估值的预测概率上升至22%。

在创始人回答以下调研问题时，上述结论得到进一步验证。"假如时光倒流，你在管理和带领公司的过程中会做出哪一个最为重要的改变？"14%的反馈者表示，会去深入了解客户需求，通过开展更多的前端调研和最小化可行性产品测试，来验证产品是否能满足市场所需。大多数反馈者还说，他们会更为关注产品特色、产品线广度、目标客户群范围。个别创始人认为，假如从头来过，那他们的首要任务将是加快产品的上市进度，以尽早获取客户反馈，更快开展转型。

该项调研结论与第四章"错误的起步"中所描述的情况相一致：没有进行前端调研的创始人更容易因为产品方案不完善而面临转型之需。错误的起步还会使资金被无用消耗，导致初创公司最终完成的转型次数更为有限。

此外，与高估值公司相比，低估值公司创始人/CEO所反馈的早期接纳者和主流客户之间的需求差异要更大。这一点也会导致他们更易落入第五章谈及的"误导性积极反馈"的失败模式。

与客户价值主张相关的其他影响因素还包括产品类别、直接竞争对手的数量、产品特色等。高估值公司开发新的产品类别的比例要更高，面临的直接竞争对手要更少；高估值公司创始

附录

人/CEO 对于自己的产品也更有信心，他们认为，与最大竞争对手相比，自己的产品具备明显优势，特色突出，性能优良。但是，根据双变量分析，上述因素影响力不大，且不具备统计学上的显著性。这说明，性能卓越的产品并不是成就伟大企业的唯一条件（见附表1）。

附表1　客户价值主张相关因素

因素	标准	低估值	高估值
产品上市前的客户调研	针对6人及以上群体，所需时间：若干月	38%	53%
最小化可行性产品测试	一次及以上的全方位最小化可行性产品测试	29%	47%
转型	不足/过多	40%/13%	15%/4%
早期接纳者/主流客户	需求不同/需求基本相同	33%/2%	25%/16%
发布产品前对于客户需求的了解	很全面	15%	29%
产品类别的成熟度	上市时间不足两年	44%	53%
直接竞争对手的数量	10个及以上	35%	25%
发布产品时对竞争态势的了解	很全面	21%	32%
产品特色突出，性能优良	我方更具优势/对手更具优势	31%/23%	38%/9%

技术与运营

与技术和运营相关的因素对于估值结果不具有显著影响。仅有3%的调研对象在回答"假如时光倒流，你在管理和带领公司的过程中会做出哪一个最为重要的改变"时，提到了技术与运营。在一定程度上，低估值公司以高度结构化方式管理工程部门的比例较低；对于知识产权所有权关注度较低；而且，就像第三章"创意一流，配置三流"失败模式所呈现的，低估值公司对于提供技术与运营服务的第三方机构要么依赖过多，要么依赖过少（见附表2）。

附表2 技术与运营相关因素

因素	标准	低估值	高估值
工程管理方式	遵循高度结构化管理方式	17%	21%
知识产权所有权	极其重要	8%	28%
对提供技术与运营服务的第三方机构依赖度	过少/过多	23%/25%	20%/16%

市场营销

低估值公司创始人/CEO更多地表示，他们为争取客户投入了太多的资金。根据多变量分析，"在市场营销方面投入过多"能够对低估值产生26%的预测概率，与之相对，适度投入的对应预测概率仅有6%。

就客户获取渠道而言，低估值公司与高估值公司对不同营销渠道的依赖性之间不存在实质差异。而且，即便他们对某一渠道有所依赖，两类公司都对通过该渠道实现的客户获取成效表示不满。

在回答"假如时光倒流，你在管理和带领公司的过程中会做出哪一个最为重要的改变"这一问题时，仅有4%的反馈者提到了与市场营销相关的事项。他们当中大多数都是高估值公司的领导人，据他们反馈，假如重新再来，他们会在市场营销一事上早花钱、多花钱（见附表3）。

附表 3　市场营销相关因素

因素	标准	低估值	高估值
用于吸引客户的花费	花费过少或过多	**47%**	**21%**
依赖多种营销渠道获取客户	完全不依赖	61%	65%
对多营销渠道（如果有）的成效表示满意	低或非常低	41%	41%

利润公式

就利润公式而言，低估值公司与高估值公司的创始人/CEO 都对各自公司的 TAM（总体有效市场）做出了较高预估。在这一预估中，信心起到了决定性作用：在我们的多变量回归分析模型中，对 TAM 的信心值由低到高呈现，信心值越高，对低估值的预估概率就越低，从 15% 降至 10%。

与之相反，与高估值公司相比，低估值公司创始人/CEO 对于单位经济效益、LTV/CAC 比值、六个月现金流预测等数值的信心要低得多。对于 LTV/CAC 比值的自信程度对于公司估值具有格外明显的预测作用。在多变量分析中，随着对 LTV/CAC 比值信心水平的增高，对低估值的预测概率从 18% 降至 2%。

预料之中的是，根据反馈数据，低估值公司现金消耗速度更快，其创始人/CEO 对于如何实现企业的长期盈利能力更缺乏信心。在多变量分析中，"极高"现金消耗率对于低估值具有 32% 的预测概率。对长期盈利能力的"低信心"对于低估值具有 36% 的预测概率，相对而言，对长期盈利能力的"高信心"对于低估值则只有 2% 的预测概率（见附表 4）。

有趣的是，在仍正常运营中的公司中，低估值公司比高估值公司的现金流要充足得多。我们可以推测，这是因为有些低估值公司就像某些风险投资人口中的"僵尸"：它们有足够的资金用于生存，但就是无法给投资人带来回报。

就"假如时光倒流，你在管理和带领公司的过程中会做出哪一个最为重要的改变"这一问题，约 10% 的调研对象提到了财务管理。他们的主要关注点落在现金消耗速度上。认为应该减少现金消耗（或者，换个说法，认为应该更多关注财政收益）的创始人数量占据上风，认为当初应该按 7∶1 的利润率加大投入的创始人数量较少。

附表 4　利润公式相关因素

因素	标准	低估值	高估值
对 TAM 的信心水平	高	48%	50%
对单位经济效益的信心水平	高	21%	40%
对 LTV/CAC 比值的信心水平	高	2%	23%
对六个月现金流的信心水平	高	21%	39%
对长期盈利实现路径的信心水平	高或极高	13%	53%
现金消耗速度	过高	23%	4%
当前掌握的现金流（针对仍在独立营业的初创公司）	正面	35%	20%

创始人

与高估值公司相比，低估值公司受单一创始人领导的概率要更低；而拥有一个年轻的并且/或者在创业之前全职工作经验不足两年的 CEO 的概率要更高。

与"创意一流，配置三流"失败模式相一致，低估值公司的创始人/CEO在所处行业领域的前期工作经验要少得多。此外，据他们反馈，公司里联合创始人的角色划分缺乏清晰界限，联合创始人之间、创始人与其他资深团队成员之间矛盾频发。

和高估值公司相比，低估值公司创始人中连续创业者更少，拥有博士学位的人数两相持平，拥有工商管理硕士学位的人更多，毕业于全球排名前50的大学的人更多（根据《美国新闻与世界报道》的排名）。然而，这些因素与公司估值之间不存在显著相关性（见附表5）。

附表5　创始人相关因素

因素	标准	低估值	高估值
创始人数量	1人	15%	21%
连续创业者	此前曾创办公司	48%	52%
毕业于世界排名前50的大学	《美国新闻与世界报道》排名	54%	37%
拥有MBA或其他管理学类硕士学位	—	44%	33%
有博士学位	—	8%	8%
CEO的年龄	不满30岁	21%	16%
创业之前CEO的全职工作经历	不足2年	13%	4%
CEO在初创公司所在行业的工作经历	4年及以上	52%	63%
资深成员之间角色划分的清晰度	不/极不清晰	17%	6%
资深成员之间发生矛盾的频率	高频，甚至每天	33%	18%

鉴于调研反馈者中男女比例不对等，因此我没有将性别因素与估值结果放在一起分析。在受邀参加调研的 2 822 家公司里，女性创始人/CEO 领导的公司在已倒闭企业中占 12%。与此相比，在 470 家提供反馈的公司里，女性创始人/CEO 领导的公司在已倒闭企业中占 29%。换言之，与失败的男性创始人相比，失败的女性创始人更愿意参与我的调研。鉴于调研样本中女性创始人数量超出必要标准，因而对性别和市场估值相关性的推断将失去效度。

与高估值初创公司相比，低估值公司创始人/CEO 不倾向于与原来的同事一起创业，反而常与同学、家人、朋友——比如 Quincy 服装公司的情况——一起创业。但是，这些因素同样也不具备显著影响（见附表 6）。

附表 6　CEO 与联合创始人在创业之前的关系

因素	低估值	高估值
同事	27%	43%
同学	17%	22%
家人	10%	7%
朋友	46%	38%

在描述创业动机时，两类公司的创始人给出了相仿的答案。但就每一个具体动机而言，低估值公司创始人/CEO 认为某个动机"十分重要"的概率要略小些（见附表 7）。

附表7　CEO的创业动机
"最重要的驱动力"

因素	低估值	高估值
自己当老板	33%	40%
开创新天地，做一番事业	81%	90%
积累财富	17%	27%

在自评性格特质时，两类公司的创始人/CEO反应类似。他们都认为"适应力强""有远见""有魅力"是别人最常用于描述他们的三个词。有趣的是，尽管不存在统计学上的显著性，但两类创始人之间依然有一些差异。低估值公司创始人使用"有魅力"或"过度自信"来描述自己的比例要更高。而这些特质恰恰是我们在第九章"勾勒不切实际的蓝图"失败模式中提到的偏执狂型创始人的典型特征（见附表8）。

附表8　CEO人格特质自评
"能够准确/非常准确地描述"

因素	低估值	高估值
有魅力	73%	68%
善于构筑共识	44%	52%
控制欲强	19%	18%
固执己见	46%	48%
内向	17%	16%
爱妄加评判	25%	22%
做事有条理	**33%**	**51%**
过度自信	31%	21%
完美主义者	25%	37%
适应力强	88%	96%

续表

因素	低估值	高估值
风险规避型	15%	9%
有远见	73%	81%

尽管在双变量分析中，以上提及的部分性格特质与估值结果存在显著相关性，但在多变量分析中，没有一个特质能够有效预测估值结果。换言之，成功的创业者并不因个性因素而受制，各种性格类型的人都有可能成功。此外，尽管一个天赋异禀的"骑师"是成功创业的重要条件，但我们很难根据年龄或性格特质等易于观测的指标来轻松挑选出合适的领导者。

在回应"假如时光倒流，你在管理和带领公司的过程中会做出哪一个最为重要的改变"这个问题时，20% 的反馈者提到了与创始人相关的事项——排名第二，仅次于团队问题。他们当中，有一半的人提到了联合创始人之间的矛盾。创始人之间的不合拍——能力和态度上均不合拍——是被频繁提及的问题。这一问题最终会让两人不欢而散。另有许多创始人表示，他们希望在同意共事之前，能更好地了解一下对方的能力、动机以及管理风格。另外两个常被提到的事项包括角色边界不清、目标不一致。

其他一些评价内容是围绕自身的：创始人对于如何改进个人管理风格表达建议。在此问题上，他们提出的建议五花八门，只有少数几条重复出现过。其中包括：应更有信心；更好地确立优先事项；多授权；多相信自己的本能，少依赖投资人或团队的意见；多关注发展战略；少关注宏观战略，多关注具体执行；从其他创始人那里吸取经验；多掌握技术；多掌握金融知识；学会缓解因担任创始人而承受的压力；在花钱一事上别太谨小慎微；应加快发展速度；应放慢发展速度——没人催你；知道何时该放手。

在上述清单中有些建议是相互冲突的。我想，这可能说明他们不仅在分享"过来人的经验"，而且也在诉说创业者面临的恼人困境。其中一人的点评充满智慧：

享受这段旅程，为你取得的阶段性成就尽情鼓掌吧！涉足创业领域，这意味着你得坐上有史以来最疯狂的过山车。你会无数次冲向巅峰，跌入深谷。在当时看来，每一次困境似乎都不可战胜。每一次成功又似乎都像发现了金矿。我永远也忘不了公司从地区银行借到第一笔 2.5 万美元贷款时的激动心情，那时我以为一切问题都迎刃而解了！可是，标着"成功在此"的球门柱似乎永远都与我们有一尺之遥。珍惜这段创业的日子吧，生命中的每一步都不会白走！

团队成员

就团队成员因素而言（见附表 9），根据创始人 /CEO 反馈，低估值公司在人力资源管理（比如招聘、培训、晋升）方面更易出现流程不正规的情况。也在意料之中的另一情况是，低估值公司的企业文化不那么强大。在多变量分析中，对企业文化相对于其他公司的差异做评价时，从"低得多"到"强得多"，我们可以看出该要素对低估值的预测概率从 23% 骤降到了 6%。然而，如前所述，这种相关性并不等同于因果关系。营养不良的企业文化不一定会导致企业陷入困境，反而可能是企业艰难生存的产物。

在招聘工作中，低估值公司更容易对于应聘者的技能和态度给予过多关注。在多变量分析中，这种倾向尽管影响不大，但仍然具备统计上的显著性。从"适度关注"到"过度关注",我们可以看出该指标对于低估值的预测概率从 9% 上升至 14%。

附表 9　团队相关因素

因素	标准	低估值	高估值
人力资源管理	基本没有人力资源管理体制	35%	16%
企业文化	强于其他初创公司	42%	64%
聘请标准侧重技能还是侧重态度	过度强调技能/态度	31%/23%	21%/21%

被问及初创公司各部门负责人的表现是否达到期望值时(见附表 10),两类公司创始人/CEO 的不满意度基本相当。平均而言,约有 1/4 的部门负责人令他们失望。在工作表现不佳的部门负责人当中,一小部分实际上已被解雇或是被边缘化。值得注意的是,低估值公司中每个部门的负责人被解雇率都要更低。两类公司销售部负责人的被解雇率之间存在尤为明显的差异。在多变量分析中,从未解雇过销售部主管的公司的低估值预测概率是 13%,而解雇过的公司的低估值预测概率是 5%。

附表 10　部门主管的工作表现

"达不到预期/被解雇或是被边缘化"

部门	低估值	高估值
工程部	19%/17%	17%/21%
产品管理部	29%/13%	21%/19%
运营部	19%/13%	17%/16%
市场部	35%/19%	33%/22%
销售部	29%/15%	33%/31%
财务部	25%/6%	12%/8%

在涉及"假如时光倒流，你在管理和带领公司的过程中会做出哪一个最为重要的改变"这个问题时，与团队建设及管理相关的事项占比28%，位列第一。5%的创始人都提到了应"审慎选拔，果断解聘"。另有5%的创始人认为，员工选拔应遵循最优原则，不能将就，同时，他们还建议在招聘过程中多花心思，比如认真审核对方的推荐材料，务必在正式聘用前设置试用期，另外，绝不聘用创始人的朋友。

有趣的是，仅有少数几个创始人认为员工应具备更多的行业知识。相反，7%的创始人提到了特定部门的人才缺口问题。比如销售部、市场部、产品管理部、工程部。4%的创始人认为应聘请一支实力强大的管理团队。

其他一些与团队相关的因素只有极个别创始人提到，比如应把更多精力放在企业文化上；应早些聘请人力资源主管；创始人应涉足过某个职能领域——尤其是销售部——以便在选拔人才时更准确地作出判断；早些引入OKRs（"目标和主要成果"管理系统）或其他一些目标设定系统，以培养员工的责任意识；应更好地平衡不同部门的人员配比，比如工程部与商业部，市场部与销售部；应更加注重所聘人员的多样性。

投资人

与高估值公司相比，低估值公司的首轮重大融资更多是靠天使投资人领投，而非靠风险投资企业。同样，低估值公司的首轮重大融资中较少出现排名前100的投资人（排名依据：给受邀参与本次调研的2 822家公司提供首轮投资的次数）。但是，在投资人类型和公司估值二者间不存在显著的相关性。

与"创意一流,配置三流"失败模型相一致,与高估值公司相比,低估值公司更容易在首轮融资中筹资不充分,达不到预定目标。多变量分析显示,融资额不足预定目标的75%时,对低估值的预测概率为18%,而融资额达到预定目标的125%以上时,对低估值的预测概率仅为7%。然而,这一组相关变量间同样也不是因果关系。有些公司之所以融资失利,是因为投资人能明明白白地看到对方的不足,要么是团队能力薄弱,要么是创业理念过时,要么兼而有之。这些公司最终有可能因资金不足而倒闭,但倒闭的根本原因却不是资金本身(见附表11)。

附表11 投资人相关因素

因素	标准	低估值	高估值
首轮融资中的投资人类型	天使投资人领投	19%	12%
首轮融资中有排名前100的投资人	—	25%	29%
首轮融资实际融资额/目标融资额	未达到目标额度的75%	25%	11%
来自投资人的建议	比预期少得多	35%	22%
在优先事项上与投资人之间的冲突	频繁、严重、具有决定性影响	10%	4%

就"假如时光倒流,你在管理和带领公司的过程中会做出哪一个最为重要的改变"这一问题,17%的创始人提到了融资问题。其中,一半以上的观点都与公司在种子期融到的金额有关。一些创始人表示他们将加大融资力度,筹集更多资金。而另一些投资人表示他们应按照5:1的利润空间筹集资金,减少融资。前者

数量超过了后者。还有个别创始人说，他们应当继续走自力更生之路，远离风投资本。5%的创始人对于投资人表示不满意，最常见的因素包括，未能提供优质的建议，在战略优先事项上与创始人意见不一。

***

  总体而言，本次调研的结果有效检验了书中第一部分谈及的早期初创公司的失败模式。同时，调研结果也说明创业失败是由多种因素共同导致的，而非源于单一因素。

注 释

引 言

1. 我对初创公司失败概率的预估值源于多个相关文献。

   Robert Hall and Susan Woodward, "The Burden of the Non-Diversifiable Risk of Entrepreneurship," American Economic Review 100, no. 3 (2010): 1163–1194。文中指出，3/4 靠风投资本支持的公司从未给投资人带来股权收益。

   Deborah Gage, "The Venture Capital Secret: 3 Out of 4 Startups Fail," Wall Street Journal, Sept. 20, 2012, 文中介绍了 Shikhar Ghosh 尚未公开出版的研究成果，该成果与 Hall and Woodward 的研究结论一致。Ghosh 对 2004—2010 年筹集到至少 100 万美元风险资金的 2 000 余家初创公司进行调研，结果证明，75% 的企业都没有将资金返还给投资人。

   William Kerr, Ramana Nanda, and Matthew Rhodes-Kropf, "Entrepreneurship as Experimentation," Journal of Economic Perspectives 28, no. 3 (2014): 25–48. 研究者和 Ghosh 采用相同的研究方法，针对 1985—2009 年接收过首轮风险融资的企业，发现总体失败率是 55%。该数值低于 Ghosh 的研究结果，Kerr 等人认为部分原因是，那些没有公布退出收益的企业是以总融资额的 1.5 倍被收购，是盈利的。事实上，很多收购都是以投资人利益受损的形式实现的。

   对于初创公司失败概率的其他结论大都集中在 50%~90%。其间差异主要取决于研究者是如何定义"初创公司"以及"失败"的。假如因资金匮乏而关门歇业即等于"失败"，那么报告的失败率就会较低。

但是，在上述定义中没有包括"空架子"型的公司，这类公司虽然在继续经营，但已无法给投资人带来积极收益。同时，该定义中也不包括被收购时收益低于投资额的公司。假如对初创公司的定义是"任何一家有志于追求创业机会的实体"，而不仅仅是"已筹集到最基本的外部资金的实体"，那么失败率可能会更高。

更多有关初创公司失败概率的研究请参见 Grace Walsh and James Cunningham, "Business Failure and Entrepreneurship: Emergence, Evolution and Future Research," *Foundations and Trends in Entrepreneurship* 12, no. 3 (2016): 163–285。有关"初创公司"和"失败"两词的定义，本书第一章有详细阐述。

2. PitchBook Data, Inc., "PitchBook Universities: 2019," PitchBook website. 本段提到的哈佛商学院"独角兽"公司名单也取自 PitchBook。

3. 有很多文献围绕创业之外的其他领域展开。包括：

Megan McArdle, *The Up Side of Down: Why Failing Well Is the Key to Success* (New York: Viking, 2014)；

Sarah Lewis, *The Rise: Creativity, the Gift of Failure, and the Search for Mastery* (New York: Simon & Schuster, 2014)；

Scott Sandage, *Born Losers*: *A History of Failure in America* (Cambridge, MA: Harvard University Press, 2005), 本书为我们了解全社会对待失败的态度提供了历史的视角；

Charles Perrow, *Normal Accidents: Living with High-Risk Technologies* (New York: Basic Books, 1984), 本书分析了诸如核电站这类复杂体系失败的原因；

Eliot Cohen and John Gooch, *Military Misfortunes: The Anatomy of Failure in War* (New York: Free Press, 1990), 本书分析了战争失败的原因；

Richard Neustadt and Ernest May, *Thinking in Time: The Uses of History for Decision Makers* (New York: Free Press, 1989), 本书对国内外政治领域的成败问题做了深入的阐述；

Atul Gawande, *The Checklist Manifesto: How to Get Things Right* (New York: Metropolitan Books, 2009), 本书探讨了医学领域的失败，以及预防失败的措施。

4. Eric Ries, *The Lean Startup: How Today's Entrepreneurs Use Radical*

Innovation to Create Successful Businesses (New York: Currency, 2011), p. 56.

Karl Popper, *The Logic of Scientific Discovery* (London: Hutchison, 1959). 书中探讨了可证伪性在理论发展和现实检验中的作用。

Sim Sitkin, "Learning through Failure: The Strategy of Small Losses," *Research in Organizational Behavior* 14 (1992): 231–266, 文中同样指出，"失败是学习的首要前提"，因为失败的过程就是实验的过程。Sitkin 还对在机构环境下有助于学习的因素进行了探讨。

5. A. Bandura, *Social Learning Theory* (Englewood Cliffs, NJ: Prentice Hall, 1977), 书中描述了替代性学习的过程，并将替代性学习与基于直接经验的学习做了对比。

    Jerker Denrell, "Vicarious Learning, Under-sampling of Failure, and the Myths of Management," *Organization Science* 14, no. 3 (2003): 227–243, 文中指出，当个体在组织内部通过观察来学习时，他们会过分关注成功案例，而忽略了失败案例。Denrell 认为，与安全策略相比，假如风险策略带来成功或失败的概率一样大，那么对失败案例的忽略会让人产生误判，认为风险策略更有吸引力，而事实并非如此。

6. Hans Hansen, "Fallacies," *The Stanford Encyclopedia of Philosophy* (online; Summer 2020 ed.), 书中探讨了 John Stuart Mill 对于 "单因谬误" 的见解。Mill 将其归于一种 "倒果为因" 式的思维谬误。

7. Lee Ross, "The Intuitive Psychologist and His Shortcomings: Distortions in the Attribution Process," *Advances in Experimental Social Psychology* 10 (1977): 173–220, 文中提出了 "基本归因错误" 概念。

    有关宝马的例子摘自 Patrick Enright, "Road Rage Can Churn the Calmest of Hearts," NBCNews.com, May 15, 2007。

8. Dean Shepherd and Randall Tobias, eds., *Entrepreneurial Failure* (Northampton, MA: Edward Elgar, 2013)。该书收录的 36 篇文章均对创业失败的因与果做了分析。

9. Paul Gompers, Will Gornall, Steven Kaplan, and IlyaStrebulaev, "How Do Venture Capital Investors Make Decisions?" *Journal of Financial Economics* 135, no. 1 (2020): 169–190, 本文基于对 885 名风投行业专家的调研，分析了影响他们投资决策的因素。其中，最重要的因素是企业管理团队的素质，有 47% 的受访者将其排在第一位。另有 37% 的受访者将与

"马驹"相关的四个要素中的某一个排在第一位（商业模式、产品、市场、行业）。Roger Ehrenberg 的观点极具代表性，他是 IA Ventures 的风投合作伙伴，2010 年 10 月 26 日，他在 Quora 问答网上回答了这个问题："为什么有那么多初创公司会失败？"他的回答是："最大的问题是人的问题，其他问题都由此而来。"同样，Seraf 创始人兼 CEO Christopher Mirabile 在 Seraf 网站上向 9 个天使投资人做简短访谈时，问到了"是骑师重要还是马驹重要"，其中 6 位受访者认为骑师更重要，另外 3 位认为马驹和骑师都重要。

10. CB Insights, "The Top 20 Reasons Startups Fail," Research Briefs, CB Insights website, Nov. 6, 2019.

11. Ries, *The Lean Startup*, builds upon Steve Blank, *Four Steps to the Epiphany: Successful Strategies for Products That Win* (Louisville, KY: Cafepress, 2005), 书中提出了"顾客发现"这一重要概念。另请参见 Steve Blank, "Why the Lean Start-Up Changes Everything," *Harvard Business Review*, May 2013。

12. Hans Swildens and Eric Yee, "The Venture Capital Risk and Return Matrix," Industry Ventures blog, Feb. 7, 2017, 文中分析了 PitchBook 平台上所有在 2006—2016 年风投企业给后期初创公司提供投资的情况，结果显示，29% 的投资回报是 0~1 倍，28% 的投资回报率是 1~2 倍。鉴于本书对于失败企业的定义是"回报率未超过投资额的公司"，所以那 28% 中的一小部分也属于失败的公司。

13. Alan Patricof, "VC: Too Many Entrepreneurs' Business Models Rely on a 'Cascade of Miracles,'" Business Insider website, Mar. 10, 2015. 文章中 Patricof 解释了"成串发生的奇迹"这一概念，并指出这是有线电视机顶盒生产商 General Instruments 已故前任 CEO Monty Shapiro 提出的概念。我是从 Liberty Media 的 CEO John Malone 那里首次听到这个词。

14. Roger Frock, *Changing How the World Does Business: FedEx's Incredible Journey to Success—The Inside Story* (San Francisco: Berrett-Koehler, 2006).

第一章　何为创业失败

15. Jeffrey Van Camp, "My Jibo Is Dying and It's Breaking My Heart," *Wired*,

Mar. 8, 2019.

16. 书中有关这款机器人的背景信息以及该公司在 2015 年 2 月之前的发展历史取材于：Jeffrey Bussgang and Christine Snively, "Jibo: A Social Robot for the Home," HBS case 816003, Dec. 2015 (May 2016 rev.)。

17. 源自本书作者在 2019 年 7 月 11 日与 Jibo 曾经的 CEO 史蒂夫·钱伯斯的访谈。

18. 源自本书作者与史蒂夫·钱伯斯的访谈。其中，他详细介绍了 Jibo 的融资过程、产品开发、早期市场反馈，以及最终的关停。

19. Bussgang and Snively, "Jibo: A Social Robot." 文中报道了该次众筹的结果。

20. Chris Welch, "Amazon Just Surprised Everyone with a Crazy Speaker That Talks to You," The Verge website, Nov. 6, 2014.

21. 融资总额来源于 Crunchbase。

22. 本部分内容选自 Thomas Eisenmann, "Entrepreneurship: A Working Definition," Harvard Business Review blog, Jan. 10, 2013。

23. "A Perspective on Entrepreneurship," HBS working paper 384–131, 1983. 文中，哈佛商学院教授霍华德·史蒂文森首度对创业做出如下定义：在资源匮乏的情况下寻找新的机会。

24. Walsh and Cunningham, "Business Failure and Entrepreneurship." 文中对"创业失败"的不同定义进行了探讨。

25. Tom Nicholas, *VC: An American History* (Cambridge, MA: Harvard University Press, 2019), Ch. 1.

26. Noam Wasserman, *The Founder's Dilemmas: Anticipating and Avoiding the Pitfalls That Can Sink a Startup* (Princeton, NJ: Princeton University Press, 2012), p. 299.

27. Jeffrey Van Camp, "Review: Jibo, Social Robot," *Wired*, Nov. 7, 2017; 下列引文出自 Van Camp, "My Jibo Is Dying."。

28. Barry Sardis, "How Can Social Robots Benefit Seniors Aging in Place?" TechForAging website, Dec. 1, 2019, 文中介绍了几款面向老龄用户的社交机器人。

29. Jerry Kaplan, *Startup: A Silicon Valley Adventure* (Boston: Houghton Mifflin, 1994), recounts GO Corp's history; Kaplan 曾任该公司 CEO。

30. 源于本书作者与 Jeff Bussgang 于 2019 年 7 月往来的电子邮件。
31. Welch, "Amazon Just Surprised."
32. 源于本书作者与钱伯斯的访谈。其间，对方详细介绍了产品设计决策和 CTO（首席技术官）聘任决策等细节。
33. J. P. Eggers and Lin Song, "Dealing with Failure: Serial Entrepreneurs and the Cost of Changing Industries Between Ventures," *Academy of Management Journal* 58, no. 6 (2015): 1785–1803.
34. Peter Thiel, *Zero to One: Notes on Startups, or How to Build the Future* (New York: Currency, 2014), p. 34.

    Steven Kaplan, Berk Sensoy, and Per Stromberg, "Should Investors Bet on the Jockey or the Horse? Evidence from the Evolution of Firms from Early Business Plans to Public Companies," *Journal of Finance* 64, no. 1 (2009): 75–115. 本文对"初创公司的失败错在马驹"这一观点给出了学术依据。
35. Paul Graham, "The 18 Mistakes That Kill Startups," Paul Graham blog, Oct. 2016.
36. Michael Gorman and William Sahlman, "What Do Venture Capitalists Do?" *Journal of Business Venturing* 4, no. 4 (1989): 231–248.
37. Ian Macmillan, Lauriann Zemann, and P. N. Subbanarasimha, "Criteria Distinguishing Successful from Unsuccessful Ventures in the Venture Screening Process," *Journal of Business Venturing* 2, no. 2 (1987): 123–137.
38. Paul Gompers, Anna Kovner, Josh Lerner, and David Scharfstein, "Performance Persistence in Entrepreneurship," *Journal of Financial Economics* 96, no. 1 (2010): 18–32.
39. Robert Baron and Gideon Markman, "Beyond Social Capital: The Role of Entrepreneurs' Social Competence in Their Financial Success," *Journal of Business Venturing* 18 (2003): 41–60. 文中指出，社交能力评价（如适应性、说服力）中的高得分能够对创业者的收入起到预测作用。

    Sabrina Artinger and Thomas Powell, "Entrepreneurial Failure: Statistical and Psychological Explanations," *Strategic Management Journal* 37, no. 6 (2016): 1047–1064, 文中指出，过度自信的创业者更容易涉足那些已

经人满为患的领域。

Hao Zhao, Scott Seibert, and G. T. Lumpkin, "The Relationship of Personality to Entrepreneurial Intentions and Performance: A Meta-Analytical Review," *Journal of Management* 36, no. 2 (2010): 381–404, 文中指出，大五类人格测试中的四种属性——尽责性、经验开放性、外向性、情绪稳定性——与创业者的能力表现有着正相关的关系。

M. Ciavarella, A. Bucholtz, C. Riordan, R. Gatewood, and G. Stokes, "The Big Five and Venture Survival," *Journal of Business Venturing* 19 (2004): 465–483, 文中指出，在大五类人格测试中，唯一能对企业发展起到预测作用的是创业者的尽责性。

40. Rajshree Agarwal, Raj Echambadi, April Franco, and M. B. Sarkar, "Knowledge Transfer through Inheritance: Spin-out Generation, Development, and Survival," *Academy of Management Journal* 47, no. 4 (2004): 501–522; 文中对创业者的行业经验会如何影响其市场表现进行了学术性研究；

Aaron Chatterji, "Spawned with a Silver Spoon? Entrepreneurial Performance and Innovation in the Medical Device Industry," *Strategic Management Journal* 30, no. 2 (2009): 185–206;

Charles Eesley and Edward Roberts, "Are You Experienced or Are You Talented? When Does Innate Talent Versus Experience Explain Entrepreneurial Performance?" *Strategic Entrepreneurship Journal* 6 (2012): 207–219；

Eggers and Song, "Dealing with Failure," 书中指出，先前创业以失败告终的连续创业者更易将失败归咎于外部环境因素而非个人能力，所以和那些成功的连续创业者相比，他们在再次创业时更易转换到另一行业领域；

Eggers and Song 指出，转换行业领域对于连续创业者的后续创业存在不利影响，无论他们之前的创业是成功还是失败。这一结论有力地验证了一个观点：行业经验有助于提高创业成功率。

第二章　进退两难之境

41. Eisenmann, "Entrepreneurship: A Working Definition," 书中提出了打破

进退两难的困境的四种策略。

42. Richard Hamermesh and Thomas Eisenmann, "The Entrepreneurial Manager, Course Overview: 2013 Winter Term," HBS course note 813155, Jan. 2013, 本课程中对"菱形–方形"框架进行了概括。这一框架是我在 2013 年为哈佛商学院的学生开设创业学必修课时构建拟定，随后在教师团队的建议和帮助下进一步完善。Thomas Eisenmann, "Business Model Analysis for Entrepreneurs," HBS course note 812096, Dec. 2011 (rev. Oct. 2014) 中对菱形框架各要素有详细分析。

43. Thiel 在其著作《从 0 到 1》中强调了竞争中专利优势的重要性，并就实现途径做了论述。

44. Fiona Southey, "Rouqette 'Significantly Increases' Pea Protein Supply Deal with Beyond Meat," Food Navigator website, Jan. 16, 2020.

45. 关于网络效应会如何影响顾客对产品价值的看法，参见：Thomas Eisenmann, Geoffrey Parker, and Marshall Van Alstyne, "Strategies for Two-Sided Markets," *Harvard Business Review*, Oct. 2006;

    Thomas Eisenmann, "Platform-Mediated Networks: Definitions and Core Concepts," HBS course note 807049, Sept. 2006 (Oct. 2007 rev.);

    Geoffrey Parker, Marshall Van Alstyne, and Sangeet Choudary, *Platform Revolution: How Networked Markets Are Transforming the Economy and How to Make Them Work for You* (New York: W. W. Norton, 2017);

    James Currier, "The Network Effects Manual: 13 Different Network Effects (and Counting)," NfX blog;

    Anu Hariharan, "All about Network Effects," Andreessen Horowitz blog, Mar. 7, 2016。

46. Thomas Eisenmann and Jeff Huizinga, "Poppy: A Modern Village for Childcare," HBS case 820715, Nov. 2017;

    Thomas Eisenmann, Scott Kominers, Jeff Huizinga, and Allison Ciechanover, "Poppy (B)," HBS case 820715, Mar. 2020.

47. Blake Masters, "Peter Thiel's CS183: Startup—Class 10 Notes Essay," Blake Masters blog, May 8, 2012.

48. Thomas Eisenmann, Michael Pao, and Lauren Barley, "Dropbox: It Just Works," HBS case 811065, Jan. 2011 (Oct. 2014 rev.).

49. Startup Genome Project, "A Deep Dive into the Anatomy of Premature Scaling," Startup Genome website, Sept. 2, 2011.
50. 更多有关LTV及CAC数值的计算方法，参见Tom Eisenmann, "Business Model Analysis, Part 6: LTV and CAC," Platforms & Networks blog, July 27, 2011; David Skok, "What's Your TRUE Customer Lifetime Value (LTV)—DCF Provides the Answer," for Entrepreneurs blog, Feb. 23, 2016;

    Eric Jorgenson, "The Simple Math Behind Every Profitable Business—Customer Lifetime Value," Medium, Mar. 16, 2015。
51. 参见Wasserman, *Founder's Dilemmas*, 书中对创业者和他们所做的选择进行了深入分析。
52. 参见第一章相关内容，其中对创业者行业经验与业绩表现之间的关系进行了学术研究。
53. 参见 Arnold Cooper, Carolyn Woo, and William Dunkelberg, "Entrepreneurs' Perceived Chances for Success," *Journal of Business Venturing* 3, no. 2 (1988): 97–108;

    L. W. Busenitz and Jay Barney, "Differences between Entrepreneurs and Managers in Large Organizations: Biases and Heuristics in Strategic Decision-Making," *Journal of Business Venturing* 12, no. 1 (1997): 9–30;

    Antonio Bernardo and Ivo Welch, "On the Evolution of Overconfidence and Entrepreneurs," *Journal of Economics & Management Strategy* 10, no. 3 (2001): 301–330；

    Colin Camerer and Dan Lovallo, "Overconfidence and Excess Entry: An Experimental Approach," *American Economic Review* 89, no. 1 (1999): 306–318, 文中的实验结果表明，过分自信的人更容易在前景不明朗的领域里创办企业，以至于过度投入，资金受损；

    Mathew Hayward, Dean Shepherd, and Dale Griffin, "A Hubris Theory of Entrepreneurship," *Management Science* 52, no. 2 (2006): 160–172, 文中分析了哪种特征的企业会助长创始人的过度自信，并就过度自信的创始人为何更易失败给出了解释。
54. 部分内容参见Tom Eisenmann, "Head Games: Ego and Entrepreneurial Failure," O'Reilly Radar website, July 9, 2013。

参见 Artinger and Powell, "Entrepreneurial Failure"; and Robin Hogarth and Natalia Karelaia, "Entrepreneurial Success and Failure: Confidence and Fallible Judgment," *Organization Science* 23, no. 6 (2012): 1733–1747。文中就创业者的过度自信对业绩表现的影响进行了学术性研究。

55. 参见 Mark Suster, "Whom Should You Hire at a Startup (Attitude over Aptitude)?" *TechCrunch*, Mar. 17, 2011。文中对风险投资人支持"聘用人员时应以态度为重"的视角做了阐述。

    Wasserman, *Founder's Dilemmas*, Ch.8，书中第八章同样谈到了聘用问题。

56. 有关早期初创公司的融资决策，参见以下文献：

    Brad Feld and Jason Mendelson, *Venture Deals: Be Smarter Than Your Lawyer and Venture Capitalist* (Hoboken, NJ: Wiley, 2011);

    Jeffrey Bussgang, *Mastering the VC Game: A Venture Capital Insider Reveals How to Get from Start-up to IPO on YOUR Terms* (New York: Portfolio, 2011);

    Jason Calacanis, *Angel: How to Invest in Technology Startups* (New York: Harper Business, 2017);

    Scott Kupor, *Secrets of Sand Hill Road: Venture Capital and How to Get It* (New York: Portfolio, 2019)。

57. Wasserman, *Founder's Dilemmas*, p. 291.

58. Marc Andreessen, "Part 6: How Much Funding Is Too Little? Too Much?" The Pmarca Guide to Startups website, July 3, 2007.

59. Marc Andreessen, "Part 5: The Moby Dick Theory of Big Companies," The Pmarca Guide to Startups website, June 27, 2007.

    Dharmesh Shah, "Advice for Partnering with the Big and Powerful: Don't," OnStartups blog, Oct. 7, 2008。讨论了同一个问题。

60. Eisenmann et al., "Dropbox: It Just Works."

第三章　失败模式一：创意一流，配置三流

61. 本章有关 Quincy 服装公司的全部资料都来源于作者与他人共同撰写的案例：

    Thomas Eisenmann and Lisa Mazzanti, "Quincy Apparel (A)," HBS case

815067, Feb. 2015 (Apr. 2016 rev.);

Eisenmann and Mazzanti, "Quincy Apparel (B)," HBS case 815095, Feb. 2015 (Apr. 2016 rev.)。

62. 有关早期初创公司应如何聘用人员，参见：
Julia Austin, "Hard to Do, and Easy to Screw Up: A Primer on Hiring for Startups," Being FA and Other Ponderings blog, Oct. 25, 2015;
Dan Portillo, "Debugging Recruiting," Greylock Partners website, May 23, 2016;
David Skok, "Recruiting—the 3rd Crucial Startup Skill," for Entrepreneurs blog;
Sam Altman, "How to Hire," Sam Altman blog, Sept. 23, 2013;
Fred Wilson, "MBA Mondays: Best Hiring Practices," AVC blog, June 11, 2012。

63. Wasserman, *Founder's Dilemmas*, Ch. 4.

64. Wasserman, *Founder's Dilemmas*, p. 131.

65. 关于如何选择联合创始人，以及如何处理与联合创始人的矛盾，参见：
Naval Ravikant, "How to Pick a Co-Founder," Venture Hacks blog, Nov. 12, 2009;
Simeon Simeonov, "When to Fire Your Co-Founders," Venture Hacks blog, Jan. 28, 2010;
Jessica Alter, "Three Biggest Mistakes When Choosing a Cofounder," OnStartups website, Apr. 18, 2013;
以及在 First Round Review 网站上对史蒂夫·布兰克的访谈"Looking for Love in All the Wrong Places—How to Find a Co-Founder"。

66. 除上一章引用的与融资问题、选择投资人相关的文献外，还可参见：
Geoff Ralston, "A Guide to Seed Fundraising," Y Combinator blog, Jan. 7, 2016;
Chris Dixon, "What's the Right Amount of Seed Money to Raise?" cdixon blog, Jan. 28, 2009;
Rob Go, "How a Seed VC Makes Investment Decisions," NextView blog, Apr. 8, 2015;
Mark Suster, "How to Develop Your Fundraising Strategy," Both Sides

blog, Jan. 17, 2012;

Roger Ehrenberg, "Thoughts on Taking VC Money," informationarbitrage blog, Dec. 5, 2009。

67. 有关如何与更有实力的合作伙伴进行谈判，参见：

Peter Johnston, *Negotiating with Giants: Get What You Want Against the Odds* (Cambridge, MA: Negotiation Press, 2012)。

第四章　失败模式二：错误的起步

68. 有关 Triangulate 的所有背景资料以及纳加拉杰的原话，参见作者与同事合作撰写的案例：

Thomas Eisenmann and Lauren Barley, "Triangulate," HBS case 811055, Jan. 2011;

Eisenmann and Barley, "Triangulate (B): Post Mortem," HBS case 819080, Nov. 2018;

Eisenmann, Shikhar Ghosh, and Christopher Payton, "Triangulate: Stay, Pivot or Exit?" HBS case 817059, Oct. 2016。

69. Ries, *The Lean Startup*, p. 160.

70. 有关在线交友类初创公司困境的更多分析，参见：

Andrew Chen, "Why Investors Don't Fund Dating," @andrewchen blog.

71. Design Council, "What Is the Framework for Innovation? Design Council's Evolved Double Diamond," Design Council website.

72. 对于双菱形设计框架的任务设置选自作者尚未出版的课程教案：

Tom Eisenmann, "Design Workshop," Nov. 2018。

除下文所列文献外，有关特定研究方法的资料还可参见：

Bella Martin and Bruce Hanington, *Universal Methods of Design: 100 Ways to Research Complex Problems, Develop Innovative Ideas, and Design Effective Solutions* (Beverley, MA: Rockport, 2012);

Jeanne Liedtka and Tim Ogilvie, *Designing for Growth: A Design Thinking Toolkit for Managers* (New York: Columbia Business School Publishing, 2011);

Tom Kelley, *The Art of Innovation: Lessons in Creativity from IDEO, America's Leading Design Firm* (New York: Currency, 2001);

Jake Knapp, Sprint: *How to Solve Big Problems and Test New Ideas in Just Five Days* (New York: Simon & Schuster, 2016);

Laura Klein, *UX for Lean Startups: Faster, Smarter User Experience Research and Design* (Beverley, MA: O'Reilly, 2013)。

73. 品牌定位描述选自：

Geoffrey Moore, *Crossing the Chasm: Marketing and Selling Disruptive Products to Mainstream Customers* (New York: Harper, 1991; 3rd ed. 2014), p. 186。

74. 有关顾客访谈的经典做法参见：

Frank Cespedes, "Customer Visits for Entrepreneurs," HBS course note 812098, Nov. 2011 (Aug. 2012 rev.);

Elizabeth Goodman, Mike Kuniavsky, and Andrea Moed, *Observing the User Experience: A Practitioner's Guide to User Research* (Waltham, MA: Morgan Kaufmann, 2012), Ch. 6;

Rob Fitzpatrick, *The Mom Test: How to Talk to Customers* (Scotts Valley, CA: CreateSpace, 2013);

Cindy Alvarez, *Lean Product Development: Building Products Your Customers Will Buy* (Boston: O'Reilly, 2014)。

75. Blank, *Four Steps,* Ch. 3.

76. 参见 Moore, *Crossing the Chasm*, Ch. 2, 书中对早期接纳者和主流客户的差异做了深入分析。

77. Goodman et al., *Observing the User Experience*, Ch. 11;

Steve Krug, *Rocket Surgery Made Easy: The Do-It-Yourself Guide to Finding and Fixing Usability Problems* (Berkeley, CA: New Riders, 2010).

78. 经典做法参见 Goodman et al., *Observing the User Experience*, 书中第七章介绍了焦点小组的开展形式，第九章介绍了田野调查的研究方法。

Ellen Isaacs, "The Power of Observation: How Companies Can Have More 'Aha' Moments," GigaOm website, Sept. 15, 2012。

79. 关于如何以及为何要使用用户体验地图，参见：

Sarah Gibbons, "Journey Mapping 101," Nielsen Norman Group website, Dec. 9, 2018。

80. 有关竞争对手分析的经典做法，参见：Goodman et al., *Observing the*

User Experience, Ch. 5。

81. 有关客户调研的经典做法，参见：Goodman et al., *Observing the User Experience*, Ch.12; SurveyMonkey, "Surveys 101," SurveyMonkey website。

82. 有关用户模型的经典做法，参见：Goodman et al., *Observing the User Experience*, Ch. 17;

    Alan Cooper, *The Inmates Are Running the Asylum: Why High-Tech Products Drive Us Crazy and How to Restore the Sanity* (Carmel, IN: Sams-Pearson Education, 2004)。

83. 关于如何有效开展头脑风暴，参见：

    Scott Berkun, "How to Run a Brainstorming Session," Scott Berkun blog;

    Tina Seelig, "Brainstorming—Why It Doesn't (Always) Work," *Medium*, Jan. 8, 2017。

84. Alberto Savoia, "The Palm Pilot Story," *Medium*, Mar. 2, 2019.

85. "用起来像"和"看起来像"是设计产品雏形时奉行的两种原则。有关二者差异的解释——为什么设计者应该两者都要——参见：Ben Einstein, "The Illustrated Guide to Product Development (Part 2: Design)," Bolt website, Oct. 20, 2015。

86. 有关产品雏形的保真度应达到何种程度，更多观点参见：

    John Willshire, "Want to Improve Your Design Process? Question Your Fidelity," Mind the Product website, Mar. 17, 2015;

    Lyndon Cerejo, "Design Better and Faster with Rapid Prototyping," Smashing Magazine website, June 16, 2010。

87. 接下来的问题选自：

    January 2017 "MBA Startup Bootcamp" class presentation by Keith Hopper, founder/CEO of Danger Point Labs。

88. 除莱斯的《精益创业》外，更多有关 MVP 测试的内容参见：

    Thomas Eisenmann, Eric Ries, and Sarah Dillard, "Hypothesis-Driven Entrepreneurship: The Lean Startup," HBS course note 812095, Dec. 2011 (July 2013 rev.);

    Steve Blank, "An MVP Is Not a Cheaper Product; It's about Smart Learning," Steve Blank blog, July 22, 2013。

89. Ries, *The Lean Startup*, p. 8.
90. Eisenmann et al., "Hypothesis-Driven Entrepreneurship," pp. 7–8.
Tristan Kromer, "Concierge versus Wizard of Oz Prototyping," Kromatic website.

第五章　失败模式三：误导性积极反馈

91. 有关巴鲁公司的背景资料以及本章内海德的原话，参见：
Thomas Eisenmann and Susie Ma, "Baroo: Pet Concierge," HBS case 820011, Aug. 2019;
Eisenmann and Ma, "Baroo (B)," HBS case 820026, Aug. 2019。

92. Moore, *Crossing the Chasm*, 书中详细说明了科技公司经理们是如何以及为何会忽略早期接纳者和主流客户之间的差异，并提供了相应策略，以供他们在意识到这些差异之后予以应对。

93. Lit Motors 提出的有关验证市场需求的方法，参见：
Thomas Eisenmann and Alex Godden, "Lit Motors," HBS case 813079, Dec. 2012 (Nov. 2014 rev.)。

94. Moore, *Crossing the Chasm*, 作者在书中指出，主流客户比早期接纳者更容易对"全套产品方案"感兴趣。这种方案将用户对客户服务的依赖度降到了最低，使他们能轻松地获取使用产品时所需的任何一种配件。他还提出，主流客户不会从早期接纳者那里听取建议，因为他们之间在使用需求上存在太大差异。因此，Moore 建议在进入主流市场时，采用"诺曼底登陆"方式，即重新调整全套产品方案，与其他能提供配件的商家结成联盟，展开密集的营销攻势，以弥补可信的顾客建议匮乏的不足。

95. Eisenmann et al., "Dropbox: It Just Works."

第六章　刚离虎口，又入狼窝

96. Swildens and Yee, "The Venture Capital Risk and Return Matrix."
97. Magdelena Petrova, "This Green Cement Company Says Its Product Can Cut Carbon Dioxide Emissions by Up to 70%," CNBC website, Sept. 28, 2019.

98. 2017年，我和Jeffrey Rayport为哈佛商学院MBA选修课《发展中的科技公司》开发了"6S"框架。该框架借用了麦肯锡"7S"框架中的基本元素，后者详情参见：

    Tom Peters and Robert Waterman, *In Search of Excellence: Lessons from America's Best-Run Companies* (New York: Harper & Row, 1982)。

99. 除第二章引用过的与网络效应相关的文献外，更多与初创公司加速客户获取有关的文献参见：

    Reid Hoffman and Chris Yeh, *Blitzscaling: The Lightning-Fast Path to Building Massively Valuable Companies* (New York: Currency, 2018);

    Albert Wenger, "Hard Choices: Growth vs. Profitability," Continuations blog, Oct.12, 2015; Michael Skok, "Scaling Your Startup: The Deliberator's Dozen," LinkedIn blog, July 16, 2013; Thomas Eisenmann, "Scaling a Startup: Pacing Issues," HBS course note 812099, Nov. 2011 (Nov. 2014 rev.);

    Eisenmann, "Internet Companies' Growth Strategies: Determinants of Investment Intensity and Long-Term Performance," *Strategic Management Journal* 27, no. 12 (2006): 1183–1204。

100. John Gramlich, "10 Facts About Americans and Facebook," Pew Research Center website, May 16, 2019.

101. 有关初创公司如何以及为何扩展规模的分析，参见：John O'Farrell, "Building the Global Startup," Andreessen Horowitz blog, June 17, 2011——the first of a five-part series;

    Steve Carpenter, "A Startup's Guide to International Expansion," *TechCrunch*, Dec. 23, 2015。

102. Olivia Solon, "How Uber Conquers a City in Seven Steps," The Guardian website, Apr. 12, 2017.

103. Thomas Eisenmann, Allison Ciechanover, and Jeff Huizinga, "thredUP: Think Secondhand First," HBS case 817083, Dec. 2016;

    thredUP进军欧洲市场的策略是其联合创始人/CEO James Reinhart在2017年2月参加哈佛商学院课程时所提到的。

104. J. Stewart Black and Tanya Spyridakis, "EuroDisneyland," Thunderbird case TB0195, June 15, 1999.

105. 关于产品演变的进程，参见：

Steve Sinofsky, "Everyone Starts with Simplicity; No-One Ends There (and That's Okay)," Learning by Shipping blog, May 13, 2014。

106. 关于实施收购的集团公司财政收益如何，参见：

Jay Barney, "Returns to Bidding Firms in Mergers and Acquisitions: Reconsidering the Relatedness Hypothesis," *Strategic Management Journal* 9, no. S1 (1988): 71–78;

Sara Moeller, Frederik Schlingemann, and Rene Stulz, "Wealth Destruction on a Massive Scale? A Study of Acquiring-Firm Returns in the Recent Merger Wave," *Journal of Finance* 60, no. 2 (2005): 757–782。

107. 有关"赢家的诅咒"，参见：

Richard Thaler, *The Winner's Curse: Paradoxes and Anomalies of Economic Life* (Princeton, NJ: Princeton University Press, 1994), Ch. 5。

108. Fred Wilson, "Why Early Stage Venture Investments Fail," Union Square Ventures blog, Nov. 30, 2007.

109. Fred Wilson, "The Finance to Value Framework," AVC blog, May 20, 2018.

110. 关于融资风险及其对创业者创新意识的影响，参见：

Ramana Nanda and Matthew Rhodes-Kropf, "Investment Cycles and Startup Innovation," *Journal of Financial Economics* 110 (2013): 403–418;

Nanda and Rhodes-Kropf, "Financing Risk and Innovation," *Management Science* 63, no. 4 (2017): 901–918。

111. Wasserman, *Founder's Dilemmas*, Ch. 10, 书中描述了初创公司 CEO 继任的发生率、前因及后果。

Steve Blank, "I've Seen the Promised Land. And I Might Not Get There with You," Steve Blank blog, Jan. 21, 2010。

112. 更多有关初创公司董事会面临的管理问题，参见：

Brad Feld and Mahendra Ramsinghani, *Startup Boards: Getting the Most Out of Your Board of Directors* (Hoboken, NJ: Wiley, 2013);

Matt Blumberg, *Startup CEO: A Field Guide to Scaling Up Your Business* (Hoboken, NJ: Wiley, 2013), Part 4;

弗雷德·威尔逊在 2012 年 3 月及 4 月发表在 AVC 上的系列博文；

Seth Levinea 发表在 VC Adventure 上的系列博文，题为 "Designing the Ideal Board Meeting," Oct. and Nov. 2018;

Jeff Bussgang, "Board Meetings vs. Bored Meetings," *Business Insider*, Apr. 5, 2011。

113. 关于"人员"和"组织架构"的文字摘自作者与他人合作撰写的案例：

Thomas Eisenmann and Alison Wagonfeld, "Scaling a Startup: People and Organizational Issues," HBS course note 812100, Jan. 2012 (Feb. 2012 rev.)。

其他与初创公司人力资源管理难题相关的文献参见：

Ben Horowitz, *The Hard Thing about Hard Things* (New York: HarperCollins, 2014);

Hoffman and Yeh, *Blitzscaling*, Part IV;

Blumberg, *Startup CEO*, Part 2; Sam Altman, "Later Stage Advice for Startups," Y Combinator blog, July 6, 2016;

Brian Halligan, "Scale-Up Leadership Lessons I've Learned over 9 Years as HubSpot's CEO," *Medium*, Jan. 10, 2016;

Mark Suster, "This Is How Companies 'Level Up' after Raising Money," Both Sides blog, Apr. 10, 2014;

Wasserman, *Founder's Dilemmas*, Chs. 8 and 10, 两个章节分别讨论了聘任难题和 CEO 继任问题。

114. Horowitz, *The Hard Thing*, p. 193.

115. Fred Wilson, "MBA Mondays: Turning Your Team," AVC blog, Aug. 12, 2013.

116. Steve Blank, "The Peter Pan Syndrome: The Startup to Company Transition," Steve Blank blog, Sept. 20, 2010.

"彼得·潘"一词原指孩子气的成年人，参见：

Dan Kiley, *The Peter Pan Syndrome: Men Who Have Never Grown Up* (New York: Dodd, Mead, 1983)。

117. John Hamm, "Why Entrepreneurs Don't Scale," *Harvard Business Review*, Dec. 2002.

118. Wasserman, *Founder's Dilemmas*, p. 299.

119. Eisenmann and Wagonfeld, "Scaling a Startup: People and Organizational Issues."
120. 有关产品经理的角色一职，参见案例：
Jeffrey Bussgang, Thomas Eisenmann, and Rob Go, "The Product Manager," HBS course note 812105, Dec. 2011 (Jan. 2015 rev.)。
121. 要了解相反观点，参见：
Mark Suster, "Why Your Startup Doesn't Need a COO," Both Sides blog, Sept. 13, 2013。
122. 有关初创公司管理体系研究，参见：
Anthony Davila, George Foster, and Ning Ja, "Building Sustainable High-Growth Startup Companies: Management Systems as an Accelerator," *California Management Review*, Spring 2010。
有关很多科技公司都采用OKR管理体系，参见：
John Doerr, *Measure What Matters: How Google, Bono, and the Gates Foundation Rock the World with OKRs* (New York: Portfolio, 2018);
First Round Review, "AltSchool's CEO Rebuilt Google's Performance Management System to Work for Startups—Here It Is," 在First Round Review网站对Max Ventilla的访谈中，对方谈到了如何将OKRs运用在初创公司。
123. Ben Horowitz, *What You Do Is Who You Are: How to Create Your Business Culture* (New York: HarperCollins, 2019).
更多有关初创公司打造企业文化的内容，参见：
Horowitz, *The Hard Thing*;
Blumberg, *Startup CEO*, Ch. 9;
Hoffman and Yeh, *Blitzscaling*, Part IV;
Dharmesh Shah, "Does HubSpot Walk the Talk on Its Culture Code?" OnStartups blog, Apr. 11, 2013;
Kristi Riordan, "You Hire for Culture, but Have You Established What Your Culture Is?" *Medium*, May 30, 2016;
Steve Blank, "The Elves Leave Middle Earth—Sodas Are No Longer Free,"
Steve Blank blog, Dec. 21, 2009。

124. 选自 Jerry Colonna, *Reboot: Leadership and the Art of Growing Up* (New York: Harper Business, 2019), p. 185。

125. 更多观点，参见 Rands, "The Old Guard," *Medium*, Jan. 27, 2016。

126. Justin Randolph, Peter Levine, and James Lattin, "Dropbox," Stanford Graduate School of Business case E471, Apr. 20, 2013 (May 15, 2015, rev.).

127. 作者在 2019 年 7 月 19 日对萨米尔·考尔的访谈。

128. Eisenmann and Godden, "Lit Motors."

129. William Sahlman and Matthew Lieb, "E Ink: Financing Growth," HBS case 800252, Dec. 1999.

第七章　失败模式四：高速发展，急踩刹车

130. Ben Popper, "Demolition Man: Why Does Fab's CEO Keep Building Companies That Suddenly Implode?" The Verge website, Nov. 26, 2013.

131. Adam Penenberg, "Fab.com: Ready, Set, Reset!" *Fast Company*, May 16, 2012, 本章前四段相关内容来源。

132. Allison Shontell, "The Tech Titanic: How Red Hot Startup Fab Raised $330 Million and Then Went Bust," Business Insider website, Feb. 6, 2015.

133. 2012 年全部融资都来源于 Crunchbase。

134. 2012 年总销售额摘自 Penenberg, "Ready, Set, Reset!"
2011 年总销售额摘自 Jason Goldberg, "On the Rebound from Epic Failure," Hackernoon blog, June 20, 2016。

135. Erin Griffith, "Fab's Eyes Are Bigger Than Its Wallet. That's Nothing $100 Million Can't Fix," *Pando Daily*, Apr. 30, 2013. 文中提到了 9 000 万美元亏损额。

136. Erin Griffith, "The Samwer Brothers May Have the Last Laugh on Fab after All," *Pando Daily*, Nov. 26, 2013. 文中提到营销投入额。

137. 本文作者在 2019 年 7 月 3 日与 Jason Goldberg 的访谈。

138. 本段相关事实摘自 Griffith, "Samwer Brothers"。

139. 本文作者与 Goldberg 的访谈。

140. 本段事实性内容摘自 Shontell, "Tech Titanic"。

141. Sarah Perez, "Fab: Europe Will Be 20% of Fab's 2012 Revenue,"

TechCrunch, Aug. 7, 2012.

142. Alex Konrad, "Fab Pivots Away from Flash Sales; Sets Sights on Amazon and IKEA," Forbes website, Apr. 30, 2013.
143. 本文作者与 Goldberg 的访谈。
144. Konrad, "Fab Pivots."
Zachary Crockett, "Sh*t, I'm F*cked: Jason Goldberg, Founder of Fab," The Hustle website, Oct. 17, 2017. 文中提到数字"1.1 万"。
145. 本文作者与 Goldberg 的访谈。
146. Crockett, "Sh*t, I'm F*cked."
147. 本段及下一段摘自 Goldberg, "On the Rebound"。
148. Ingrid Lunden, "Fab Was Burning through $14 Million/Month before Its Layoffs and Pivot," *TechCrunch*, Oct. 20, 2014.
149. Goldberg, "On the Rebound."
150. Crockett, "Sh*t, I'm F*cked."
151. Ingrid Lunden, "Hem.com Is on the Block; Swiss Furniture Maker Vitra Likely Buyer," *TechCrunch*, Dec. 30, 2015.
152. Shontell, "Tech Titanic."
153. Kate Taylor and Benjamin Goggin, "49 of the Biggest Scandals in Uber's History," Business Insider website, May 10, 2019.
154. Claire Suddath and Eric Newcomer, "Zenefits Was the Perfect Startup. Then It Self-Disrupted," *Bloomberg Business week*, May 9, 2016.
155. RAWI 测试方法承蒙哈佛商学院 Shikhar Ghosh 倾力设计，我和 Felda Hardymon, Toby Stuart 以及哈佛商学院为 MBA 开始创业学的教学团队成员也提供了部分帮助。
156. Marc Andreessen coined the term "product-market fit" in "Part 4: The Only Thing That Matters," The Pmarca Guide to Startups blog, June 25, 2007;
Andrew Chen, "When Has a Consumer Startup Hit Product-Market Fit?" @andrewchen blog;
Sean Ellis, "Using Product/Market Fit to Drive Sustainable Growth," *Medium: Growth Hackers*, Apr. 5, 2019;
Brian Balfour, "The Neverending Road to Product-Market Fit," Brian

Balfour blog, Dec. 11, 2013.

157. 参见第二章有关 LTV/CAC 计算方法的文献。

158. 关于目标比值 3.0，参见 Jared Sleeper, "Why Early-Stage Startups Should Wait to Calculate LTV: CAC, and How They Should Use It When They Do," for Entrepreneurs blog。

159. 关于群组分析，参见 David Skok, "SaaSMetrics 2.0—A Guide to Measuring and Improving What Matters," for Entrepreneurs blog;

Nico Wittenborn, "Cohort Analysis: A (Practical) Q&A," The Angel VC blog, Mar. 14, 2014;

Sean Ellis and Morgan Brown, *Hacking Growth: How Today's Fastest-Growing Companies Drive Breakthrough Success* (New York: Currency, 2017), Ch. 7。

160. 此处的群组和 CAC 表格选自以下案例补充材料：

Mark Roberge and Thomas Eisenmann, "eSig: Growth Analysis," HBS case 817009, Aug. 2019 (Nov. 2019 rev.)。

161. Mark Roberge, *The Science of Scaling*, 电子书即将面世。

162. Jeff Bussgang, "Your LTV Math Is Wrong," *Seeing Both Sides*, Oct. 24, 2015, 文中探讨了创业者偏好于夸大 LTV 值，以及在计算 LTV 值时常犯的错误。

163. Jeff Bussgang, "Why Metrics Get Worse with Scale," *HuffPost*, Feb. 12, 2015.

164. Shontell, "Tech Titanic."

165. 本文作者与 Goldberg 的访谈。也是下一段引用的出处。

166. Shontell, "Tech Titanic."

167. Shontell, "Tech Titanic."

168. Hoffman and Yeh, *Blitzscaling*, pp. 217–218.

169. Paul Graham, "Startup = Growth," Paul Graham blog, Sept. 2012.

170. 更多有关网络效应的资料，参见第二章所引文献。

171. 关于如何开展联合分析，更多资料请参见案例：

Elie Ofek and Olivier Toubia, "Conjoint Analysis: A Do-It-Yourself Guide," HBS course note 515024, Aug. 2014。

172. 关于如何以及为何要计算维里系数，更多内容参见：

Adam Nash, "User Acquisition: Viral Factor Basics," Psychohistory blog, Apr. 4, 2012。

173. 转换成本和下文中提到的规模经济效益相关内容摘自案例：
Thomas Eisenmann, "Note on Racing to Acquire Customers," HBS course note 803103, Jan. 2003 (Sept. 2007 rev.)。

174. 相关内容见 Eisenmann, "Note on Racing"。

第八章 失败模式五：资金、管理者及制度缺位

175. 若无额外标注，本章所有关于 Dot&Bo 的背景信息、安东尼·苏胡及其同事的原话都摘自案例：
Thomas Eisenmann, Allison Ciechanover, and George Gonzalez, "Anthony Soohoo at Dot&Bo: Bringing Storytelling to Furniture E-Commerce," HBS case 820036, Sept. 2019 (Dec. 2019 rev.);
Eisenmann, Ciechanover, and Gonzalez, "Anthony Soohoo: Retrospection on Dot & Bo," HBS case 820037, Sept. 2019 (Dec. 2019 rev.)。

176. Jason DelRay, "One Kings Lane Sold for Less Than $30 Million after Being Valued at $900 Million," *Vox recode*, Aug. 23, 2016.

177. 有关风险资本盛衰期的原因及结果，参见：
Paul Gompers and Josh Lerner, *The Money of Invention: How Venture Capital Creates New Wealth* (Boston: Harvard Business School Press, 2001), Ch. 6;
Gompers and Lerner, *The Venture Capital Cycle* (Cambridge, MA: MIT Press, 2004);
Paul Gompers, Anna Kovner, Josh Lerner, and David Scharfstein, "Venture Capital Investment Cycles: The Impact of Public Markets," *Journal of Financial Economics* 87 (2008): 1–23;
Nicholas, *VC: An American History*, Ch. 8。

178. 关于如何在估值盛衰期管理好公司，更多内容参见：
Eisenmann, "Note on Racing"。
关于资本市场估值过高和产品市场投资过大二者间的关系，参见：
Thomas Eisenmann, "Valuation Bubbles and Broadband Deployment," Ch. 4 in Robert Austin and Stephen Bradley (eds.), *The Broadband Explosion:*

Leading Thinkers on the Promise of a Truly Interactive World (Boston: Harvard Business School Press, 2005)。

179. Ben Horowitz: "Old People," Andreessen Horowitz blog, December 5, 2012, and "Why Is It Hard to Bring Big Company Execs into Little Companies?" Business Insider website, Apr. 22, 2010.

180. Rand Fishkin, *Lost and Founder: A Painfully Honest Field Guide to the Startup World* (New York: Portfolio, 2018), Ch. 5.

181. 见第六章有关聘任建议的文献。

182. Thomas Eisenmann and Halah AlQahtani, "Flatiron School," HBS case 817114, Jan. 2017.

183. 本段及下一段选自：

Eisenmann and Wagonfeld, "Scaling a Startup: People and Organizational Issues"。

第九章 失败模式六：勾勒不切实际的蓝图

184. Daniel Weisfield, "Peter Thiel at Yale: We Wanted Flying Cars, Instead We Got 140 Characters," Yale School of Management website, Apr. 27, 2013.

185. 如无额外标注，本章前三段内容均摘自：

Max Chafkin, "A Broken Place: The Spectacular Failure of the Startup That Was Going to Change the World," *Fast Company*, May 2014。

186. Elie Ofek and Alison Wagonfeld, "Speeding Ahead to a Better Place," HBS case 512056, Jan. 2012 (Mar. 2012 rev.).

187. Brian Blum and Shlomo Ben-Hur, "Better Place: An Entrepreneur's Drive Goes Off Track," IMD case 940, Oct. 2018.

188. 税率摘自 Brian Blum, *Totaled: The Billion-Dollar Crash of the Startup That Took on Big Auto, Big Oil and the World* (Sherman Oaks, CA: Blue Pepper, 2017), p. 27。

189. Better Place 的融资细节摘自 PitchBook。

190. 关于同事的背景信息摘自：

Blum and Ben-Hur, "Better Place: An Entrepreneur's Drive"。

191. 本段提到的市场标准以及下两段提到的充电点和电池交换站预估成本及容量摘自：

Ofek and Wagonfeld, "Speeding Ahead".

192. Blum, *Totaled*, p. 225.
193. Chris Nuttal, "Better Place's $200M Round to Expand Electric Car Networks," *Financial Times,* Nov. 22, 2011.
194. Ofek and Wagonfeld, "Speeding Ahead."
195. 车辆成本和订购费用的相关内容分别摘自 Blum, *Totaled*, 第 200 页与第 205 页。
196. 车价和电池成本相关内容分别摘自 Blum, *Totaled*, 第 201 页和 190 页；2008 年对于电池成本的估计摘自 Ofek and Wagonfeld, "Speeding Ahead"。
197. Ofek and Wagonfeld, "Speeding Ahead"。文中提出，驾驶 1.2 万英里需耗去价值 600 美元电费，且每位顾客平均每年需花去数百美元维修费。基于此，我添加了 70 美元作为充电点和更换站的折旧费，按照 10 年折旧计算。依据是"Speeding Ahead"提供的数据，即：每个充电点耗资 250 美元，每个更换站耗资 40 万美元；每个顾客能使用两个充电点，每个更换站能服务 2 000 名顾客。
198. Blum, *Totaled*, p. 86, 内含公司分支机构及项目所在处清单。
199. Blum, *Totaled*, p. 64 and p. 135.
200. 6 000 万美元的成本预算出自 Blum, *Totaled*, p. 67.
201. Blum and Ben-Hur, "Better Place: An Entrepreneur's Drive." TED Talk was on April 19, 2009. 其中提到《时代》杂志的排名。
202. Chafkin, "Broken Place."
203. Vauhini Vara, "Software Executive Shifts Gears to Electric Cars," *Wall Street Journal,* Oct. 29, 2007.
204. Clive Thompson, "Batteries Not Included," *New York Times Magazine*, Apr. 16, 2009.
205. 关于通用公司的会议情况，参见 Chafkin, "Broken Place"；
Blum, *Totaled*, 第六章。
206. 与雷诺 – 日产公司负责电动车生产的新任经理的关系，以及"智能螺丝"引发的争论，参见：Blum, *Totaled*, 第 10 章。
关于快速充电方式的利弊描述，见文中第 61 页。
207. Peter Valdes-Dapena, "The Nissan Leaf Will Cost $25,000," CNN Money

website, Mar. 30, 2010.

208. Blum, *Totaled*, p. 219, 书中引用了 Better Place 充电站的成本，包括安装费，每个在 2 000~3 000 美元，而美国的充电站安装成本平均是 1 350 美元。

209. Leslie Guevarra, "GE and Lowe's Partner to Power EV Charging at Home," GreenBiz website, July 19, 2011.

210. 每个更换站的成本超过 200 万美元，摘自：Chafkin, "Broken Place"。

211. Blum, *Totaled*, pp. 62–63.

212. Blum, *Totaled*, pp. 172–174.

213. Blum, *Totaled*, pp. 158–159.

214. Blum, *Totaled*, p. 193, 提到 Fluence 延期上市的问题。

215. Blum, *Totaled*, pp. 186–188, 提到当地的挖掘限令。

216. Blum, *Totaled*, p. 181, 提到加油站相关规定。

217. Blum, *Totaled*, pp. 202–204.

218. Blum, *Totaled*, p. 195.

219. Chafkin, "Broken Place,"提到每日现金消耗量达 50 万美元。

220. Blum, Totaled, 第 226 页提到使用税，第 228 页提到对剩余价值的担忧。

221. Blum, *Totaled*, pp. 210–212;
第 232 页提到 "Friends are either true or not friends"。

222. Blum, *Totaled*, pp. 192–194.

223. 有关融资失败及阿加西的离开，参见：Chafkin, "Broken Place," which is also the source for "fewer than 1,500 cars"。
有关 CEO 继任者的相关内容，见 Blum, *Totaled*, Ch. 19。

224. Blum, *Totaled*, p. 258, 书中提到 Better Place 的用户使用数据。

225. Kristen Korosec, "Telsa's Battery Swap Program Is Pretty Much Dead," Fortune website, June 10, 2015.

226. Barry Staw, "The Escalation of Commitment to a Course of Action," *Academy of Management Review* 6, no. 4 (1981): 577–587.
人们在出现糟糕的结果之后，有可能会加倍下注，这种倾向与前景理论的要义是一致的：当面临确定的收益时，人们会规避风险，而在面临确定的损失时，人们会追逐风险。参见：

Daniel Kahneman and Amos Tversky, "Prospect Theory: An Analysis of Decision under Risk," *Econometrica* 47, no. 2 (1979): 263–292。

同样，承诺升级与威胁僵化相类似：个体或组织在面临胁迫时，会转而依靠熟悉的策略，而非寻找新策略。参见：

Barry Staw, Lance Sandelands, and Jane Dutton, "Threat-Rigidity Effects in Organizational Behavior: A Multilevel Analysis," *Administrative Science Quarterly* 26, no. 4 (1981): 501–524。

227. John Bloom, *Eccentric Orbits: How a Single Man Saved the World's Largest Satellite Constellation from Fiery Destruction* (New York: Atlantic Monthly Press, 2016);

有关市场调研的内容，见第 196 页；64 亿美元投资额，见第 209 页。

228. Patrick Vlaskovits, "Henry Ford, Innovation, and That 'Faster Horse' Quote," Harvard Business Review blog, Aug. 29, 2011.

229. 本段细节出自 Steve Kemper, Code Name Ginger: *The Story Behind Segway and Dean Kamen's Quest to Invent a New World* (Boston: Harvard Business School Press, 2003)。

ADL 预测引自第 63 页；最初的顾客测试详情见第 227 页。

230. Jordan Golson, "Well, That Didn't Work: The Segway Is a Technological Marvel. Too Bad It Doesn't Make Any Sense," *Wired*, Jan. 16, 2015.

231. Johnny Diaz, "Segway to End Production of Its Original Personal Transporter," *New York Times*, June 24, 2020.

232. 本段及下一段有关 GO Corp 产品开发决策的详细内容，参见：

Josh Lerner, Thomas Kosnik, Tarek Abuzayyad, and Paul Yang, "GO Corp," HBS case 297021, Sept. 2016 (Apr. 2017 rev.)。

有关 GO Corp 的倒闭，详见：

Jerry Kaplan, *Startup: A Silicon Valley Adventure* (New York: Penguin, 1994), Ch. 13。

233. Bloom, *Eccentric Orbits*, p. 180.

234. Frederick Brooks, *The Mythical Man Month: Essays on Software Engineering* (Boston: Addison-Wesley, 1975).

235. Kemper, *Code Name Ginger*, p. 36.

236. Bloom, *Eccentric Orbits*, p. 182.

237. 关于这句话是否出自乔布斯，存在一定的争议。Quora 上有人提问：乔布斯是在何时何地说过 "We're here to put a dent etc."？有人说出自电影《硅谷传奇》，也有人说是乔布斯 1985 年在接受《花花公子》访谈时说过。更多人认为出自 Walter Isaacson 于 2011 年撰写出版的《乔布斯传》。

238. 关于车辆/主要框架，出自 Kemper, *Code Name Ginger*, 第 93 页；

    关于"增长最快的汽车公司"这一说法，见第 50 页；

    "有趣且魅力难挡"出自第 49 页。

239. Michael Maccoby, "Narcissistic Leaders: The Incredible Pros, the Inevitable Cons," *Harvard Business Review*, Jan. 2001.

240. Chad Navis and O. Ozbek, "The Right People in the Wrong Places: The Paradox of Entrepreneurial Entry and Successful Opportunity Realization," *Academy of Management Review* 41, no. 1 (2016): 109–129.

    文中指出，过度自信及自恋的人更容易接受大胆而新奇的想法，因为他们会高估成功概率（因为过度自信），并且渴望通过大胆而创新的举措来获得人们的关注（因为自恋）。文中还指出，过度自信或自恋会成为学习的障碍，从而降低新企业的成功概率。

241. John Carreyrou, *Bad Blood: Secrets and Lies in a Silicon Valley Startup* (New York: Knopf, 2018), p. 43.

242. Blumberg, *Startup CEO*, Ch. 37.

    有关董事会的最佳管理方式，更多内容参见第六章"董事会优先事项"所引文献。

243. Frock, *Changing How the World Does Business*.

第十章　关停公司

244. Andrew Lee, "Startup Mortality: What End-of Life Care Teaches Us about Startup Failure," *Medium: Startup Grind*, Nov. 28, 2017.

245. Wasserman, *Founder's Dilemmas*, Ch. 10；

    Michael Ewens and Matt Marx, "Founder Replacement and Startup Performance," *Review of Financial Studies* 31, no. 4 (2018): 1532–1565, 文中提到了困境期初创公司创始人/CEO 的更换概率，并指出公司的市场表现会因此有所改善。

246. Eric Jackson, *The PayPal Wars: Battles with eBay, the Media, the Mafia, and the Rest of Planet Earth* (Los Angeles: World Ahead, 2004).

247. Jason Koebler, "Ten Years Ago Today, YouTube Launched as a Dating Website," Vice website, Apr. 23, 2015.

248. Wilson, "Why Early Stage Venture Investments Fail," 文中提到，在他投资的公司中，有 11 家投资组合公司带来了 5 倍于投资额的收益，其中 7 家都曾成功转型，而在其他失败的投资组合公司中，仅有 20% 有过转型。Wilson 将其归结于"它们形成的惊人且不可持续的现金消耗速度"。

249. Fred Wilson, "The Pro Rata Participation Right," AVC blog, Mar. 4, 2014; Mark Suster, "What All Entrepreneurs Need to Know about Prorata Rights," Both Sides blog, Oct. 12, 2014.

250. Chris Dixon, "Notes on the Acquisition Process," cdixon blog, Sept. 10, 2012;

Ben Horowitz, "Should You Sell Your Company?" Andreessen Horowitz blog, Jan. 19, 2011;

Chris Sheehan, "Corporate Development 101: What Every Startup Should Know," OnStartups blog, Apr. 2, 2014;

John O'Farrell, "Knowing Where the Exits Are," Andreessen Horowitz blog, May 30, 2012;

James Altucher, "The 9 Most Important Things to Remember If You Want to Sell Your Company," TechCrunch website, June 13, 2011.

251. Eisenmann, Ciechanover, and Gonzalez, "Anthony Soohoo: Retrospection."

252. 林塞·海德，参与课程哈佛商学院 MBA 课程 "Entrepreneurial Failure" course, Feb. 2019。

253. 有关创始人转让公司的相关建议，参见：

Scott Weiss, "The 'I-Just-Got-Bought-by-a-Big Company' Survival Guide," Andreessen Horowitz blog, Feb. 2, 2013。

254. Eisenmann et al., "Poppy (B)."

255. Fred Destin, "How to Get Really Screwed by Your Board and Investors in a Scaled Startup," *Medium*, Sept. 30, 2016.

256. 关于过桥资金的更多观点，参见：Fred Wilson, "Financing Options:

Bridge Loans," AVC blog, Aug. 15, 2011;

Jason Lemkin, "How Bridge Rounds Work in Venture Capital: Messy, Full of Drama, and Not Without High Risk," SaaStr blog, June 20, 2019。

257. 关于裁撤人员的更多观点，参见：Erick Schonfeld, "Email from Jason Calacanis: How to Handle Layoffs," TechCrunch website, Oct. 22, 2008。

Fred Wilson, "MBA Mondays: How to Ask an Employee to Leave the Company," AVC blog, July 2, 2012。

258. Fishkin, *Lost and Founder*, Ch. 17.

259. Goldberg, "On the Rebound."

260. 本书作者与戈登堡的访谈。

261. Fishkin, *Lost and Founder*, Ch. 17.

262. Lee, "Startup Mortality."

263. Dawn DeTienne, Dean Shepherd, and Julio De Castro, "The Fallacy of 'Only the Strong Survive': The Effects of Extrinsic Motivation on the Persistence Decisions for Under-Performing Firms," *Journal of Business Venturing* 23 (2008): 528–546, 文中的理论模型解释了创业者为何要苦苦支撑经营不畅的公司，并用联合分析法验证了该模型。与创业者的坚持呈正相关的因素之一是创业者曾经成功创业的记录，这在作者的分析中是不包括的。文中指出，先前成功创业的人更容易坚持，因为他们认为自己知道该如何取得成功。

264. Mike Gozzo, My Startup Has 30 Days to Live blog, *Tumblr*, 2013.

265. Gozzo, 30 Days.

266. Lee, "Startup Mortality."

267. Steve Carpenter 参与哈佛商学院 MBA 课程 "Entrepreneurial Failure," Feb. 2019。

268. Gozzo, 30 Days.

269. Jerry Colonna 参与哈佛商学院 MBA 课程 "Entrepreneurial Failure," Mar. 2019。

270. Gozzo, 30 Days.

271. Gozzo, 30 Days.

272. Jasper Diamond Nathaniel, "When Your Startup Fails," Medium: Noteworthy blog, Apr. 15, 2019.

273. Eisenmann and Ma, "Baroo (B)."
274. 本书作者以投资人的身份，掌握 Quincy 服装公司的关停细节。
275. Eisenmann and Ma, "Baroo (B)."
276. Eisenmann and Ma, "Baroo (B)."
277. 本书作者与 Aileen Lee 的访谈，July 9, 2019。
278. John Coyle and Gregg Polsky, "Acqui-hiring," Duke Law Journal 62, no. 3 (2013): 281–346; Chris Dixon, "The Economic Logic Behind Tech and Talent Acquisitions," cdixon blog, Oct. 18, 2012.
279. Gozzo, 30 Days.
280. Lee, "Startup Mortality."
281. 提前给律师支付报酬的建议来自：

    Gabe Zichermann, "How and Why to Shut Down Your Startup," *Medium*: The Startup, Aug. 2, 2019, 文中对关停过程提供了优质建议；

    Alex Fishman, "How to Shut Down a Startup in 36 Hours," *Medium*, July 2, 2016；

    更多相关内容参见 Abigail Edgecliffe-Johnson 创办的 Shut Down 网站。
282. 三种关停方式见：

    Bethany Laurence, "Going Out of Business: Liquidate Assets Yourself or File for Bankruptcy?" Laurence, "How to Liquidate a Closing Business's Assets," NOLO website；

    更多内容见 NOLO 网站 "Going Out of Business Page"。
283. Eisenmann et al., "Anthony Soohoo: Retrospection."
284. Bethany Laurence, "Negotiating Debt Settlements When You Go Out of Business," NOLO website.
285. Eisenmann and Ma, "Baroo (B)."

第十一章　重整旗鼓再出发

286. 本章前两段摘自 Christina Wallace, "What Happens When You Fail?" Ch. 13 in CharuSharma (ed.), *Go Against the Flow: Women, Entrepreneurship and Success* (in dependently published, 2019)。
287．Josh Carter, "Failing and Other Uplifting Anecdotes," *Medium*, Jan. 5, 2019.

288. Nikki Durkin, "My Startup Failed, and This Is What It Feels Like," *Medium: Female Founders*, June 23, 2014.

289. Elisabeth Kübler-Ross, *On Death and Dying: What the Dying Have to Teach Doctors, Nurses, Clergy and Their Own Families* (New York: Scribner, 1969).

290. Eisenmann et al., "Anthony Soohoo: Retrospection."

291. Eisenmann et al., "Anthony Soohoo: Retrospection."

292. Shepherd 有关创业失败的研究结论参见：

Dean Shepherd, Trenton Williams, Marcus Wolfe, and Holger Patzelt, *Learning from Entrepreneurial Failure: Emotions, Cognitions, and Actions* (Cambridge, UK: Cambridge University Press, 2016)；

From Lemons to Lemonade: Squeeze Every Last Drop of Success Out of Your Mistakes (Upper Saddle River, NJ: Prentice Hall, 2009)，本书适合普通读者了解 Shepherd 的观点；

Walsh and Cunningham, "Business Failure and Entrepreneurship," 文中对于创业者如何从失败中站起来的其他文献做了总结。

293. Eisenmann et al., "Poppy (B)."

294. Adi Hillel, "Killing Your Startup and Staying Alive: Four Steps to Entrepreneurial Resilience," *Medium: Hubitus*, Mar. 23, 2016.

295. Walsh and Cunningham, "Business Failure and Entrepreneurship," 文中对创业者该如何从失败中吸取经验的相关文献做了总结。

Amy Edmondson, "Strategies for Learning from Failure," *Harvard Business Review*, April 2001, 文中对机构的失败、从失败中吸取经验时有哪些障碍、如何克服这些障碍等问题的相关研究进行了综述。

296. Y. Liu, Y. Li, X. Hao, and Y. Zhang, "Narcissism and Learning from Entrepreneurial Failure," *Journal of Business Venturing* 34 (2019): 496–512, 文中呈现的调研数据表明，自恋型创业者不太容易从先前的失败创业经历中吸取教训。

297. Goldberg, "On the Rebound."

298. 相关公司数据源于 PitchBook。

相关 CEO 职业生涯简介源于 LinkedIn 上的个人简历。50 人中，25 人在 2015 年创业失败之前有过创业经历，其余 25 人是初次创业者。

299. Jason Cope, "Learning from Entrepreneurial Failure: An Interpretive Phenomenological Analysis," *Journal of Business Venturing* 26 (2011): 604–623.
300. Fishkin, *Lost and Founder*, Afterword.
301. Eisenmann and Ma, "Baroo (B)."
302. "Agassi Turns Environment Friendly Focus to Mass Transport," *Haaretz*, Aug. 7, 2014.

写给初次创业的你

303. Graham, "Startup = Growth."
304. Daniel Kahneman, *Thinking, Fast and Slow* (New York: Farrar, Strauss and Giroux, 2011).
305. Tom Eisenmann, "No Regrets (Mostly): Reflections from HBS MBA '99 Entrepreneurs," Launching Technology Ventures course blog, Mar. 28, 2011. 博文中涉及毕业于哈佛大学的创业者的反馈。

附 录

306. 我的多项逻辑回归模型与受试数量 = 470 拟合度较高；模型拟合似然比检验卡方差值 = 198.1，自由度 = 92，显著性水平 = .000；Cox & Snell 伪 R 方检验 = .344。

有序逻辑回归的结果相似，但我采用了多项逻辑回归，原因是我的数据不满足有序逻辑回归对比例优势的要求。也就是说，预测项对于从低到中估值结果的影响概率，与它对从中到高估值结果的影响概率不一致。关于该模型和回归分析结果的更多细节，参见作者的调研报告。